Annette Brockmöller / Stephan Kirste / Ulfrid Neumann (Hg.)
Wert und Wahrheit in der Rechtswissenschaft

ARCHIV FÜR RECHTS- UND SOZIALPHILOSOPHIE

ARCHIVES FOR PHILOSOPHY OF LAW AND SOCIAL PHILOSOPHY

ARCHIVES DE PHILOSOPHIE DU DROIT ET DE PHILOSOPHIE SOCIALE

ARCHIVO DE FILOSOFÍA JURÍDICA Y SOCIAL

Herausgegeben von der Internationalen Vereinigung
für Rechts- und Sozialphilosophie (IVR)
Redaktion: Dr. Annette Brockmöller, LL. M.

Beiheft 145

Annette Brockmöller / Stephan Kirste /
Ulfrid Neumann (Hg.)

Wert und Wahrheit in der Rechtswissenschaft

Im Gedenken an Gerhard Sprenger

Franz Steiner Verlag

Nomos

Bibliografische Information der Deutschen Nationalbibliothek:
Die Deutsche Nationalbibliothek verzeichnet diese Publikation in der Deutschen Nationalbibliografie; detaillierte bibliografische Daten sind im Internet über <http://dnb.d-nb.de> abrufbar.

Druck: Druckhaus Nomos, Sinzheim
Gedruckt auf säurefreiem, alterungsbeständigem Papier.
Printed in Germany.
Franz Steiner Verlag: ISBN 978-3-515-11053-2 (Print)
Franz Steiner Verlag: ISBN 978-3-515-11054-9 (E-Book)
Nomos Verlag: ISBN 978-3-8487-2494-9

Inhalt

Einleitung der Herausgeber

„Wert und Wahrheit in der Rechtswissenschaft" waren zentrale Anliegen im Werk des am 30. Dezember 2012 in Berlin verstorbenen früheren Geschäftsführers des Zentrums für Interdisziplinäre Forschung (ZiF) in Bielefeld und federführenden Redakteurs des Archiv für Rechts- und Sozialphilosophie (ARSP), Professor Dr. Gerhard Sprenger. Geprägt durch die Auseinandersetzung mit Neukantianismus[1] und Existenzialismus[2], war Sprenger vorsichtig gegenüber vorschnell als objektiv behaupteten Erkenntnissen über Recht, wollte sich aber auch mit einer bloß subjektiven Auffassung von Werten im Recht nicht abfinden. Daher blieb die Suche nach Wahrheit, wie sie sich etwa in der Arbeit zur „Natur der Sache"[3] zeigte, auf der Basis eines kulturwissenschaftlichen Ansatzes, der auch die Bezüge der Rechtswissenschaft zur Literatur einschließt, sein Ziel. Davon zeugen die beiden letzten von ihm noch organisierten Bücher „Von der Wahrheit zum Wert"[4] und „Literarische Wege zum Recht".[5] Es sind grundlegende Themen der Rechtsphilosophie, denen sich Sprenger bewusst aus der geschichtlichen Situation der Gegenwart heraus angenähert hat.

Die Beiträge des vorliegenden Bandes greifen diese Fragen auf und beleuchten ihre andauernde Bedeutung. *Annette Brockmöller* („Von der Wahrheit zum Wert. Zur Rechtsphilosophie Gerhard Sprengers") führt nach einer biographischen Einleitung durch das Werk Sprengers und diskutiert die gerade angesprochenen Themen. Sie zeigt, dass trotz der Skepsis gegenüber der Erkenntnis absoluter Werte in den Arbeiten Sprengers, er doch die Aufgabe der Rechtsphilosophie auch gegenüber den Verdrängungsversuchen der dogmatischen Disziplinen in der bewussten und kritischen Begleitung von Rechtsentwicklungen verstand.

Ulfrid Neumann („‚Methodendualismus' in der Rechtsphilosophie des Neukantianismus. Positionen zum Verhältnis von Sein und Sollen bei Gustav Radbruch") nimmt Sprengers Faden der Auseinandersetzung mit dem Neukantianismus auf und setzt sich insbesondere mit den Problemen des dualistischen Weltverständnisses und Wegen zu seiner Überwindung auseinander, wie sie insbesondere von Gustav Radbruch in der Figur der „Stoffbestimmtheit der Idee" und der Natur der Sache entwickelt wurden. Eine Brückenfunktion zwischen beiden Bereichen kommt hier der vorrechtlichen Normativität zu.

Auch *Marian Pavčnik* („Gesetzliches (Un)Recht. (Symbolische) Bedeutung der Radbruchschen Formel") knüpft an ein Thema an, das Sprenger und Radbruch verbindet: Nach der weitgehenden Positivierung der vormals überpositiven Wertmaßstäbe des Rechts in den Menschenrechten verbleibt der Radbruchschen Formel eine symbolische Funktion. Sie verweist auf das Gerechtigkeitsbewusstsein, das sich als Maßstab der wechselseitigen Koexistenz mit Anderen entwickelt. Es geht also nicht

1 R. Alexy / L.H. Meyer / St. L. Paulson / Gerhard Sprenger (Hrsg.), Neukantianismus und Rechtsphilosophie. Baden-Baden 2002.
2 Gerhard Sprenger / S. Kirste, Menschliche Existenz und Würde im Rechtsstaat. Ergebnisse eines Kolloquiums für und mit Werner Maihofer aus Anlass seines 90. Geburtstages. Berlin 2010.
3 Gerhard Sprenger, Naturrecht und Natur der Sache. Berlin 1976.
4 Gerhard Sprenger, Von der Wahrheit zum Wert. Stuttgart 2010.
5 Gerhard Sprenger, Literarische Wege zum Recht. Baden-Baden 2012.

darum, die Erkenntnisse des Rechtspositivismus zu verdammen und einem neuen Naturrechtsdenken das Wort zu reden, sondern anzuerkennen, dass sich die Bedeutung der überpositiven Maßstäbe des Rechts verlagert hat zum Aufruf an das Rechtsgefühl, sich immer wieder der Frag-Würdigkeit des juristischen Tuns bewusst zu werden. So öffnet sich das Rechtsbewusstsein für das wahre rechtliche Maß: den Anderen.[6]

Ein Wert, mit dem sich Gerhard Sprenger nicht nur in seinem Werk beschäftigt, sondern den er auch als Mensch verkörpert hat, war Toleranz. Wie gerne und wie gewinnbringend man das Gespräch darüber mit ihm noch hätte fortsetzen mögen, zeigt der Beitrag von *Hermann Klenner* („Toleranzgedanken im Zwiegespräch mit Gerhard Sprenger"). In einem Durchgang durch die Ideengeschichte dieses Gedankens zeigt Klenner auf, dass Sprenger in der Tradition eines optimistischen Humanismus steht. Ihm geht es um eine Toleranz, die mehr als das Gewährenlassen des Anderen bedeutet und die Fürsorge für ihn einschließt.

Der zentrale Wert eines jeden Humanismus muß die Würde des Menschen sein. Ihr hat sich Sprenger immer wieder zugewendet; ihr widmet sich auch *Jan C. Joerden* („Menschenwürdeschutz und Sinnstiftung"). Joerden versteht Menschenwürde als Möglichkeit zur Sinnstiftung. Gerade wenn vorgegebene, objektive Werte – und hier trifft sich Joerden mit Fragestellungen Sprengers – problematisch geworden sind, kommt es darauf an, dass diese Fähigkeit zur Sinnstiftung geschützt wird.

Vom Thema des letzten, von Sprenger noch organisierten Buches geht *Reinold Schmücker* aus („Versuch über die Bedeutung des Nachdenkens über das Recht für die Theorie der Literatur"). An die Seite von „Law in Literature" und „Law as Literature", die in den Cultural Legal Studies intensiv diskutiert werden, stellt er die Perspektive der Bedeutung des Rechts für die Literaturwissenschaft: Literatur findet im Recht nicht nur einen wichtigen Gegenstand, sondern wird als soziales Phänomen auch vom Recht geprägt. Hier zeigt sich, dass der Rechtsbegriff nicht anders als der Begriff der Literatur der Beurteilung von Sachverhalten, der Bewertung von sozialen Situationen im Recht und der Abgrenzung von Literatur zu anderen Texten in der Literaturwissenschaft dient.

Schließlich greift *Stephan Kirste* („Rechtswissenschaft als Kulturwissenschaft") das Anliegen Sprengers auf, den Beitrag des Rechts zur Kultur zu untersuchen. Ausgehend von der Vagheit des Begriffs der Kultur unterscheidet er drei Theorien zu ihrem Verhältnis zum Recht: Heteronome, die von der Bestimmung des Rechts durch letztlich irrationale Kräfte der Gesamtkultur ausgehen, autonome, die Recht und Kultur als Ausdruck von Freiheit verstehen und schließlich diejenige Ernst Cassirers, die beide Aspekte zu vermitteln versucht, indem sie auch das Recht als symbolische Form begreift. Sein Humanismus versteht gewissermaßen „miseria" *und* „dignitas" als Grundlage der symbolbildenden Kraft des Menschen als Kulturwesens. Wer wollte leugnen, dass das Recht durch die „miseria" veranlaßt ist; wer aber auch, dass diese nur unter Beachtung der „dignitas" überwunden werden kann?

Die im vorliegenden Band versammelten Aufsätze gehen aus Vorträgen hervor, die am 12.7.2013 bei einem Kolloquium zum Gedenken an Gerhard Sprenger an-

6 Gerhard Sprenger, Des Menschen Maß: der Andere. – Gedanken zu Humanität und Recht. In R. Gröschner, M. Morlok (Hrsg.), *Recht und Humanismus. Kolloquium für Gerhard Haney zum 70. Geburtstag*. Baden-Baden 1997, 25–52.

lässlich der 80. Wiederkehr seines Geburtstages gehalten wurden. Das Kolloquium war von der Deutschen Sektion der Internationalen Vereinigung für Rechts- und Sozialphilosophie (IVR) durch die Herausgeber des vorliegenden Bandes und das Zentrum für Interdisziplinäre Forschung (ZiF) in Bielefeld, das durch ihre Direktorin, Prof. Dr. Ulrike Davy, Beiratsmitglied Prof. Dr. Peter Weingart, und durch die frühere geschäftsführende Direktorin, Frau Richterin am Bundesverfassungsgericht Prof. Dr. Gertrude Lübbe-Wolff vertreten war, organisiert worden. Unterstützt und gefördert aber wurde die Veranstaltung auch durch viele Mitarbeiter und Fellows des ZiF, die teilweise noch mit Gerhard Sprenger zusammengearbeitet hatten. Ihnen allen gebührt herzlicher Dank; vor allem aber Gerhard Sprenger selbst, der durch sein rechtsphilosophisches Werk zu dieser gedanklichen Auseinandersetzung Anlass gegeben hat.

Annette Brockmöller, Stephan Kirste, Ulfrid Neumann

Annette Brockmöller, Karlsruhe

Von der Wahrheit zum Wert

Zur Rechtsphilosophie Gerhard Sprengers

A) Biographische Vorbemerkung

Am 30. März 2012 verstarb Gerhard Sprenger nach schwerer Krankheit bestürzend schnell im Alter von 78 Jahren. 30 Jahre lang bestimmte er als Redaktor die Geschicke des Archivs für Recht- und Sozialphilosophie unter nicht immer einfachen Umständen, zunächst 20 Jahre als geschäftsführender und die letzten 10 Jahre als dessen federführender Redaktor. Fast 30 Jahre lang war er auch Geschäftsführer des Zentrums für interdisziplinäre Zusammenarbeit in Bielefeld (ZiF), das er mit aufgebaut und maßgeblich geprägt hat.

Sprenger war in Berlin Dahlem 1933 am Vorabend des Zweiten Weltkriegs geboren worden und aufgewachsen, dort wurde er jetzt auch auf dem schönen St. Annen Friedhof beerdigt. Gerade war er in Berlin Dahlem nach vielen Jahren in Bielefeld wieder heimisch geworden.

Am Anfang seines Lebenswegs hatte er nach Abschluss des Gymnasiums eine Banklehre gemacht, die seiner Leidenschaft für Zahlen entgegen kam, ihm insgesamt aber für seinen weiteren Werdegang nicht genügte. Noch in Berlin lernte er auch seine spätere Frau kennen. Er studierte Rechtswissenschaften und fand dadurch seine zweite Liebe, die zur Rechtsphilosophie, die ihn zu Werner Maihofer und damit zur Promotion nach Saarbrücken führte, später dann weiter – inzwischen mit Familie – nach Bielefeld. Dort sollte eigentlich die Habilitation folgen, die aber dem ausfüllenden Tagesgeschäft des ZiF zum Opfer fiel.

Wissenschaftlich tätig blieb Gerhard Sprenger gleichwohl immer, wofür ihn die Fakultät für Rechtswissenschaften der Universität Bielefeld 1999 mit einer Honorarprofessur ehrte. Er hat zahlreiche bedeutende Aufsätze veröffentlicht und war Mitherausgeber der Schriftenreihe Interdisziplinäre Studien zu Recht und Staat. Einen Überblick über sein wissenschaftliches Wirken geben nicht zuletzt das 2010 erschienene Werk – Von der Wahrheit zum Wert – und der jetzt unmittelbar nach seinem Tod erschienene Band – Literarische Wege zum Recht. Gerhard Sprenger genoss international großes Ansehen. Aufgrund seiner bescheidenen Klugheit und seines ausgleichenden Wesens vermochte er in schwierigen Situationen immer wieder zu vermitteln.

B) Einleitung

Die Verdrängung der Suche nach Wahrheit durch die Beschränkung auf Werte, die Ablösung der Suche nach objektiver Wahrheit durch subjektive Ansichten über Wahrheit durchzieht wie ein roter Faden das Werk von Gerhard Sprenger oder mit den Worten des von ihm wiederholt zitierten Nietzsche: „Also daß Etwas für wahr gehalten werden muss, ist nothwendig, – nicht, daß Etwas wahr ist".[1] Als Rechtsphilosoph ging es Sprenger dabei insbesondere um die Frage der „Wahrheit der Gerechtigkeit" zum Recht,[2] um die Frage nach der Gerechtigkeit des Rechts. Mit der Hinwendung zur Betrachtung der Werte in den letzten 200 Jahren rückte die kulturelle Idee in den Vordergrund. Kultur erlangte den Status eines eigenständigen Werts. Man mag meinen, dass es kein Zufall ist, dass Sprenger sich immer wieder auch dem kulturellen Thema: Recht und Literatur zuwandte, ein anderer Schwerpunkt seines Schaffens bzw. eine andere Seite der Beschäftigung mit seinem Zentralthema.[3] Stand im 19. Jahrhundert die kulturelle Idee im Vordergrund der Betrachtung, so rückte an der Wende zum 20. Jahrhundert die Beschäftigung mit Werten ins Zentrum. Die Schriften Sprengers umkreisen diesen „Wandel der Perspektive" mit außerordentlicher Dichte und auf ganz unterschiedlichen Ebenen, wovon hier nur ein kleiner Ausschnitt präsentiert werden kann.

I. Wahrheit und Recht

Ein Zusammenhang zwischen Wahrheit und Recht ist auf dem ersten Blick nicht erkennbar. So definierte Kant Recht bekanntlich als „Inbegriff der Bedingungen, unter denen die Willkür des einen mit der Willkür des anderen nach einem allgemeinen Gesetze der Freiheit zusammen vereinigt werden kann".[4] Bis heute ist diese Definition trotz aller Variationen unter Zugrundelegung des Freiheitsbegriffs bestimmend geblieben. Ausgangsort für das Recht ist das freie menschliche Handeln, das seine jeweilige Grenze erst dort erfährt, wo Rechte anderer beeinträchtigt werden.[5] Das „Ich" müsse sich im Mantel einer verfassungsmäßig anerkannten „Person" frei bewegen können unter sozialen Bedingungen einer Ordnung, die unter weitgehender Zurückhaltung ihres Zwangscharakters eine Entfaltung hin zu verantwortungsbewusster „Persönlichkeit" ermöglicht.[6] Wahrheit bedeute für das Recht zunächst lediglich einen Zustand der Entsprechung, der ausgewogenen Gegenseitigkeit im Sinne von Richtigkeit, diese Wahrheit könne als die logische Wahrheit bezeichnet werden. Es gehe hier nicht darum, die „eigentliche" Wahrheit von Recht zu ermitteln, sondern darum die Richtigkeit von Sachvoraussetzungen für das Recht zu finden.[7] Daneben sei aber auch die ontologische Wahrheit von Bedeutung. Der Begriff „wahr" weise hier auf etwas hin, das das Wesen einer Sache ausmache. Ihr Wesen bestehe in einer Un-Vorstellbarkeit und damit zugleich Un-Verfügbarkeit durch den Menschen.[8] Dieses Verständnis von Wahrheit sei durch die Sophisten in

1 Nietzsche, nachgelassene Fragmente Herbst 1887–März 1888, hrsg. V. Giorgio Colli,Mazzino Montinari, S. 16.
2 Gerhard Sprenger, Vom Wert der Wahrheit und der „Wahrheit" des Wertes im Recht in: Ders., *Von der Wahrheit zum Wert*, Stuttgart 2010, 11
3 Vgl. insbesondere die posthum veröffentlichte Sammlung von 8 Aufsätzen: Gerhard Sprenger, *Literarische Wege zum Recht*, Baden-Baden 2012.
4 Gerhard Sprenger (Fn. 1), 12; Kant, Metaphysik der Sitten, *Werke*, hg. von Wilhelm Weischedel, Bd. IV, 337
5 Ebenda, 13
6 Gerhard Sprenger, Des Menschen Maß: der Andere. – Gedanken zu Humanität und Recht, in: Ders., *Von der Wahrheit zum Wert*, Stuttgart 2010, 243
7 Gerhard Sprenger (Fn. 1), 18
8 Ebenda, 20ff.

Frage gestellt worden. Hatte Wahrheit bis dahin ihren Ort im Sein, so habe sich nunmehr ein „Ortswechsel“ vollzogen. Bei Platon bedeutete „wahr“ schließlich nur noch die Erkenntnis des immer Selben. Die Idee wird beherrschend. Es gebe seither ein Streben nach der „Wahrheit“ im Sinne der Richtigkeit des Blickens und der Blickstellung. Mit der Aufklärung erfolgte eine endgültige Subjektivierung des Wahrheitsverständnisses. Die Frage nach dem Wesen von Wahrheit sei mehr und mehr zu einer solchen nach dem Wesen des Menschen geworden.[9] Hier nun begegnet der Verbindungspunkt von Recht und Wahrheit. Da der Mensch sich schon immer vor, neben und in Beziehung zu anderen Menschen finde und es beim Recht um die Absicherung menschlicher Existenz in Ko-Existenz gehe, richte sich die Frage nach einer Ordnung, einer Ur-Ordnung, zugleich von Beginn an „im kosmologisch-biologisch-historisch verstandenen Ordnungsganzen des Menschseins“.[10] Die „ewige“ Frage nach der Natur des Rechts sei immer eine Frage nach der Wahrheit des Rechts gewesen.[11] Solange der Mensch nach der Wahrheit, d. h. dem Wesen seines Daseins, und dies heiße auch: nach dem Wesen des Rechts frage, habe sich dieses Fragen auf einem vorgegebenen „objektiven“ Bereich bezogen, dem er Maß und Antwort zu entnehmen erwartete. Er frage nach dem Wesen des Rechts, und das heiße: nach der Natur des Rechts als dem vermeintlichen Ort seines, des Rechts, Wesen und Wahrheit.[12]

II. Natur und Recht

Von Beginn seines wissenschaftlichen Schaffens an beschäftigte Sprenger das Verhältnis von Naturrecht und der Denkform der „Natur der Sache“. Diese war in den 50er/60er Jahren des 20. Jahrhunderts das große Thema, zahlreiche Schriften waren dazu erschienen und Sprenger hatte über dieses Thema seine Promotion geschrieben. Hier können nur einige zentrale Gedanken wiedergegeben werden. Solange Sache Natursache gewesen sei, habe sich alles Denken aus dem Naturrecht sowie aus dem Recht der „Natur der Sache“ allein nach dem jeweiligen Verständnis des Begriffes der Natur bestimmt. Im Laufe der Entwicklung sei es jedoch zu einem veränderten Naturverständnis gekommen, und zwar derart, dass „‚Natur‘ in einer Weise gedacht wurde, der zufolge die Sachen gleichsam ‚aus ihr heraus fielen‘: ‚Sache‘ war nicht mehr Integral der Natur, nicht länger Natur-Sache“. Man begann nach der „Sachheit der Sache“ zu suchen. Von da an hätten sich Naturrecht und die Denkform des Rechts der Natur der Sache in eigentümlicher Weise gegenüber gestanden.[13] Die zu beobachtenden Veränderungen im Verständnis des Wahrheitsbegriffs zeigten sich ähnlich beim Verständnis des Natürlichen und des natürlichen Rechts bedingt durch die Zielrichtung des Fragens: Hier deckte sich zunächst das Unverfälschte (= Natürliche) mit der „reinen“ Wirklichkeit, nämlich der Wahrheit – das un-verfügbar Vorgegebene ist der gemeinsame Nenner.[14] Mit Kant änderte sich erstmals das Verständnis der Natur als dasjenige, was den Menschen leitete: „Von nun an richteten sich alle Gegenstände

9 Ebenda, 25 ff.
10 Ebenda, 28 unter Bezugnahme auf Eric Wolf, *Das Problem der Naturrechtslehre*, 3. Aufl. 1964, 4.
11 Gerhard Sprenger, (Fn. 1), 29
12 Ebenda, 28
13 Gerhard Sprenger, *Naturrecht und Natur der Sache*, Berlin 1976, 14
14 Ebenda, 29

nach der menschlichen Erkenntnis". Eingeleitet worden war dies veränderte Verständnis durch das neue mathematische Begreifen der Welt, nach dem den Dingen vor ihrer Befragung bereits ein Entwurf der Welt, der Natur „untergeschoben" wurde.[15] Für das Recht folgte daraus, dass Rechtssätze und ihre Anwendung nur aus System, Begriffen und Lehrsätzen der Rechtswissenschaft gebildet werden konnten. Mit der historischen Rechtsschule hatte eine Hinwendung zur Verwissenschaftlichung des Rechts stattgefunden. Auf dem Höhepunkt des Gesetzespositivismus, der Kodifikation des Bürgerlichen Gesetzbuchs war man sich erstmals weitgehend einig, dass alles Recht vom staatlichen Gesetzgeber erzeugt werde.[16] Der Aufbau einer systematischen Wissenschaft sei dasjenige geworden, was „philosophisch" genannt wurde und eigentlich nichts anderes gewesen sei als Dogmatik.[17] Die Hinwendung zur Betrachtung der grundlegenden formalen Struktur des Rechts führte auch zur Begründung der Rechtstheorie.[18] Immer häufiger sei nun bei der Anwendung des positiven Rechts mit dem Begriff der „Natur der Sache" argumentiert worden, wobei der Begriff gleichgesetzt worden sei, mit dem „was sich so von selbst macht".[19] An die Stelle der Frage nach der Wahrheit war diejenige der Bedingungen der Möglichkeit von Wahrheit getreten – die Wahrheitsfrage hatte ihre „ontologische Naivität" verloren.[20] Ist die Wahrheit selbst in ihrer Absolutheit ungreifbar, so kann sie nur in Gestalt ihres Scheinens (im Unwahren) gesucht werden.[21] Der Mensch erkläre nunmehr den Wert selbst zum Gesuchten, er schaffe eine „Schein-Objektivität" von Werten, mit ihnen verbinde sich ein „intentionaler Sinnbezug zu dem Wahren [...] als dem letzten Woraufhin des menschlichen Daseins".[22] Darauf wird später zurückzukommen sein.

Derartige Sinnprinzipien bildeten beispielsweise den Hintergrund der Verfassung des modernen Staats, dieser müsse ein Angebot an Orientierung, das den Bürgern Grund, Maß und Grenze des „richtigen" Rechts aufzeige, bieten.[23] So schrieb Sprenger 1969, die Rechtfertigung von Recht durch außerrechtliche Werte entspreche der Praxis des Bundesverfassungsgerichts,[24] und ergänzen ließe sich: auch der anderen obersten Gerichtshöfe bis in die Gegenwart. Mit der Interpretation der Grundrechtsartikel als wertentscheidender Grundnormen, die auch bei der Auslegung und Anwendung des einfachen Rechts zu beachten sind, war der Weg eröffnet für den Einzug außerrechtlicher Werte. Diese Werte seien keine Aprioritäten der „reinen Vernunft", sondern Objektivationen von Rechtsüberzeugungen, die sich als Antworten auf politische Erfahrungen entwickelt hätten und anthropologisch verankert seien.[25]

15 Gerhard Sprenger, Rechtsbesserung um 1900 in: Ders., *Von der Wahrheit zum Wert*, Stuttgart 2010, 101
16 Gerhard Sprenger, 100 Jahre Rechtsphilosophie, in: Ders., *Von der Wahrheit zum Wert*, Stuttgart 2010, 49
17 Gerhard Sprenger (Fn. 14), 104
18 Annette Brockmöller, *Die Entstehung der Rechtstheorie im 19. Jahrhundert in Deutschland*, Baden-Baden 1997, 25, 190, 234ff., 238ff.
19 Ebenda, 104f.
20 Gerhard Sprenger (Fn. 1), 29ff.
21 Ebenda, 32 unter Bezug auf Görg Haverkate, *Gewissheitsverluste im juristischen Denken*, 1977, 216.
22 Ebenda, 34 unter Bezug auf Alexander Hollerbach, Ideologie und Verfassung, in: Werner Maihofer (Hg.), *Ideologie und Recht* 1969, 43.
23 Ebenda, 34 unter Bezug auf Helmut Kuhn, *Der Staat* 1967, 30ff.
24 Gerhard Sprenger (Fn. 1), 35f.
25 Ebenda, 36, unter Bezug auf Alexander Hollerbach (Fn. 21), 48.

III. Recht und Kultur

Zeitlich galt das Interesse Gerhard Sprengers im besonderen Maße dem Ausgang des 19. und den Beginn des 20. Jahrhunderts, jenem Zeitabschnitt, in dem der Zusammenhang von Recht und Kultur herausgestellt wurde, um der Rechtsphilosophie einerseits „neue Konturen" zu geben.[26] Andererseits sei es aber auch darum gegangen, den Unzulänglichkeiten des rechtlichen Positivismus zu begegnen, ihm eine „zusätzliche transzendente Orientierung an die Seite zu stellen".[27] Philosophie hatte begonnen, sich in „Wissenschaft" aufzulösen. Sie suchte ein neues Selbstbewusstsein in der Zentrierung ihrer Interessen auf die Theorie des wissenschaftlichen Erkennens.[28] Der Begriff Kultur erlebte an der Wende zum 20. Jahrhundert einen inflationären Gebrauch. Sprenger verweist auf die treffende Formulierung Josef Kohlers, dass man sich bei der Art und Weise des Umgangs mit dem Wort Kultur die Fabrikation der Knöpfe ebenso als Kulturergebnis vorstellen könne wie die Entdeckung eines Himmelskörpers.[29] Vorliegend ist der Gegensatz von „Kultur" und „Natur" von Bedeutung. Während Natur ohne Zutun des Menschen da sei und geschehe, bedeute „Kultur" dasjenige, „was der Mensch in und an der Natur schafft, was durch sein Eingreifen in seinem Dasein und Sosein bestimmt ist, […] menschlich bestimmte Formung des Naturgegebenen". Kultur gebe sich als ideenbezogene Natur- und Traditionsgestaltung und damit als Verwirklichung von Werten zu erkennen.[30] Gerhard Sprenger beschäftigte sich insbesondere mit dem „Neukantianismus", mit Stammler, Rickert, Lask und Radbruch, die maßgeblich zu einer Erneuerung der Rechtsphilosophie beitrugen. Mit Stammlers Rechtsphilosophie, die sich an einer Kritik der materialistischen Geschichtsauffassung entwickelt habe, sei ein neuer, außerhalb des gesetzten Rechts liegender Maßstab angeboten worden. Zeitlos gültige Werte habe er aber nicht geliefert; er habe den Begriff vom „Naturrecht mit wechselndem Inhalt" geprägt.[31] Weitaus einflussreicher als der Neukantianismus der Marburger Schule, der Stammler zuzurechnen ist, sei indes der Südwestdeutsche Neukantianismus gewesen.[32] Der Philosoph Heinrich Rickert habe dargelegt, dass mit den Methoden der „exakten" Naturwissenschaften nicht die ganze Wirklichkeit erfasst werden könne, sondern nur die Wirklichkeit „in Rücksicht auf das Allgemeine".[33] Die „historischen" Wissenschaften hätten es hingegen mit individuellen Personen, Begebenheiten, Geisteswerken zu tun. Aus der Fülle der feststellbaren Einzelheiten träfen sie eine Auswahl, dabei sei der leitende Gesichtspunkt die Beziehung der In-

26 Gerhard Sprenger, Recht als Kulturerscheinung, in: Ders., *Von der Wahrheit zum Wert*, Stuttgart 2010, 76

27 Ebenda, 84

28 Ebenda, 92

29 Gerhard Sprenger, Legitimation des Grundgesetzes als Wertordnung, in: Winfried Brugger (Hg.), *Legitimation des Grundgesetzes aus Sicht von Rechtsphilosophie und Gesellschaftstheorie*, Baden-Baden 1996, 219, 220f.

30 Ebenda, 221f.

31 Gerhard Sprenger (Fn. 14), 119

32 Ausführlich dazu insb.: Gerhard Sprenger, Die Wertlehre des Badener Neukantianismus und ihre Ausstrahlungen in die Rechtsphilosophie, in: Robert Alexy u.a. (Hg.), *Neukantianismus und Rechtsphilosophie*, 2002, 157ff.

33 Gerhard Sprenger (Fn. 14), 119 unter Hinweis auf Heinrich Rickert, *Die Grenzen der naturwissenschaftlichen Begriffsbildung*, Tübingen 1929, 248.

dividualität zu einem als bedeutsam anerkannten Wert. Mit Rickert habe der „Begriff des Wertes“ Eingang in die Methodologie der Geisteswissenschaften gefunden. Er habe ihn als erkenntnistheoretisches Apriori ausgewiesen.[34] Hatte Rickert sich zunächst noch mit dem Begriff des Werts – des geltenden Werts befasst – sei in seinen späteren Schriften immer mehr der Begriff „Kultur“ in den Vordergrund getreten. Kultur gebe sich als die Verwirklichung von Werten zu erkennen.[35] So habe Rickert den Geisteswissenschaften „dadurch ihr methodisches Selbstbewusstsein wiedergegeben, dass er ihnen auf übergeordneter Ebene“ den Begriff „Kultur“ verschrieben habe.[36] Mit dem Kulturbegriff als dem besonderen Gehalt der philosophischen Wertlehre sei die Ebene des Empirischen, der Positivität verlassen worden.[37] Die Aufgabe des Naturrechts müsse nicht dazu führen, dass der Versuch, „einen gültigen Wertbegriff des Rechts zu bilden“, fallen gelassen werde, der allerdings formal bleiben müsse.[38] Für die Rechtswissenschaft habe frühzeitig Emil Lask die „Kulturwissenschaft“ im Sinne von Rickert fruchtbar gemacht. Rechtswissenschaft sei als Zweig der empirischen Kulturwissenschaften verstanden worden; alles rechtlich Relevante müsse auf seine Bedeutung als Kulturwert hin betrachtet werden.[39] Erwähnung fanden bei Sprenger aber auch die Gründer des Archivs für Recht- und Sozialphilosophie (oder wie die Zeitschrift zunächst hieß: Rechts- und Wirtschaftsphilosophie) Josef Kohler und Fritz Berolzheimer. So zitiert er Ausschnitte aus Kohlers „Einführung“ zum ersten Heft des Archivs 1907. Wiederholt sei hier nur das folgende Zitat:

> „Die Pflege der Rechtsphilosophie hat in den Letzten Jahren in den meisten Kulturstaaten einen kräftigen Aufschwung genommen, und vor allem in Deutschland [...] ist von neuem das Bedürfnis wachgeworden, das Recht, diese wunderbare Erscheinung der Kultur, zugleich mit der Kultur selbst in philosophische Beleuchtung zu setzen und zu zeigen, wie die ganze Rechtsentwicklung nur vom Standpunkt einer großen Weltanschauung begriffen und das Recht nur als Bildungselement der Völker erfasst werden kann.“[40] Weitergeführt wurde dieser Ansatz von Rickert und Lask dann von Gustav Radbruch. In der Ausformung der „materialen Wertethik“ sei das wertphilosophische Denken auch für die Staats- und Verfassungslehre bedeutsam geworden und habe schließlich Eingang ins Grundgesetz gefunden.[41] Der Neukantianismus sei mit dem Bestreben angetreten, ein Sein, das zu bloßer Faktizität und damit zu einer halben Wirklichkeit geronnen war, um die andere Hälfte von Wirklichkeit, die sich einem Werten verdanke, zu ergänzen. Eben dieses sei auch das Ziel sowohl der geisteswissenschaftlichen Richtung der Weimarer Staatsrechtslehre als auch der Annahme einer Wertordnung in der neuen deutschen Verfassung durch das Bundesverfassungsgericht und den Bundesgerichtshof gewesen.[42] Der Denkansatz des Neukantianismus habe aber auch den Weg bereitet für die Aufnahme des Sittengesetzes als Freiheitsschranke in das Grundgesetz, und zwar sowohl für den Staat als auch den einzelnen Menschen. Das Sittengesetz weise auf den ethischen Horizont der

34 Ebenda, 120
35 Ebenda, 120
36 Gerhard Sprenger (Fn. 25), 85
37 Ebenda, 87
38 Ebenda, 88 unter Bezugnahme auf Rickert, *Die Grenzen der naturwissenschaftlichen Begriffsbildung*, 724.
39 Gerhard Sprenger (Fn. 14), 121 unter Hinweis auf Emil Lask, Rechtsphilosophie, *Logos* I (1910/11), 280.
40 Gerhard Sprenger (Fn. 25), 77 unter Hinweis auf *ARWP* 1907/08, 1.
41 Gerhard Sprenger (Fn. 14), 123
42 Gerhard Sprenger, Die Wertlehre des Badener Neukantianismus, in: Ders., *Von der Wahrheit zum Wert*, Stuttgart 2010, 182

positiv-rechtlichen Bestandsgarantien der Verfassung und zugleich auf die Selbstverantwortung des Bürgers, aus dessen moralischer Substanz der Staat eigentlich lebe.[43] Dies leitet über zu dem Zusammenhang von Recht und Wert.

IV. Recht und Werte

1. Philosophische Grundlegung

Sprenger beginnt seinen Aufsatz Recht und Werte mit Zitierung der berühmten Schrift Julius Herrmann von Kirchmann von 1848: Über die Wertlosigkeit der Jurisprudenz als Wissenschaft. Kirchmann kritisiert dort bekanntlich die Vorstellung, die Beschäftigung mit dem positiven Recht sei Wissenschaft und hält dem entgegen, dass nur soweit die Wissenschaft mit der Natur der Sache, mit dem natürlichen Rechte sich befasse, sie einen dauernden Wert habe.[44] Historisch-ontologisch habe „Wert" zunächst lediglich als Statthalter des „Guten" gedient, wobei das Gute im ursprünglichen griechischen Seinsverständnis dasjenige war, was zu etwas taugte, ohne jeden moralischen Bezug. Im Laufe des 19. Jahrhunderts sei dem Begriff Wert dann allerdings eine zentrale Stellung zugekommen, er stehe fortan für „die Vergegenständlichung der Bedürfnisziele" des Menschen. Die Werte seien in die durch Verfall der Metaphysik verwaiste Stelle des „Guten" eingerückt. Der Begriff hatte vom Wirtschaftsleben übergegriffen zu dem des gesellschaftlichen Lebens bis hin zur Innerlichkeit der Person.[45] Die eigentliche philosophische Bedeutung habe der Wert aber erst durch die Philosophie Hermann Lotzes erhalten in Abkehr von einer Wissenschaft der mechanistischen Naturbetrachtung. Lotze habe dieser eine „erweiterte Sittlichkeit" entgegen gesetzt, die auf dem Begriff der Schönheit gründe. Dabei komme er auf das Wertvolle, das „Reich der Werte" zu sprechen, das „der Schlüssel für die Welt der Formen" sei. Die Konturen einer „seinsollenden Idealwelt" bestimmten „die ruhige Seligkeit des Schönen, die Heiligkeit der affect- und tatlosen Stimmung […] die innere Consequenz des Wahren mit dem Frieden seiner Harmonischen Übereinstimmung".[46] Über das Schöne werde eine „Versöhnung von Seiendem und Sollendem" erreicht, eine „sittliche Wertgebung" trage das Ganze.[47] Dies sei die Grundlage für die philosophische Wertlehre, die sich im Laufe der zweiten Hälfte des 19. Jahrhunderts verfestigt habe. Sie habe dort Aufnahme gefunden, „wo das Vertrauen in die historisierenden Varianten eines Denkens, das die Ident des Wahren und des Guten behauptet", verschwunden sei.[48] Sprenger befasst sich dabei insbesondere mit der phänomenologischen Werttheorie Max Schelers und Nicolai Hartmanns (sog. materiale Wertethik). Scheler habe sich gegen Kants formales Sittengesetz gewandt mit seiner Ansicht, der Mensch solle auf „materiale" Prinzipien

43 Gerhard Sprenger, Das „Sittengesetz" als Freiheitsschranke – Mutmaßungen über ein Phantom, in: Wolfgang Baumann u. a. (Hg.). *Gesetz, Recht, Rechtsgeschichte. Festschrift für Gerhard Otte zum 70. Geburtstag*, 2005, 401, 416

44 Gerhard Sprenger, Recht und Werte, in: Ders., *Von der Wahrheit zum Wert*, Stuttgart 2010, 125 ff.

45 Gerhard Sprenger (Fn. 28), 219, 236, 238

46 Gerhard Sprenger (Fn. 43), 131 unter Verweis auf Hermann Lotzes, *Streitschriften 1857*, 54.

47 Ebenda, 131 f. unter Verweis auf Hans-Georg Gadamer, Das ontologische Problem des Wertes, in: *Neuere Philosophie II* (Ges. Werke, Bd. 4), 1987, 193.

48 Ebenda, 132 unter erneutem Verweis auf Gadamer (Fn. 46), 194.

hingewiesen werden, an denen er sich orientieren könne, an Werten wie Tapferkeit, Nächstenliebe, Wahrhaftigkeit etc. Diese ließen sich auch erkennen, und zwar in einer Rangordnung, „die in ihrem Wesen selbst begründet sei". Der Mensch werde der Werte und ihrer Rangordnung in der Unmittelbarkeit der Werterkenntnis gewahr, die sich im Fühlen, Vorziehen, Lieben und Hassen wesensnotwendig vollziehe und die von ihrer eigenen Evidenz begleitet sei.[49]

2. Werte zur Legitimation von Recht – Praktische Auswirkungen

Die Kultur- und Wertphilosophie des 19. Jahrhunderts war in der Folge bestimmend für die staatsrechtliche Legitimitätslehre und die Weimarer Reichsverfassung. Nach Rudolf Smend proklamierten die Grundrechte ein bestimmtes Kultur-, ein Wertsystem, das der Sinn des von der Verfassung konstituierten Staatslebens sein soll. Wegen der Aktualität Smends sei dieser hier wörtlich zitiert: „Staatstheoretisch bedeutet das sachliche Integrationsabsicht, rechtstheoretisch Legitimierung der positiven Staats- und Rechtsordnung: Im Namen dieses Wertsystems soll die positive Ordnung gelten, legitim sein. Als Formulierung dieses legitimierenden Systems ist der Grundrechtskatalog gewissermaßen ein authentischer Kommentar zu der kurzen Bezeichnung und Symbolisierung dieses Systems in Präambel, Art. 1 und 3 der Verfassung".[50] Sprenger führt dazu aus, dass Smend das Staatsleben als eine Totalität erkannt habe, die durch Konkretisierung objektiver Wertgesetzlichkeiten in geschichtlichen Verhältnissen bestimmt war.[51] Es begann damit eine Entwicklung hin zur Auffassung von der Verfassung als ein „Gefüge" überpositiver Wertprinzipien.[52] Der Denkansatz Max Schelers hat schließlich vermittelt über Wilhelm Weischedel Eingang in die Rechtsprechung des Bundesverfassungsgerichts gefunden.[53] Dabei wurde der in der Menschenwürde zum Ausdruck gebrachten Wesensbestimmtheit des Menschen so etwas wie der Rang einer Grundnorm, eines Grundwertes zuerkannt.[54] Bis heute heißt es wegweisend im Lüth-Urteil vom Januar 1958:

> Ebenso richtig ist aber, dass das Grundgesetz, das keine wertneutrale Ordnung sein will, in seinem Grundrechtsabschnitt auch eine objektive Wertordnung aufgerichtet hat und dass gerade hierin eine prinzipielle Verstärkung der Geltungskraft der Grundrechte zum Ausdruck kommt. Dieses Wertsystem, das seinen Mittelpunkt in der innerhalb der sozialen Gemeinschaft sich frei entfaltenden Persönlichkeit und ihrer Würde findet, muss als verfassungsrechtliche Grundentscheidung für alle Bereiche des Rechts gelten.[55]

Nach Sprenger sei die Anerkennung der menschlichen Würde als oberstes Verfassungsprinzip des Staates geeignet dem Menschen Schutz zu gewähren für sein Bemühen, zur Humanität zu finden. Das Schutzgewähren bestehe im Unangetastetsein-Lassen jenes „rechts-fernen" Bereichs, in dem der Mensch im Vollzug seiner

49 Ebenda, 132 f. m. w. N.

50 Gerhard Sprenger (Fn. 28), 223 f. unter Verweis auf: Rudolf Smend, Verfassung und Verfassungsrecht (1928) in: Ders., *Staatsrechtliche Abhandlungen und andere Aufsätze*, 1955, 265.

51 Ebenda, 224

52 Ebenda, 225

53 Gerhard Sprenger (Fn. 43), 133

54 Gerhard Sprenger (Fn. 28), 227 f. unter Verweis auf K. Stern, Idee und Elemente eines Systems der Grundrechte, in: J. Isensee / P. Kirchhof (Hg.), *Handbuch des Staatsrechts der Bundesrepublik Deutschland*, Bd. V 1992 , Rn. 6 zu § 108.

55 BVerfGE 7, 198 ff.

Maß-haftigkeit dem Menschen als Nächster begegnen könne. Das Recht habe aber nicht nur in unangetastetem Gewährenlassen das Humane zu schützen, sondern auch kraft seines besonderen Vermögens zum Humanen anzustiften.[56] Sprenger begrüßte insoweit die Gesetzesinitiative (BT-Drucks 12/6708 vom 31. Januar 1994) zur Aufnahme der Forderung nach Brüderlichkeit ins Grundgesetz durch Verankerung des Grundsatzes „Jeder ist zu Mitmenschlichkeit und Gemeinsinn aufgerufen". Der Aufruf zur Brüderlichkeit könne verstanden werden als Appell an jene Freiheit und Gleichheit versöhnende Fähigkeit des Staatsbürgers, in seinem lebensweltlichen Ethos auch das Gemeinsam-Menschliche mitzudenken.[57] Gerhard Sprenger schließt, der Mensch bedürfe für seine auf das Ziel „sozialer Reifung" oder – moderner formuliert – sozialer Interaktion hin zu treffenden Entscheidungen ein Normatives, er bedürfe der Werte. Anthropologisch gehöre die Normativität strukturell zur „Plastizität" des Menschen, jedes menschliche Handeln stehe unter der Grundbestimmung des Wertens.[58] Die Begründung einer objektiven Wertordnung zur Legitimation von Recht sah sich allerdings von Anfang an auch deutlicher Kritik ausgesetzt.

V. Die Grenze von Kultur und Wert als Legitimationsgrundlage

Sprenger hat die Unschärfe des Begriffs Kultur und der Berufung auf Werte deutlich gezeigt. Gemeinsam sei allen Definitionsversuchen das Verständnis von Kultur als Produkt des Menschen. Bei den Versuchen, das Wesen von Kultur im Zusammenhang mit dem Recht zu bestimmen, lasse sich erkennen, dass Kultur ideenbezogene Naturgestaltung, und da diese Formung nicht nur bei dem Naturgegebenen ansetze, sondern auch an bereits vorgefundenem Geformten, werde Kultur als ideenbezogene Traditionsgestaltung erkannt. Kultur gebe sich damit als Verwirklichung von Werten zu erkennen oder mit Radbruch: „Recht ist die Wirklichkeit, die den Sinn hat, dem Rechtswerte, der Rechtsidee zu dienen".[59] Kultur als „Grundlage" einerseits und als „Ziel" andererseits sei die Schwachstellte der philosophischen Kulturlehren, wie insbesondere Kelsen mit seiner Kritik am „Zwischenreich" zwischen Sein und Sollen (auch bei Radbruch) deutlich aufgezeigt habe.[60] Gerhard Sprenger hat wiederholt auf die Gefahren der „neuen" Wahrheit, der, wie es Hegel in der Vorrede der „Grundlinien der Philosophie des Rechts" nennt, *veritas filia temporis*, hingewiesen.[61] Es sei zu vermuten, dass der Mensch bislang den Verlust einer wirklichen objektiven Ordnung nicht verkraftet habe und sich auf die Berufung auf „übergeordnete" objektive Werte sehne und Nietzsche zitierend führt er aus: „Die Worte des Werthes sind Fahnen dort aufgepflanzt, wo eine neue Seligkeit erfunden wurde".[62]

56 Gerhard Sprenger (Fn. 5), 249, 252
57 Ebenda, 252
58 Gerhard Sprenger (Fn. 28), 243 f.
59 Gerhard Sprenger (Fn. 25), 83 unter Hinweis auf Radbruch, *Grundzüge der Rechtsphilosophie* 1914, 2.
60 Ebenda, 90 f. unter Hinweis auf Kelsen, Rechtswissenschaft als Norm- und Kulturwissenschaft, *Schmollers Jahrbuch 40* (1916), 95, 141 f.
61 Gerhard Sprenger (Fn. 43), 145
62 Ebenda, 143 unter Verweis auf Friedrich Nietzsche, Der Wille zur Macht. Versuch einer Umwertung aller Werte. *Nietzsches Werke*, Taschen-Ausgabe Bd. IX, 1919, n. 714.

Werte seien „Menschenwerk" und als solche angreifbar für Missbrauch, beliebigen moralisch-politischen Überzeugungen könne der Anschein höherer, und sogar absoluter Dignität gegeben werden.[63]

Er hat die von Beginn an geäußerte Kritik an der Berufung auf Werte zur Legitimierung von Recht genannt, dass mit dem Wert-Begriff die Versuchung zu „subjektiv-irrationaler Wertung und Abwägung" einhergehe[64] und insbesondere die „entscheidende Frage" formuliert: Ob eine Berufung auf Werte zur Begründung von Recht überhaupt geeignet sei, da ihnen eine „rationale, auf diskursive Vermittlung angelegte Grundlage" fehle, die persönliche Werterfahrung nehme hier eine zentrale Stellung ein.[65] Diese Frage hänge allerdings unmittelbar mit einer anderen zusammen nämlich, ob auf eine Heranziehung von Werten, und zwar Werten einer unverfügbaren, vorgegebenen Wertordnung, zur Legitimation von Recht überhaupt verzichtet werden könne, ob eine Orientierung für menschliches Handeln „überhaupt entwickelt werden könne ohne die Annahme einer Transzendenz".[66] Sprenger verneint dies. In der modernen Werttheorie sei nichts anderes zu sehen als der Versuch, mit „metaphysischer" Kompetenz die Frage zu beantworten, worin Inhalt und Anspruch bestehen, die uns zu ständiger Rechtfertigung vor uns selbst und anderen nötige. Dies gelte für die Ethik und gleichermaßen auch für das Recht.[67] Die Berufung auf vorgegebene Werte sei nicht dadurch obsolet geworden, dass ihre Objektivität sich unter wissenschaftlichen, streng rationalen Gesichtspunkten als eine nur „scheinbare" erwiesen hat. Denn auch die „scheinbare" Objektivität sei von Nutzen, und zwar zum einen aufgrund ihres Ziel-Charakters, die wertphilosophische Bewegung sei von dem Streben beherrscht, „einen von jeglicher Subjektivität in seinem Wesen unabhängigen, objektiven Gehalt zu begründen".[68] Zum anderen aufgrund der Intersubjektivität von Wertungen. In jeder Gemeinschaft formten sich für bestimmte soziale Situationen Gerechtigkeitsvorstellungen, die für den überwiegenden Teil der Gemeinschaft akzeptabel seien; aus dem Feld bloß subjektiver Werterfahrungen würden sich „Inseln" des intersubjektiv Nachvollziehbaren und Nachprüfbaren herausheben.[69] Zusammenfassend hält er fest, dass von absoluter Objektivität von Werten dort nicht gesprochen werden könne, wo sie zur Legitimierung grundlegender Normen oder Normensysteme herangezogen werden. Denn diese ließen sich nicht ohne Rest rational transparent machen, sie ließen sich aber innerlich ein Stück weit rationalisieren und sie ließen sich bis zu einem gewissen Grad in den Dienst der Erzeugung einer praktikablen „kleinen" Objektivität, Intersubjektivität oder einer sinnvollen „Scheinobjektivität" stellen[70] oder kurz: der „Blick vom

63 Gerhard Sprenger (Fn. 1), 37 unter Zitierung von Hermann Klenner, *Marxismus und Menschenrechte*, 93.

64 Gerhard Sprenger (Fn. 43), 135 unter Hinweis auf Friedrich Müller, *Juristische Methodik*, 3. Aufl. 1989, 60.

65 Gerhard Sprenger, Über echte und scheinbare Objektivität von Werten bei der Legitimation von Recht, in: Arend Soeteman / Mikael M. Karlsson (Hg.), *Law, Justice and the State III*, Stuttgart 1995, 38, 40 m. w. N.

66 Ebenda, 42

67 Gerhard Sprenger, Über echte und scheinbare Objektivität von Werten bei der Legitimation von Recht, in: Ders., *Von der Wahrheit zum Wert*, Stuttgart 2010, 152

68 Ebenda, 154 unter Verweis auf: Konrad Wiederhold, *Wertbegriff und Wertphilosophie*, 1920, 67.

69 Ebenda, 157

70 Ebenda, 157 f.

Werte-„Himmel“ auf den Boden“ gerichtet.[71] Im lebensweltlichen Ethos offenbare sich jene sittliche Grundhaltung des Menschen, die nur aus Gewöhnung und Übung entstehe und die wir seit langem die Tugenden nennen würden.[72]

VI. Das Ende der Rechtsphilosophie?

Das Anliegen der historischen Rechtsschule, und insbesondere Savignys war die Begründung des Wissenschaftscharakters der Jurisprudenz des geltenden Rechts. Mit der Übernahme des Systems des römischen Rechts, mit der begrifflichen Ausformung der Institutionen habe sich der formalistische Charakter, das wissenschaftliche System vollendet.[73] Lücken im Recht seien nicht länger durch das Naturrecht zu ergänzen, sondern aus dem Geiste des Rechtsganzen selbst, es müsse diejenige Entscheidung gefunden werden, welche im Sinne des Rechtsganzen die Richtige sei. Savigny habe damit dem Rechtspositivismus gewissermaßen die Vorgabe geliefert. Der Terminus „Geist“ bei der historischen Rechtsschule habe auf die ideelle Sphäre als den Hintergrund gezielt, vor dem die Rechtswissenschaft den vorgefundenen Rechts„stoff“ geformt hatte. Im Hintergrund schwingen ungeschriebene Gerechtigkeitsvorstellungen, die mehr oder weniger vorausgesetzt werden und das positive Recht „stillschweigend“ ergänzen.[74] Dabei dürfe aber nicht verkannt werden, dass das Positivistische gleichwohl seine eigene Kraft und Ausstrahlung besaß.[75] Anmerken könnte man, dass sich daran letztlich bis heute nichts geändert hat. Primär wird von der Dogmatik der Versuch gemacht, Lücken im Recht aus dem Recht selbst heraus zu ergänzen, im Hintergrund schwingen dabei gleichwohl stets allgemeine Gerechtigkeits- und Sittenvorstellungen, Wertevorstellungen mit.

Scheinbar resignierend griff Sprenger eine Frage des Staatsrechtslehrers Christian Starcks auf: „Hat die Verfassungsrechtsprechung die Rechtsphilosophie verdrängt“? Hat sich verwirklicht, was Rudolf Smend bereits 1928 gefordert hatte: dass die positive Rechtsordnung ein für allemal „im Namen des Wertesystems“ legitim sein sollte? Er beantwortet diese Frage nicht mit einem klaren „ja“, sondern schließt, Rechtsphilosophie sei das ständige Fragen und Bemühen um Rechtsbesserung, denn mit den Worten von Josef Kohler: „Jedes Recht ist ein lebendes, sich fortbildendes; wer am Lebensprozess des Rechts fördernd mitarbeitet, dem gehört die Zukunft“.[76]

Bibliographische Übersicht der Werke Gerhard Sprengers

Literarische Wege zum Recht, Baden-Baden 2012
Der Wachtposten – oder: Vom Guten des „schlechten“ Rechts, in: Literarische Wege zum Recht, Baden-Baden 2012, S. 65–76
Von der Wahrheit zum Wert. Gedanken zu Recht und Gerechtigkeit, Stuttgart 2010

71 Gerhard Sprenger (Fn. 43), 136
72 Ebenda, 144 mit Verweis auf Platon, *Phaidon*, 82 a, b.
73 Gerhard Sprenger (Fn. 14), 106
74 Ebenda, 109
75 Ebenda, 110
76 Gerhard Sprenger (Fn. 15), 70 f.

(mit Stephan Kirste, Hg.), Menschliche Existenz und Würde im Rechtsstaat. Ergebnisse eines Kolloquiums für und mit Werner Maihofer aus Anlass seines 90. Geburtstags, Berlin 2010

Lebensweltliche Gerechtigkeit. Der existenzontologische Ansatz Werner Maihofers, in: Stephan Kirste / Gerhard Sprenger (Hg.), Menschliche Existenz und Würde im Rechtsstaat. Ergebnisse eines Kolloquiums für und mit Werner Maihofer aus Anlass seines 90. Geburtstags, Berlin 2010, S. 32–63

(mit Susanne Kaul) Literaturwissenschaft und Rechtswissenschaft, in: Lothar van Laak und Katja Malsch (Hg.). Literaturwissenschaft interdisziplinär, 2010, S. 181–191; Wiederabdruck in: Gerhard Sprenger, Literarische Wege zum Recht, Baden-Baden 2012, S. 127–136

100 Jahre Rechtsphilosophie, in: Annette Brockmöller / Eric Hilgendorf (Hg.), Rechtsphilosophie im 20. Jahrhundert – 100 Jahre Archiv für Rechts- und Sozialphilosophie, Stuttgart 2009, S. 9–35 (ARSP -Beiheft Nr. 116); Wiederabdruck in: Gerhard Sprenger, Von der Wahrheit zum Wert. Gedanken zu Recht und Gerechtigkeit, Stuttgart 2010, S. 11–43

Über die Menschlichkeit des Scharfrichters. Gedanken zu einer Betrachtung von Zbigniew Herbert, in: Zblizenia Interkulturowe – Polska Niemcy Europa. Interkulturelle Annäherungen 5 (2009), S. 15–18; Wiederabdruck in: Gerhard Sprenger, Literarische Wege zum Recht, Baden-Baden 2012, S. 123–126

Vom Mythos im Recht, in: Jan C. Joerden / Uwe Scheffler / Arndt Sinn / Gerhard Wolf (Hg.), Vergleichende Strafrechtswissenschaft, Frankfurter FS für Andrzej J. Szwarc zum 70. Geburtstag, Berlin 2009; Wiederabdruck in: Gerhard Sprenger, Von der Wahrheit zum Wert. Gedanken zu Recht und Gerechtigkeit, Stuttgart 2010, S. 327–348

„Man ist ja von Natur kein Engel." Recht und Gerechtigkeit bei Wilhelm Busch, in: Der Deutschunterricht 59 (2007), S. 15–22; Wiederabdruck in: Gerhard Sprenger, Literarische Wege zum Recht, Baden-Baden 2012, S. 77–86

Johan Peter Hebel, Erziehung zum „Rechten", in: Internationales Archiv für Sozialgeschichte der Deutschen Literatur 31, 2006, S. 142–173; Wiederabdruck in: Gerhard Sprenger, Literarische Wege zum Recht, Baden-Baden 2012, S. 9–41

Der Prozess um den Kürbis – oder: Gerechtigkeit für Volk, in: Zblizenia/Annäherungen. Polskà Niemcy – Polen Deutschland 3 (44) 2006, S. 38–47; Wiederabdruck in: Gerhard Sprenger, Literarische Wege zum Recht, Baden-Baden 2012, S. 111–122

Das „Sittengesetz" als Freiheitsschranke – Mutmaßungen über ein Phantom, in: Wolfgang Baumann / Hans-Jürgen von Dickkuth-Harrach / Wolfgang Marotzke (Hg.), Gesetz, Recht, Rechtsgeschichte, FS für Gerhard Otte, München 2005, S. 401–416; Wiederabdruck in: Gerhard Sprenger, Von der Wahrheit zum Wert. Gedanken zu Recht und Gerechtigkeit, Stuttgart 2010, S. 289–304

„Was ist Recht? Es schwankt eigentlich immer …" Auf Spurensuche nach Fontanes Rechtsverständnis, in: Fontane Blätter 77 (2004), S. 104–129; Wiederabdruck in: Gerhard Sprenger, Literarische Wege zum Recht, Baden-Baden 2012, S. 42–76

Vom Naturrecht zur Menschenwürde – Neuordnung der deutschen Justiz nach 1945, in: Law in Transition. Transition in Law. Andrej Novak memorial Collogquies Ljubljana 1998/1999, Ljubljana 2003, S. 65–87

Rechtsgefühl ohne Recht, in: Dieter Dölling (Hg.), Jus humanum. Grundlagen des Rechts und des Strafrechts. FS für Ernst-Joachim Lampe zum 70. Geburtstag, Berlin 2003, S. 317–338; Wiederabdruck in: Gerhard Sprenger, Von der Wahrheit zum Wert. Gedanken zu Recht und Gerechtigkeit, Stuttgart 2010, S. 305–326

Die Wertlehre des Badener Neukantianismus und ihre Ausstrahlungen in die Rechtsphilosophie, in: Robert Alexy / Lukas H. Meyer / Stanley L. Paulson / Gerhard Sprenger (Hg.), Neukantianismus und Rechtsphilosophie, Baden-Baden 2002, S. 157–177; Wiederabdruck in: Gerhard Sprenger, Von der Wahrheit zum Wert. Gedanken zu Recht und Gerechtigkeit, Stuttgart 2010, S. 163–183

Friedrich Eberhard von Rochow und die Ehtik der Aufklärung, in: Hanno Schmidt / Frank Tosch (Hg.), Vernunft fürs Volk. Friedrich Eberhard von Rochow 1734–1805 im Aufbruch Preußens, Leipzig 2001, S. 45 ff.

„Allgemeine Wertvorstellungen" als Entscheidungskriterium, in: Jan C. Joerden / Josef N. Neumann (Hg.), Medizinethik 2, Frankfurt am Main 2001, S. 21–43; Wiederabdruck in: Gerhard Sprenger, Von der Wahrheit zum Wert. Gedanken zu Recht und Gerechtigkeit, Stuttgart 2010, S. 185–207

Über die subjektive Vernunft der goldenen Regel, in: Victoria Jäggi / Ueli Mäder / Katja Windisch (Hg.), Entwicklung, Recht, Sozialer Wandel. FS für Paul Trappe zum 70. Geburtstag, Frankfurt am Main 2001, S. 279–287; Wiederabdruck in: Gerhard Sprenger, Von der Wahrheit zum Wert. Gedanken zu Recht und Gerechtigkeit, Stuttgart 2010, S. 271–295

Recht und Werte, in: Der Staat 39 (2000), S. 1–22; Wiederabdruck in: Gerhard Sprenger, Von der Wahrheit zum Wert. Gedanken zu Recht und Gerechtigkeit, Stuttgart 2010, S. 125–146

Crainquebille – oder: die verweigerte Gegenseitigkeit. Zur Ontologie des Rechtsgefühls, Teoria prawa. Filosofia prawa. Wspólczesne prawo i prawoznawstwo, 1998, S. 291–314; Wiederabdruck in: Gerhard Sprenger, Literarische Wege zum Recht, Baden-Baden 2012, S. 87–110

Des Menschen Maß: der Andere, in: Rolf Gröschner / Martin Morlok (Hg.), Recht und Humanismus, Baden-Baden 1997, S. 25–52; Wiederabdruck in: Gerhard Sprenger, Von der Wahrheit zum Wert. Gedanken zu Recht und Gerechtigkeit, Stuttgart 2010, S. 231–258

Rechtsbesserung um 1900 im Spannungsfeld von Positivismus und Idealismus, in: Gangolf Hübinger / Rüdiger vom Bruch / Friedrich-Wilhelm Graf (Hg.), Kultur und Kulturwissenschaften um 1900, Bd. II, Stuttgart 1997, S. 135–163; Wiederabdruck in: Gerhard Sprenger, Von der Wahrheit zum Wert. Gedanken zu Recht und Gerechtigkeit, Stuttgart 2010, 95–123

50 Jahre Radbruchsche Formel oder: von der Sprachnot der Juristen, Neue Justiz 1997, S. 3–7

Die Bedeutung der Lehre von der imbecilitas bei Samuel Pufendorf. Einige anthropologische Anmerkungen, in: Vanda Fiorillo (Hg.), Samuel Pufendorf. Filosofo del diritto e della politica, Neapel 1996, S. 251–267

Vom Wert der Wahrheit und der „Wahrheit" des Wertes im Recht, in: Gerhard Haney / Werner Maihofer / Gerhard Sprenger (Hg.), Recht und Ideologie, FS für Hermann Klenner zum 70. Geburtstag, Freiburg/Berlin 1996, S. 190–222; Wiederabdruck in: Gerhard Sprenger, Von der Wahrheit zum Wert. Gedanken zu Recht und Gerechtigkeit, Stuttgart 2010, S. 45–71

Legitimation des Grundgesetzes als Wertordnung, in: Winfried Brugger (Hg.), Legitimation des Grundgesetzes aus Sicht von Rechtsphilosophie und Gesellschaftstheorie, Baden-Baden 1996, S. 243–247

Die Idee der Rechtsgleichheit, in: Ernst-Joachim Lampe (Hg.), Rechtsgleichheit und Rechtspluralismus, Baden-Baden 1995, S. 136–155; Wiederabdruck in: Gerhard Sprenger, Von der Wahrheit zum Wert. Gedanken zu Recht und Gerechtigkeit, Stuttgart 2010, S. 211–230

Über echte und scheinbare Objektivität von Werten bei der Legitimierung von Recht, in: Arend Soeteman / Mikael M. Karlsson (Hg.), Law, Justice and the State III: Problems in Law, Stuttgart 1995, S. 38–53 (ARSP – Beiheft Nr. 60); Wiederabdruck in: Gerhard Sprenger, Von der Wahrheit zum Wert. Gedanken zu Recht und Gerechtigkeit, Stuttgart 2010, S. 147–162

Gegenseitigkeit und praktische Vernunft, in: Werner Maihofer / Gerhard Sprenger (Hg.), Praktische Vernunft und Theorien der Gerechtigkeit, Stuttgart 1992, S. 237–247 (ARSP – Beiheft Nr. 50); Wiederabdruck in: Gerhard Sprenger, Von der Wahrheit zum Wert. Gedanken zu Recht und Gerechtigkeit, Stuttgart 2010, S. 259–269

Recht als Kulturerscheinung, in: Gerhard Sprenger (Hg.), Deutsche Rechts- und Sozialphilosophie um 1900, Stuttgart 1991, S. 134–153 (ARSP – Beiheft Nr. 43); Wiederabdruck in: Gerhard Sprenger, Von der Wahrheit zum Wert. Gedanken zu Recht und Gerechtigkeit, Stuttgart 2010, S. 75–94

Über den Ort des Rechts in der Fundamentalontologie Martin Heideggers, in: A. Kaufmann / E.-J. Mestmäcker / H. F. Zacher, Tübingen 1988, Rechtsstaat und Menschenwürde, FS für Werner Maihofer, S. 549–569

Naturrecht und Natur der Sache, Berlin 1976

Ulfrid Neumann, Frankfurt am Main

„Methodendualismus" in der Rechtsphilosophie des Neukantianismus

Positionen zum Verhältnis von Sein und Sollen bei Gustav Radbruch

I. Einleitung: Das Prinzip des Methodendualismus in der (Rechts)Philosophie des Neukantianismus

Die Philosophie des Neukantianismus hat das rechtsphilosophische Denken in den ersten Jahrzehnten des 20. Jahrhunderts maßgeblich geprägt. Unter den Rechtsphilosophen mit akademischer Heimat in der Jurisprudenz sind hier vor allem Rudolf Stammler, Hermann Kantorowicz, Gustav Radbruch und Hans Kelsen[1] zu nennen. Im Kreis der Fachphilosophie ist es Emil Lask, der eine eigenständige Rechtsphilosophie auf neukantianischer Basis entwickelt und trotz seines frühen Todes die rechtsphilosophische Diskussion der Zeit maßgeblich beeinflusst. Seine Bedeutung für die Rechtsphilosophie Radbruchs ist kaum zu überschätzen. Das gilt nicht nur für Lasks „Rechtsphilosophie" von 1905, sondern auch für seine Arbeit „Die Logik der Philosophie und die Kategorienlehre" aus dem Jahre 1910, die für Radbruchs Konzept der „Stoffbestimmheit der Rechtsidee" wegweisend geworden ist. Darauf wird zurückzukommen sein.

1. Differenzen innerhalb des Neukantianismus

Die Folgerungen, die im Bereich der Rechtsphilosophie aus dem neukantianischen Ansatz gezogen wurden, waren indes keineswegs homogen. Das gilt auch und gerade für das „Grunddogma" des Neukantianismus, das Prinzip des Methodendualismus, also die These einer logisch nicht überbrückbaren Kluft zwischen Sein und Sollen.[2] Soweit ersichtlich, wurde dieses Prinzip im Kreis der Neukantianer niemals grundsätzlich in Frage gestellt. Gerhard Sprenger macht aber im Anschluss an Wolfgang Kersting zu Recht darauf aufmerksam, dass es in der Durchführung dieses Prinzips zwischen der Marburger Richtung des Neukantianismus einerseits, der kul-

1 Zur Frage, wie hoch der Einfluss des Neukantianismus auf die „Reine Rechtslehre" im Einzelnen einzuschätzen ist, vgl. etwa Stanley L. Paulson, Four Phases in Hans Kelsen's Legal Theory? Reflections on a Periodization, *Oxford Journal of Legal Studies* 18 (1998), 153 ff. Weitere Nachw. zu der kontroversen Diskussion bei Ulfrid Neumann, Wissenschaftstheorie der Rechtswissenschaft bei Hans Kelsen und Gustav Radbruch. Zwei „neukantianische" Perspektiven (2005), in: ders., *Recht als Struktur und Argumentation.* Beiträge zur Theorie des Rechts und zur Wissenschaftstheorie der Rechtswissenschaft, 2008, 294 m. Fn. 1.

2 Dazu Ralf Dreier / Stanley Paulson, Einführung in die Rechtsphilosophie Radbruchs, in: dies. (Hrsg.), *Gustav Radbruch, Rechtsphilosophie*, Studienausgabe, 2. Aufl. 2003, 237 ff., 240. Radbruch verweist für das Prinzip des Methodendualismus in den „Grundzügen" von 1914 (GRGA Bd. 2, 9 ff., 38) ebenso wie in der „Rechtsphilosophie" von 1932 (GRGA Bd. 2, 206 ff., 230) vornehmlich auf Kant und Stammler.

turphilosophisch orientierten „Südwestdeutschen Schule" andererseits erhebliche Unterschiede gibt.[3] Die kulturwissenschaftliche Betrachtung sträubt sich gegen den Versuch, zwischen Wirklichkeit und Wert einen scharfen Schnitt zu legen.

Diese Differenz zwischen der Marburger und der Südwestdeutschen Schule spiegelt sich in der neukantianisch orientierten Rechtsphilosophie. Während Kelsen das Prinzip des Methodendualismus mit atemberaubender Konsequenz verfolgt und die Rechtswissenschaft damit in die eisigen Höhen des reinen Sollens führt, unternimmt Radbruch[4] ab einer bestimmten Phase seines Werks immer wieder den Versuch eines Brückenschlags zwischen Sein und Sollen, zwischen Wirklichkeit und Wert.[5] Zwar wird das Grundprinzip des Methodendualismus niemals aufgegeben. Noch in seinem letzten rechtsphilosophischen Text bekennt sich Radbruch zu den Prinzipien des Methodendualismus und des Relativismus als den Grundgedanken seiner Rechtsphilosophie. In dem Entwurf eines Nachworts zur geplanten Neuauflage der „Rechtsphilosophie" von 1949 heißt es: „Die Methodik der Rechtsphilosophie wurde auf zwei Gedanken gegründet: Methodendualismus und Relativismus. Beide Gedanken haben sich in der Zwischenzeit gewandelt und doch behauptet."[6] Der Methodentrialismus, der aus der Einbeziehung der wertbeziehenden Methode resultiert, wird von Radbruch nicht als Kontraposition, sondern als Spielart des Methodendualismus interpretiert.[7]

2. Methodendualismus in der Rechtsphilosophie – Leistungsfähigkeit und Defizite

Ich möchte im Folgenden versuchen, den Wandlungen in Radbruchs Position zum Prinzip des Methodendualismus nachzugehen. Das geschieht im Wesentlichen chronologisch, anhand unterschiedlicher Phasen von Radbruchs Rechtsdenken. Im Vordergrund steht aber nicht das werkgeschichtliche Interesse an der Entwicklung von Radbruchs Rechtsphilosophie, die inzwischen in zahlreichen Arbeiten gut dokumentiert ist.[8] Ich denke, dass die unterschiedlichen Positionen, die Radbruch hier

3 Gerhard Sprenger, Die Wertlehre des Badener Neukantianismus und ihre Ausstrahlungen in die Rechtsphilosophie, in: Robert Alexy u. a. (Hrsg.), *Neukantianismus und Rechtsphilosophie*, 2002, 157, 169.

4 Zum prägenden Einfluss des Neukantianismus auf Radbruchs Rechtsphilosophie vgl. etwa Stanley L. Paulson, Ein „starker Intellektualismus". Badener Neukantianismus und Rechtsphilosophie, in: Marcel Senn / Daniel Puskás (Hrsg.), Rechtswissenschaft als Kulturwissenschaft? *ARSP-Beiheft* 115 (2007), 83 ff.; Frank Saliger, Radbruch und Kantorowicz, *ARSP* 93 (2007), 236 ff., 243 ff.; Gerhard Sprenger (Fn. 3), 157 ff.; Sascha Ziemann, *Neukantianisches Strafrechtsdenken*. Die Philosophie des südwestdeutschen Neukantianismus und ihre Rezeption in der Strafrechtswissenschaft des frühen 20. Jahrhunderts, 2009, 66 ff.

5 Zu den Konsequenzen, die sich aus diesen unterschiedlichen Perspektiven für die Einordnung der Rechtswissenschaft als Normwissenschaft (Kelsen) oder Kulturwissenschaft (Radbruch) ergeben, vgl. Ulfrid Neumann (Fn. 1), 294 ff.

6 GRGA Bd. 20, 25, 38.

7 Gustav Radbruch, *Rechtsphilosophie* (1932), GRGA Bd. 2, 230 m. Anm. 2. Vgl. dazu auch Marc André Wiegand, *Unrichtiges Recht*. Gustav Radbruchs rechtsphilosophische Parteienlehre, 2004, 123. Zum abweichenden Verständnis des Trialismus als „dritter Weg" neben Methodenmonismus und Methodendualismus bei Hermann Kantorowicz vgl. Frank Saliger (Fn. 4), 246.

8 Vgl. insbesondere die Darstellung der Entwicklung von Radbruchs Rechtsbegriff bei Ralf Dreier,

im Laufe der Zeit bezogen hat, sowohl die Leistungsfähigkeit als auch die Grenzen eines strikten Methodendualismus in der Rechtsphilosophie markant hervortreten lassen.

Die *Leistungsfähigkeit* lässt sich beispielhaft anhand der scharfen Trennung von rechtsdogmatischer und „sozialtheoretischer“ Betrachtungsweise des Rechts verdeutlichen, die den Versuch einer „dogmatischen“ Bearbeitung früherer oder fremder Rechtsordnungen als eine, in der Formulierung Jellineks „den Spott herausfordernde Mühe“[9] erscheinen lässt – ein höchst aktuelles Diktum, weil die Rechtsprechung des BGH sich in den Mauerschützen-Prozessen eben dieser Mühe unterzogen hat – unter dem Beifall der Mehrzahl der Stimmen in Rechtsphilosophie und Strafrechtswissenschaft.[10] Die *Grenzen* ergeben sich aus der Logik des Ansatzes selbst. Will man die Trennung von Sein und Sollen im Bereich des Rechtsdenkens strikt aufrechterhalten, muss man die soziale Wirklichkeit des Rechts und der sozialen Verhältnisse, auf die es sich bezieht, ausblenden. Das ist, wie das Beispiel der Reinen Rechtslehre zeigt, ein möglicher Ansatz. Er muss aber dort zu Verwerfungen führen, wo das Recht gerade als Kulturphänomen in den Blick genommen werden soll. Die Spannungen, die in Radbruchs unterschiedlichen Positionen zum Problem von Sein und Sollen zum Ausdruck kommen, dürften insoweit schon in der Philosophie der kulturphilosophischen Richtung des Neukantianismus angelegt sein.

II. Konsequenter Methodendualismus in den frühen Arbeiten Radbruchs

In der ersten Phase von Radbruchs rechtsphilosophischen Schriften bleiben diese Spannungen allerdings noch latent. Das Prinzip des Methodendualismus wird nachdrücklich verteidigt; der Schwerpunkt liegt bei der kritischen Auseinandersetzung mit der Position des „Methodenmonismus“, der Radbruch im Übrigen Zeit seines Lebens ablehnend gegenüber stand.

1. Ablehnung einer teleologischen Geschichtsdeutung

Konkret bezieht sich die Auseinandersetzung zum einen auf die Frage der normativen Relevanz notwendiger historischer Entwicklungen. Radbruch wendet sich hier in Übereinstimmung mit Stammler[11] gegen das monistisch orientierte marxistische Geschichtsverständnis.[12] Gegenüber der „Gleichstellung von Sein und Sollen, von

Gustav Radbruchs Rechtsbegriff, in: Matthias Mahlmann (Hrsg.), *Gesellschaft und Gerechtigkeit.* Festschrift für Hubert Rottleuthner, 2011, 17 ff. sowie die dort zitierten Arbeiten.

9 Georg Jellinek, *Allgemeine Staatslehre*, 3. Aufl. 1914, 52.

10 Ausf. dokumentiert bei Horst Dreier, Radbruch und die Mauerschützen, *JZ* 1997, 421; Steffen Forschner, *Die Radbruchsche Formel in den höchstrichterlichen „Mauerschützenurteilen“*, Diss. Tübingen 2003; Henning Rosenau, *Tödliche Schüsse im staatlichen Auftrag.* Die strafrechtliche Verantwortung von Grenzsoldaten für den Schusswaffengebrauch an der deutsch-deutschen Grenze, 2. Aufl. 1998; Knut Seidel, *Rechtsphilosophische Aspekte der „Mauerschützen“-Prozesse*, 1999.

11 Rezension zu Rudolf Stammler, *Wirtschaft und Recht nach der materialistischen Geschichtsauffassung* (1924), GRGA Bd. 1, 541.

12 Dazu und zum Folgenden schon Ulfrid Neumann, *Einleitung* zum Band „Strafrechtsgeschichte“, GRGA Bd. 11, 1, 9 ff.

unausweichlicher Entwicklung und erstrebenswertem Ziel“ in der materialistischen Geschichtsauffassung beharrt Radbruch auf der Trennung von Faktizität und Normativität. Mit „dem Nachweis der kausalen Naturnotwendigkeit eines zukünftigen Geschichtsverlaufes“ sei „der Nachweis seiner teleologischen Vernunftnotwendigkeit noch nicht geführt.“[13] Der Sozialist bejahe den Sozialismus „in Wahrheit nicht deshalb, weil er ihn unvermeidlich kommend weiß, sondern weil er den gegenwärtigen Gesellschaftszustand als Unrecht empfindet“.[14]

2. Ablehnung des evolutionistischen Monismus

Diese nachdrückliche Ablehnung des „Methodenmonismus“ musste Radbruch auch in einen Gegensatz zu der evolutionistischen Auffassung der Strafrechtsgeschichte bei seinem Lehrer Franz v. Liszt bringen. Von Liszt hatte sein kriminalpolitisches Programm auf eine evolutionistische Theorie gegründet. Die Überlegenheit des Zweckgedankens gegenüber der blinden Vergeltung wurde gerade damit begründet, dass das Zweckdenken im Verhältnis zu dem Vergeltungsgedanken einer späteren Epoche angehöre. Solche Argumentationen dürften uns heute eher eigentümlich anmuten. In der damaligen Zeit entsprachen sie einer verbreiteten Auffassung, die sich insbesondere in dem 1906 gegründeten „Deutschen Monistenbund“ artikulierte und sich in der Zeitschrift „Der Monismus“ Gehör verschaffte.[15] Im Sinne dieses monistischen Ansatzes hatte von Liszt unmissverständlich formuliert: „Werdendes und Seinsollendes sind … identische Begriffe. Nur die erkannte Entwicklungstendenz gibt uns über das Seinsollende Aufschluss“[16].

Radbruch wendet sich gegen diese Auffassung u. a. in seinem Aufsatz „Über die Methode der Rechtsvergleichung“[17] aus dem Jahre 1905. Das Sein-Sollende könne aus dem Werdenden nicht erschlossen werden, ebenso wenig wie aus dem Gegenwärtigen oder aus dem Vergangenen. Diese Aussage ist für Radbruch so wichtig, dass er sie in einer kurzen Selbstrezension seines Aufsatzes besonders hervorhebt.[18] In der Studie „Franz von Liszt – Anlage und Umwelt“, die er 1938 in den „Elegantiae Juris Criminalis“ veröffentlicht, wird Radbruch feststellen, von Liszt habe mit dieser methodologischen Grundanschauung seinerzeit fast allseitigen Widerspruch gefunden – auch innerhalb der eigenen Schule.[19] Und in seinem Beitrag zur Rosenfeld-Festschrift (1949) spricht Radbruch von den Kämpfen, die innerhalb der Liszt-Schule ausbrachen, als einige der nächsten Schüler v. Liszts von der Position des Monismus übergegangen seien „zu dem Dualismus der Südwestdeutschen Philosophenschule Windelbands und Rickerts“[20].

13 Rezension zu Rudolf Stammler (Fn. 11), 541.
14 Gustav Radbruch (Fn. 7), 246.
15 Später „Das monistische Jahrhundert“ (1912–1915) bzw. „Mitteilungen des Deutschen Monistenbundes“ (1916–1919).
16 Franz von Liszt, Das „richtige Recht“ in der Strafgesetzgebung, *ZStW* 26 (1906), 553 ff., 556.
17 GRGA Bd. 15, 152–156.
18 GRGA Bd. 1, 473. Entsprechende Hervorhebung in einer Rezension zu Fritz Berolzheimer, *System der Rechts- und Wirtschaftsphilosophie*. Zweiter Band (1905), GRGA Bd. 1, 475.
19 Gustav Radbruch, *Franz v. Liszt – Anlage und Umwelt* (1938), GRGA Bd. 16, 27 ff., 37. Vgl. auch Radbruchs Beitrag zum Gedenken an Hermann Kantorowicz (1946), GRGA Bd. 16, 75, 84.
20 Gustav Radbruch, *Drei Strafrechtslehrbücher des 19. Jahrhunderts* (1949), GRGA Bd. 11, 407, 428.

Seine eigene Position formuliert Radbruch exemplarisch in der „Rechtsphilosophie" von 1932. Zwar teilt er die an Jhering anknüpfende These von Liszts, dass sich das Recht notwendig zu einem immer bewusster und zweckhafter eingesetzten Steuerungsinstrument entwickle. Irgendeine Bewertung dieser Entwicklung sei damit jedoch nicht verbunden. „Die unvermeidliche Entwicklung von triebmäßiger zu zweckhafter, von irrationaler zu zweckrationaler Rechtsgestaltung kann einer verschiedenen Wertbeurteilung unterliegen."[21] Denn: einen Fortschritt könne in ihr nur derjenige sehen, der den „Siegeszug der Vernunft" eher von gezielten Handlungen einzelner als von der „Vernunft der Dinge und der Verhältnisse" erhofft. Liszts Gleichsetzung des kommenden Rechts mit dem „richtigen" Recht ist für Radbruch deshalb ein – so wörtlich – „marxistischer Irrtum"[22].

Auf der Basis des Methodendualismus gelangt Radbruch auch zu einer skeptischen Einschätzung der normativen Relevanz rechtsvergleichender Untersuchungen. Mit Bezug auf das groß angelegte, damals kurz vor dem Abschluss stehende Projekt einer „Vergleichenden Darstellung des deutschen und ausländischen Strafrechts"[23] wird betont, dass die Existenz bestimmter strafrechtlicher Regelungen in ausländischen Rechtsordnungen keine unmittelbare Bedeutung für das Programm des nationalen Gesetzgebers habe. Die Rechtsvergleichung könne zur Vorbereitung gesetzgeberischer Projekte also keine Hinweise auf die „rechtsphilosophisch richtige" Regelung geben, wohl aber – und immerhin – rechtspolitisch mögliche Regelungen aufzeigen[24]. Für uns, die wir heute ganz überwiegend auf einem gefestigten dualistischen Standpunkt stehen, erscheint dieses Ergebnis nahezu trivial. Anders vor dem zeitgeschichtlichen Hintergrund – in der Auseinandersetzung mit der einflussreichen Gruppierung der Monisten musste man der Gefahr begegnen, dass eine weit verbreitete Regelung für eine „richtige" Regelung genommen werden könnte.

3. Kritik einer dogmatischen Bearbeitung früherer oder fremder Rechtsordnungen

Von erheblicher Aktualität sind dagegen die Konsequenzen, die Radbruch, ebenso wie Jellinek und Kantorowicz, aus dem Prinzip des Methodendualismus für den rechtsmethodischen Umgang mit anderen Rechtssystemen zieht. Das gilt für vergangene Rechtsordnungen ebenso wie für gegenwärtige Rechtssysteme anderer Staaten. Im Hintergrund steht die Unterscheidung zwischen der *Jurisprudenz* einerseits, der *Sozialtheorie* des Rechts andererseits. Während die Jurisprudenz als Dogmatik des geltenden Rechts die Aufgabe hat, dieses geltende Recht durch Auslegung der Gesetze für seine Anwendung aufzubereiten, ist Gegenstand der Sozialtheorie des Rechts das Recht als Faktum, als soziales Phänomen. Die Jurisprudenz hat es folglich mit dem Sollen, die Sozialtheorie des Rechts mit dem Sein zu tun. Von einem Sol-

21 Gustav Radbruch (Fn. 7), 322.

22 Gustav Radbruch, Über die Methode der Rechtsvergleichung (1905/06), GRGA Bd. 15, 152, 154.

23 *Vergleichende Darstellung des deutschen und ausländischen Strafrechts*, hrsg. von Karl Birkmeyer, Fritz Calker u. a., 16 Bde., 1905–1909.

24 Gustav Radbruch (Fn. 22), 154.

len aber kann nur in Bezug auf eine gegenwärtige, Verbindlichkeit beanspruchende Rechtsordnung die Rede sein. In der prägnanten Formulierung von Jellinek: „Es gibt kein Seinsollendes nach rückwärts"[25]. Deshalb habe sich die Staatsrechtslehre, als Teil der Jurisprudenz, maßgeblich mit der Gegenwart zu befassen; die rechtsgeschichtliche Forschung dagegen sei Aufgabe der sozialen Staatslehre als Wissenschaft von dem tatsächlichen Rechtsgeschehen.

Radbruch stimmt dieser Sichtweise in einer 1907 veröffentlichten Rezension der zweiten Auflage von Jellineks „Allgemeine Staatslehre" ausdrücklich zu.[26] Bereits in dem 1905 erschienenen Aufsatz über „Die Methode der Rechtsvergleichung" hatte er die Auffassung vertreten, die juristische Dogmatik sei auf eine vergangene Rechtsordnung ebenso wenig anwendbar wie auf ein fremdes Rechtssystem der Gegenwart. Denn der Zweck der dogmatischen Arbeit sei es, das Recht zur Anwendung fähig zu machen. Sobald ein Gesetz außer Kraft trete, höre es auf, Gegenstand der juristischen Dogmatik zu sein und werde Gegenstand der Sozialwissenschaft. Wörtlich heißt es: „Nicht wie die PGO auszulegen und anzuwenden wäre, sondern allein, wie sie ausgelegt und angewendet worden ist, ist heute von wissenschaftlichem Interesse"[27]. Ebenso könne man das ausländische Gesetz lediglich als Kulturfaktor betrachten.[28] Die Beschäftigung mit ausländischem Recht gehört, ebenso wie die mit vergangenen Rechtsordnungen, nicht in den Bereich der Normwissenschaft, also der Jurisprudenz, sondern in den der Tatsachenwissenschaft.[29]

a. Aktuelle Anwendungen

Diese Kritik einer dogmatischen Behandlung vergangener Rechtsordnungen ist von hoher Aktualität. Denn sie stellt, wie schon angedeutet, nachdrücklich die rechtstheoretischen Prämissen in Frage, auf denen die Verurteilung zahlreicher ehemaliger Staatsbürger der DDR in der Bundesrepublik nach der „Wende" von 1989 beruht. Die Gerichte der Bundesrepublik haben genau das getan, was Radbruch für unmöglich erklärt: sie haben beansprucht, die Gesetze der untergegangenen DDR selbst auszulegen und der Rechtspraxis der DDR nachzuweisen, dass diese die Gesetze ihres eigenen Staates fehlerhaft ausgelegt und angewendet habe.[30] Das aber ist genau die Tätigkeit, die Jellinek als eine „den Spott herausfordernde Mühe"[31] charakterisiert.

In der Tat: der Versuch, den DDR-Gesetzen im Wege einer „menschenrechtsfreundlichen Auslegung"[32] einen anderen Gehalt zuzuweisen als den, den sie nach der Interpretation der zuständigen Gerichte und anderer Institutionen des damaligen Rechtsystems hatten, ist zum Scheitern verurteilt. Das gilt *a fortiori* für das Un-

25 Georg Jellinek (Fn. 9), 52 (mit Hinw. auf Radbruch und Kantorowicz).

26 GRGA Bd. 1, 484.

27 GRGA Bd. 15, 155.

28 a.a.O.

29 Gustav Radbruch, *Rechtswissenschaft als Rechtsschöpfung* (1906), GRGA Bd. 1, 409, 420.

30 Krit. dazu – noch ohne Bezug auf Radbruch und Jellinek – Ulfrid Neumann, Rechtspositivismus, Rechtsrealismus und Rechtsmoralismus in der Diskussion um die strafrechtliche Bewältigung politischer Systemwechsel (2002), in: ders., *Recht als Struktur und Argumentation*. Beiträge zur Theorie des Rechts und zur Wissenschaftstheorie der Rechtswissenschaft, 2008, 163 ff.

31 Wie Fn. 9.

32 BGHSt 39, 1, 23; BGHSt 41, 101, 111 u.ö.

ternehmen, der vergangenen Rechtsordnung der DDR im Wege einer naturrechtlichen Interpretation Regelungen zu inkorporieren, von denen weder der Gesetzgeber noch die Rechtsprechung noch die Rechtswissenschaft des damaligen Staates eine Vorstellung hatten. Die rechtstheoretische Position von Radbruch und Jellinek stützt also die Position all derer, die der Auffassung sind, es hätte zur Bestrafung der „Mauerschützen“ einer rückwirkenden Strafgesetzgebung bedurft (die im Wege einer Verfassungsänderung ohne Verletzung der EMRK [Art. 7 Abs. 2 EMRK] möglich gewesen wäre).

b. Differenzen zwischen Radbruch und Kantorowicz

Es verdient Aufmerksamkeit, dass Hermann Kantorowicz diese Position nur mit Einschränkungen zu teilen scheint.[33] Zwar stimmt er Radbruch und Jellinek im Grundsatz zu. In der Programmschrift der „Freirechtslehre“ betont er in ausdrücklichem Anschluss an beide Autoren, dass es „schlechterdings keinen Sinn“ habe, „ein nicht mehr geltendes Recht mit den Mitteln der juristischen Kunst zu bearbeiten“[34]. Näher entfaltet wird diese Auffassung in seinem Vortrag über „Rechtswissenschaft und Soziologie“ aus dem Jahre 1911. Hier argumentiert Kantorowicz, in der „dogmatischen“, der „systematisch-konstruktiven“ Behandlung von Normen eines vergangenen Rechtssystems liege ein Verstoß gegen die rechtsgeschichtliche Methode. Die Begründung bewegt sich durchaus auf der von Radbruch markierten Linie: die dogmatische Arbeit an Rechtsnormen diene nur der praktischen Rechtsanwendung, die für vergangenes Recht logischerweise nicht in Betracht komme. Widersprüche seien zu erklären, nicht hinweg zu disputieren. Und wenn Kantorowicz ergänzt, es dürften insbesondere keine Folgerungen aus Rechtssätzen gezogen werden, die von den damals Lebenden nicht gezogen wurden und nicht gezogen werden konnten[35], dann liest sich das geradezu wie eine aktuelle Kritik an der Rechtsprechung des BGH und weiten Teilen des heutigen rechtsphilosophischen Schrifttums.

Allerdings: Kantorowicz schließt eine dogmatische Behandlung von Normen einer vergangenen Rechtsordnung nicht kategorisch aus. Für Einzelfälle, für die sich die Geschichtsforschung interessiere, müsse die Norm „dogmatisch bearbeitet“ werden. Wenngleich „mit größter Zurückhaltung und ohne Anwendung juristischer Technik“[36]. Als Beispiel nennt er die Frage, ob Friedrich der Große den Müller-Arnold-Prozess nach dem Recht seiner Zeit so entscheiden durfte, wie er ihn tatsächlich entschieden hat. In solchen singulären Fällen habe die Rechtsgeschichte Anlass, nicht wertbeziehend, sondern wertend zu verfahren. Das bedeutet: der Rechtshistoriker darf und sollte hier ausnahmsweise vom Standpunkt der damaligen Rechtsordnung aus ein Urteil über Rechtswidrigkeit oder Rechtmäßigkeit einer bestimmten historischen Handlung fällen.

Die Berechtigung dieser Einschränkung ist schwer zu beurteilen, weil sich die Bedeutung der methodologischen Vorbehalte nicht ohne Weiteres erschließt. Was soll es heißen, dass die Norm „mit größter Zurückhaltung“ und „ohne Anwendung

33 Zu den unterschiedlichen Positionen von Radbruch und Kantorowicz gegenüber dem Prinzip des Methodendualismus instruktiv Frank Saliger (Fn. 4), 245 f.
34 Gnaeus Flavius (Hermann Kantorowicz), *Der Kampf um die Rechtswissenschaft*, 1906, 33.
35 Hermann Kantorowicz, *Rechtswissenschaft und Soziologie*, 1911, 33.
36 a. a. O.

juristischer Technik" „dogmatisch bearbeitet" werden soll? Jedenfalls dürfte es näher liegen, das Verhalten der historischen Persönlichkeit anhand der Frage zu beurteilen, wie die einschlägigen Bestimmungen seinerzeit tatsächlich ausgelegt und angewendet wurden. Das wäre eine Frage nach einem Faktum und würde den riskanten Wechsel von einer wertbeziehenden zu einer wertenden Haltung nicht erfordern.

Radbruch jedenfalls scheint in diesem Punkt konsequenter zu sein. Das Prinzip des Methodendualismus und die aus ihm resultierende Grenzziehung zwischen den Zuständigkeitsbereichen der dogmatischen Jurisprudenz einerseits, der Sozialtheorie des Rechts andererseits werden folgerichtig durchgeführt. Radbruch wendet sich in diesem Zusammenhang dagegen, die von der Freirechtsschule propagierte Methode der Rechtsfindung als „soziologische Methode" zu bezeichnen: die Soziologie habe es mit Tatsachen zu tun; aus Tatsachen aber ließen sich Werturteile nicht ableiten.[37]

Auch in anderen Punkten bekennt sich Radbruch in dieser Phase seines Denkens zu einem strikten Methodendualismus. So wird die Denkform der „Natur der Sache", deren Analyse Radbruch später als das wichtigste Problem der gegenwärtigen Rechtsphilosophie bezeichnen wird[38], kategorisch verworfen – aus einem Sein könne man, so die knappe Begründung, „nach *Kants* Lehre ein Sollen nimmermehr herausklauben"[39]. Das hat Radbruch allerdings nicht vor dem Vorwurf bewahrt, mit seinem wissenschaftstheoretischen Modell der Rechtswissenschaft Sein und Sollen unzulässig zu vermischen und sich damit einer Verletzung des Prinzips des Methodendualismus schuldig zu machen.

4. Sein und Sollen in der Wissenschaftstheorie der Rechtswissenschaft

a. Die Rechtswissenschaft als Norm- und Kulturwissenschaft

Diesen Vorwurf erhebt Kelsen in seinem 1916 veröffentlichten Aufsatz „Die Rechtswissenschaft als Norm- oder als Kulturwissenschaft"[40]. Angriffspunkt ist Radbruchs Gegenüberstellung von Gegenstand und Methode der Rechtswissenschaft in den „Grundzügen der Rechtsphilosophie". Radbruch zufolge hat die Rechtswissenschaft, hier im engeren Sinne als juristisch-dogmatische Disziplin verstanden, den Gegenstand einer (empirischen) Kulturwissenschaft, aber die Methode einer Normwissenschaft[41]. Hinsichtlich ihres Gegenstands unterscheide sie sich deshalb nicht von der Sozialtheorie des Rechts, die sich auf eine faktische Betrachtungsweise des Rechts beschränkt und der Radbruch neben der Rechtssoziologie auch Rechtsgeschichte und Rechtsvergleichung zuordnet (S. 185). Im Unterschied zu der Sozialtheorie des Rechts müsse die Rechtswissenschaft als dogmatische Disziplin das Recht – als ihren

37 Gustav Radbruch, *Brief an Ernst Fuchs v. 8. Oktober 1910*, GRGA Bd. 17, 134 f.

38 Gustav Radbruch, *Brief an Thomas Würtenberger v. 14. November 1949*, GRGA Bd. 18, 318.

39 Gustav Radbruch (Fn. 29), 409, 418.

40 In: *Schmollers Jahrbuch für Gesetzgebung, Verwaltung und Volkswirtschaft im Deutschen Reiche*, Jg. 40 (1916), 1181–1239 (= Heft 3, 95–151); wiederabgedruckt in: *Hans Kelsen Werke* (hrsg. von Matthias Jestaedt), Bd. 3, 2010, 551 ff. Der Beitrag wird hier nach der in der Kelsen-Gesamtausgabe mit angegebenen Paginierung der Erstveröffentlichung zitiert.

41 Gustav Radbruch, *Grundzüge der Rechtsphilosophie* (1914) [GRGA Bd. 2, 9 ff.], 186 – Die Seitenangaben folgen hier und im nachstehenden Text der (in der GRGA mitgeführten) Paginierung der Originalausgabe.

„empirischen Gegenstand“ – aber „in normativer Richtung verarbeiten“ (S. 206). Radbruch betont in diesem Zusammenhang den kreativen Charakter der juristischen Interpretation. Da die juristische Interpretation vor die Aufgabe gestellt ist, für jeden Einzelfall eine Lösung zu finden, das Gesetz aber nicht jeden Einzelfall entscheidet, muss die juristische Interpretation über den empirischen Sinn des Gesetzes hinausgehen (S. 202). Sie huldigt, anders als die philologische Interpretation des Gesetzes, dem Dogma der Geschlossenheit und Widerspruchslosigkeit der Rechtsordnung (S. 193).

Der zentrale Einwand von Kelsen gegen Radbruch lautet, das Modell einer Wissenschaft mit empirischem Gegenstandsbereich und normativer Methode sei mit dem Prinzip der gegenstandskonstitutiven Funktion der Methode nicht vereinbar.[42] Eine normative Disziplin habe nach diesem Prinzip notwendigerweise ein Sollen zum Gegenstand. Kelsen wendet mit diesem Einwand ein zentrales Prinzip der Wissenschaftstheorie des Neukantianismus gegen einen rechtsphilosophischen Ansatz, der wie kaum ein anderer versucht hat, den Ansatz des Neukantianismus für den Bereich der Rechtsphilosophie fruchtbar zu machen.

b. Dualismus des Rechtsbegriffs bei Radbruch

Es geht hier aber nicht um die Frage, wie weit dieses Prinzip in der neukantianischen Wissenschaftstheorie tatsächlich reicht – wer also der „bessere Neukantianer“ ist, Kelsen oder Radbruch. Die Kritik von Kelsen ist vor allem deshalb interessant, weil sie frühzeitig auf eine Ambivalenz in Radbruchs Konzeption aufmerksam macht, die tendenziell zu einem Dualismus der Rechtsbegriffe führt und die sich aktuell in der kontroversen Diskussion spiegelt, ob man in Radbruchs Rechtsphilosophie Begriff und Geltung des Rechts auseinander halten könne.[43] Denn tatsächlich ist eine normative Arbeit am Recht nur dann möglich, wenn man das Recht insoweit als eine geltende, Verbindlichkeit beanspruchende Ordnung versteht – verkürzt formuliert: als Sollen. Definiert wird das Recht von Radbruch aber nicht als verbindliche Sollensordnung, also mittels einer *Wertung*, sondern über einen *Wertbezug*. Recht ist, wie es in der ersten Auflage der Rechtsphilosophie heißt, „alles, was zum Gegenstande eines Gerechtigkeitsurteils, also auch eines Ungerechtigkeitsurteils, gemacht werden kann“[44]. Definiert wird das Recht also über kulturelle, genauer: über kulturwissenschaftliche Kriterien.

Die normative Bearbeitung des Rechts aber setzt einen normativ definierten Rechtsbegriff voraus – in diesem Punkt ist Kelsen nachdrücklich Recht zu geben. Terminologisch könnte man hier von einem rechtstechnischen oder geltungstheoretischen Rechtsbegriff sprechen, der mit dem kulturellen Rechtsbegriff nicht deckungsgleich ist. In den „Grundzügen der Rechtsphilosophie“ von 1914 bleibt diese Ambivalenz des Rechtsbegriffs noch latent, weil die Frage der Verbindlichkeit ungerechten Rechts noch nicht unter Bezug auf den Begriff des Rechts erörtert wird.[45]

42 Ausführlich dazu Ulfrid Neumann (Fn. 1), 309ff.

43 Verneinend Ralf Dreier (Fn. 8), 20m. Fn. 12 (gegen Funke).

44 Gustav Radbruch (Fn. 41), 54.

45 Die Frage der Verbindlichkeit des „Schandgesetzes“ wird sowohl in den „Grundzügen“ (157ff.) als auch in der „Rechtsphilosophie“ (GRGA 2, 168ff.) in dem Kapitel über die Geltung des Rechts erörtert.

Der Übergang von der Sphäre des Seins in die des Sollens, von dem Recht als Kulturphänomen zu der Rechtsordnung als Gegenstand normativer Arbeit der Rechtswissenschaft, soll durch eine Brücke gewährleistet werden, die vom Imperativ als tatsächlicher Willensäußerung zu der Norm als deren Sinn führt.[46]

Diese Brücke ist wohl nicht tragfähig, weil von der bloßen Faktizität des Imperativs kein Weg zu dem Sollen führt, das für die Methode der Rechtswissenschaft konstitutiv ist.[47] Dass der *subjektive Sinn* eines Imperativs eine Norm ist, begründet noch nicht das *objektive Sollen*, das allein als Basis einer normativ arbeitenden Rechtswissenschaft tragfähig wäre. Die mangelhafte Statik dieser Brückenkonstruktion tritt aber erst dann offen zutage, wenn sich der Blick auf Imperative richtet, denen die Anerkennung als Quelle eines objektiven Sollens versagt werden soll. Dieser Blickwechsel, der in der „Radbruchschen Fomel" kulminieren wird, beginnt sich in den Arbeiten der zwanziger Jahre abzuzeichnen.

III. Gemässigter Methodendualismus

1. Stoffbestimmtheit der Idee

Bereits mit dem Aufsatz über „Rechtsidee und Rechtsstoff"[48] aus dem Jahre 1923 vollzieht sich der Übergang zu einem gemäßigten Methodendualismus, der durch das Bemühen gekennzeichnet ist, den schroffen Gegensatz zwischen Sein und Sollen zu entspannen.[49] Das Prinzip der „Stoffbestimmtheit der Idee", das als Bestimmtheit der Idee *durch* den Stoff und *für* den Stoff verstanden wird, hat nach Radbruch seinen systematischen Ort in der transzendentalen Logik, wird aber in der Anwendung auf die Rechtsordnung und deren Beziehung zu den sozialen Verhältnissen ihrer Zeit als empirisch-kausales Prinzip entwickelt.[50] Die Rechtsform könne den sozialen und wirtschaftlichen Verhältnissen als dem „Rechtsstoff" in unterschiedlichem Grade entsprechen. So vernachlässige das Privatrecht der Zeit die faktisch bestehenden wirtschaftlichen Ungleichheiten; demgegenüber bedeuteten Sozialpolitik und Wirtschaftsdemokratie „eine Widerannäherung der Rechtsform an den Rechtsstoff"[51].

Es fällt auf, dass mit der Diagnose einer größeren oder geringeren Nähe von Rechtsform und Rechtsstoff keine Wertung verbunden sein soll.[52] Man wird das aber *cum grano salis* zu verstehen haben. Wäre die Denkform der „Stoffbestimmtheit der Idee", die Radbruch mit der „Natur der Sache" gleichsetzt, normativ irrelevant, so wäre nicht zu sehen, wie sie geeignet sein könnte, einen Beitrag zur „Milderung" des schroff methodendualistischen Dogmas zu leisten. In Radbruchs Aufsatz „Vom

46 Gustav Radbruch (Fn. 41), 61 ff., 161.

47 Hans Kelsen (Fn. 40), 1235 ff. Näher dazu Ulfrid Neumann (Fn. 1), 306 (dort Seitenzählung nach Heft 3, 95 ff. [vgl. vorstehend Fn. 40]).

48 GRGA 2, 453.

49 Vgl. aus dieser Zeit auch die Rezension (1925) zu Leonard Nelsons „System der philosophischen Rechtslehre und Politik" mit Hinweis auf die „Erweichung" des „schroff methodendualistischen Dogmas" durch die „Stoffbestimmtheit der Idee" (GRGA Bd. 1, 537, 540).

50 Gustav Radbruch, *Rechtsidee und Rechtsstoff. Eine Skizze* (1923/24), GRGA Bd. 2, 453, 455.

51 a.a.O., 456.

52 a.a.O., 456 m. Fn. 2. Im gleichen Sinne in: *Die Natur der Sache als juristische Denkform* (1948), GRGA Bd. 3, 229, 251.

individualistischen zum sozialen Recht" aus dem Jahre 1930 erhält die Feststellung eines „Widerspruchs" zwischen Rechtswirklichkeit und Rechtsform mit Blick auf den zeitgenössischen Kapitalismus denn auch einen klar negativen Akzent. Die Entwicklung des sozialen Rechts, die der Rechtswirklichkeit entsprechen soll, stellt sich dar als „Selbstverwirklichung einer überbewussten geschichtlichen Notwendigkeit"; das Ziel sei das „einer gerechteren Gesellschaftsverfassung, die nicht mehr Arbeitsherren und Arbeitsuntertanen kennen wird, sondern nur noch Arbeitsbürger"[53]. Hier sind jedenfalls *moralische* Wertungen einer stärkeren Annäherung der Rechtsform an den Rechtsstoff nicht zu überhören.

2. Juristische und vorjuristische Begriffsbildung

Wissenschaftstheoretisch spiegelt sich das Verhältnis zwischen Rechtsstoff und Rechtsidee in dem Verhältnis von juristischer und vorjuristischer („sozialer") Begrifflichkeit. Radbruch knüpft hier ausdrücklich an Lasks Lehre von der „Bedeutungsdifferenzierung"[54] an. Der Stoff des Rechts sei nicht eine unstrukturierte, sondern eine „mittels sozialer Begriffe vorgeformte" Gegebenheit.[55] Zu den sozialen Begriffen werden neben den sozialwissenschaftlichen auch die „vorwissenschaftlichen" Begriffe gerechnet, die in das Gebiet der Sozialwissenschaft gehören. Bei der Rechtsanwendung werde „die mittels sozialer Begriffe vorgeformte Gegebenheit den diesen Begriffen nachgebildeten Tatbestandsbegriffen subsumiert"[56].

Mit der Einbeziehung der „vorwissenschaftlichen" Begriffe wird die strenge Trennung von Wertung und Substrat der Wertung aufgegeben, die für den wissenschaftstheoretischen Ansatz des Neukantianismus ursprünglich kennzeichnend war. Denn diese Begriffe bezeichnen Strukturen der sozialen Wirklichkeit selbst, nicht (erst) den Zugriff einer strukturierenden Wissenschaft auf ein amorphes gesellschaftliches Substrat. Exemplarisch: die wertbeziehende Wissenschaft kann die Institution des Versprechens an dem Wert der Gerechtigkeit oder dem der Rechtssicherheit messen; die normativen Implikationen dieser Institution liegen der wissenschaftlichen Rekonstruktion voraus.

3. Rechtsbegriff und Rechtsgeltung

Die oben diagnostizierte Ambivalenz von Radbruchs Rechtsbegriff musste in dem Augenblick zu einem manifesten Problem werden, in dem der Bezug des Rechts auf die Gerechtigkeit, der für die „wertbeziehende" Methode der Rechtsbetrachtung

53 GRGA Bd. 2, 485, 495.

54 Emil Lask, *Die Logik der Philosophie und die Kategorienlehre*, 1911, 1. Teil 4. Abschnitt. Zur Rezeption der Lehre von der Bedeutungsdifferenzierung durch Radbruch vgl. Friederike Wapler, *Werte und das Recht*, 2008, 199 f.

55 GRGA Bd. 2, 458, 459. – Aus diesem Grund ist, wie Werner Maihofer zutreffend festgestellt hat, Radbruchs Vergleich des Rechtsstoffes mit dem Material des Bildhauers nicht unproblematisch (Werner Maihofer, Die Natur der Sache (1958), in: Arthur Kaufmann (Hrsg.), *Die ontologische Begründung des Rechts*, 1965, 52, 59).

56 *Die Problematik der Rechtsidee* (1924), GRGA Bd. 2, 459

konstitutiv ist, als Selektionskriterium hinsichtlich der Rechtsqualität positiv-rechtlicher Normen herangezogen wird.[57] Das geschieht in dem Aufsatz „Die Problematik der Rechtsidee" aus dem Jahre 1924, in dem Radbruch die utilitaristische und positivistische Rechtsphilosophie des „jetzt abgeschlossenen Zeitalters" kritisiert und auch sich selbst von dem Vorwurf nicht freispricht, den Gedanken der Gerechtigkeit vernachlässigt zu haben.[58]

Damit stellt sich die Frage, ob eine *konkrete* Rechtsnorm, der man nicht einmal zugestehen kann, dass sie „der Gerechtigkeit zu dienen wenigstens bezweckt"[59], als geltendes Recht anzuerkennen ist. Radbruchs überraschende Antwort auf diese Frage lautet: als gültig ja, als Recht nein. Radbruch anerkennt damit das *prima facie* paradoxe Modell eines geltenden Nicht-Rechts[60]. Wörtlich heißt es: „Eine Anordnung, welcher nicht einmal der Wille innewohnt, Gleiche gleich und Ungleiche ungleich zu behandeln, etwa eine Ausnahmeverordnung gegen individuell bestimmte Personen oder Personengruppen, kann positiv gelten, kann zweckmäßig, ja notwendig und deshalb auch absolut gültig sein – aber den Namen Recht sollte man ihr verweigern, denn Recht ist nur, was der Gerechtigkeit zu dienen wenigstens bezweckt ..."[61].

Die Konstruktion eines „Nicht-Rechts", dem gleichwohl Verbindlichkeit zukommen soll, findet sich explizit in Radbruchs 1929 veröffentlichter Rezension zu Rümelins Kanzlerrede über „Die Gleichheit vor dem Gesetz". Radbruch wendet sich hier gegen die Auffassung Rümelins, dass Gesetzen, die überhaupt nicht mehr nach der Rechtsidee ausgerichtet seien, der Gehorsam verweigert werden dürfe. Wörtlich heißt es dort, Rümelin trete „den Beweis dafür nicht an, dass Aufgabe des Staates nur sei, was dem Begriff ‚Recht' entspricht, nicht auch ‚Nicht-Recht', das ja noch keineswegs ‚Unrecht' zu sein braucht."[62]

Hier tritt der Dualismus der Rechtsbegriffe offen zutage. Auf der einen Seite der kulturelle Rechtsbegriff, der jetzt dadurch definiert ist, dass das Recht „der Gerechtigkeit zu dienen wenigstens bezweckt". Auf der anderen Seite der geltungstheoretische, staatstheoretische Rechtsbegriff, der die Verbindlichkeit der Gesetze von diesem definitorischen Kriterium abkoppelt. Radbruch vermeidet es an dieser Stelle, für Gesetze, die diesem Kriterium nicht genügen, den Begriff „Recht" zu verwenden. Es soll sich um geltendes „Nicht-Recht" handeln. Aber die Paradoxie dieser Formulierung lässt erkennen, dass es in der Sache um zwei verschiedene Rechtsbegriffe geht. Erst nach 1945 wird Radbruch diese beiden Rechtsbegriffe wieder zusammen-

57 „Recht ist dasjenige, was gerechtes Recht sein sollte, gleichviel ob es wirklich gerechtes Recht ist ..." („Grundzüge", GRGA Bd. 2, 54); „Recht kann ungerecht sein (summum ius – summa iniuria), aber es ist Recht nur , weil es den Sinn hat, gerecht zu sein" („Rechtsphilosophie" GRGA Bd. 2, 227).

58 GRGA Bd. 2, 460 ff., 460.

59 GRGA Bd. 2, 462.

60 Dazu schon Ulfrid Neumann, Ralf Dreiers Radbruch (2005), in: ders., *Recht als Struktur und Argumentation*. Beiträge zur Theorie des Rechts und zur Wissenschaftstheorie der Rechtswissenschaft, 2008, 203, 214.

61 GRGA Bd. 2, 462. Ralf Dreier (Fn. 8), sieht hier zu Recht eine „Vorwegnahme der ‚Verleugnungsformel'"; der entscheidende Unterschied (nach dem Text von 1924 kann die Anordnung gleichwohl „positiv gelten", „absolut gültig sein") wird bei Dreier gleichfalls angesprochen (S. 38). Vgl. dazu auch Stanley L. Paulson (Fn. 4), 83 ff., 90.

62 GRGA Bd. 1, 546 ff., 547.

führen, indem er in der „Verleugnungsformel“ auch den staatstheoretischen, den geltungstheoretischen Rechtsbegriff der Voraussetzung unterwirft, dass das staatlich gesetzte Recht Gerechtigkeit jedenfalls erstrebt.[63]

IV. Denken aus der „Natur der Sache“

1. Die „Natur der Sache“ als Entspannung des Methodendualismus

In den Arbeiten, die dem Aufsatz über „Rechtsidee und Rechtsstoff“ folgen, kommt Radbruch immer wieder auf den Gedanken der Stoffbestimmtheit der Idee zurück, der jetzt als Abhängigkeit der „Ideen“ von den „Realien“ des Rechts (im Sinne Eugen Hubers) verstanden[64] und mit der Natur der Sache gleichgesetzt wird. Der Begriff der „Natur der Sache“ wird dabei aus der Beschränkung auf den methodologischen Kontext, in dem er ursprünglich stand („Glücksfall der Intuition“ bei der Rechtsfindung)[65], gelöst; er steht zunehmend für eine „Entspannung“ des Methodendualismus und erhält damit Bedeutung auch für die Strukturtheorie des Rechts. So wendet sich Radbruch in einer 1936 erschienenen Rezension von Welzels „Naturalismus und Wertphilosophie im Strafrecht“ zwar deutlich gegen Welzels metaphysische Vorstellung von einer „Seinsverwurzelung der Werte“, bekennt sich aber zu der Forderung nach einer „wirklichkeitsnäheren Konkretisierung der Werte“, und schreibt in diesem Zusammenhang: „Jedem Werte ist die ‚Hingeltung‘ auf einen bestimmten Teil der Wirklichkeit eingeboren, er gilt für sie, das heißt: er ist gerade auf sie zugeschnitten und also von ihr mitbestimmt …“[66].

Für diese Lehre von der „Mitbestimmtheit der Werte durch ihre Substrate“ stehe der Begriff der Natur der Sache; für ihre philosophische Ausarbeitung wird wiederum auf Lasks Lehre von der „Bedeutungsdifferenzierung“[67] verwiesen. In dem Aufsatz „Klassenbegriffe und Ordnungsbegriffe im Rechtsdenken“ wird das Denken aus der Natur der Sache als „den Einzelfall typisierende und aus dem Typus heraus beurteilende Denkweise“ mit dem konkreten Ordnungsdenken von Carl Schmitt gleichgesetzt.[68] Dass es sich bei diesem Verweis nicht etwa um eine bloße Konzession an den Zeitgeist handelt, belegt der Umstand, dass Radbruch noch in seinem Beitrag für die 1948 erschienene Laun-Festschrift Schmitts „konkretes Ordnungsdenken“ als Denken aus der „Natur der Sache“ charakterisiert.[69]

Gleichwohl hält Radbruch daran fest, dass das Prinzip des Methodendualismus durch die Anerkennung der Denkform der Natur der Sache nicht in Frage gestellt werde. So heißt es in dem frühen (zwischen 1937 und 1939 verfassten)[70] Text über die „Natur der Sache“: „Mag sich immerhin die Natur der Sache über das Sein der Rechtswelt erheben, indem sie den ideellen Gehalt dieser Rechtswelt herausarbeitet, so bleibt

63 Gustav Radbruch, *Gesetzliches Unrecht und übergesetzliches Recht*, GRGA Bd. 3, 83, 89.
64 Gustav Radbruch (Fn. 7), 382.
65 Gustav Radbruch (Fn. 7), 232.
66 GRGA Bd. 3, 29 ff., 31.
67 Emil Lask (Fn. 54), Erster Teil 4. Abschnitt.
68 GRGA Bd. 3, 60 ff., 64.
69 Gustav Radbruch (Fn. 52), *Natur d. Sache*, 229 ff., 230.
70 Vgl. den Editionsbericht von Kastner, GRGA Bd. 20, 64.

sie innerhalb des großen dualistischen Gegensatzes von Sein und Sollen schließlich doch auf der Seite des Seins, über dessen Wert das Sollen, die Idee, das letzte Wort spricht."[71]. Im gleichen Sinne äußert sich Radbruch in der „Vorschule der Rechtsphilosophie": Auch gegenüber der Natur der Sache, die sich „als Sinn der Gegebenheit auf der Seinsseite bewegt", habe die Idee des Rechts „das letzte Wort zu sprechen"[72].

2. Offene Fragen

a. Verortung der „Natur der Sache" im Verhältnis Sein-Sollen

Lässt sich die Denkform der „Natur der Sache" auf diese Weise wirklich in die Konstruktion des Methodendualismus einfügen, ohne dass die Statik dieser Konstruktion Schaden nimmt? Jedenfalls auf den ersten Blick bleiben hier Zweifel. Denn ihre Zuordnung zu der Seite des „Seins" erscheint aus zwei Gründen als problematisch. Zum einen hat sie als „Denkform" ihren systematischen Ort in der transzendentalen Logik, wie Radbruch das für die „Stoffbestimmtheit der Idee" – im Anschluss an Lask – ausdrücklich konstatiert hatte.[73] Diese Lokalisierung scheint mit ihrer Zuweisung zu dem Bereich des Seins nicht problemlos vereinbar zu sein. Zum andern aber soll die „Natur der Sache" gerade dazu dienen, den scharfen Dualismus von Sein und Sollen zu mildern bzw. zu entspannen. Wie diese Funktion von einer Komponente übernommen werden könnte, die auf der Seite des Seins zu verorten wäre, ist nicht ohne Weiteres ersichtlich.

b. Der Übergang zum „Sollen" im Modell der „Natur der Sache"

Die entscheidende Frage für das Verständnis der Denkform der „Natur der Sache" lautet: An welchem Punkt bringt sie das normative Moment, also ein Element des „Sollens" ins Spiel? Versuchen wir, unter diesem Gesichtspunkt Radbruchs Argumentation in dem am genauesten ausgearbeiteten Konzept der „Natur der Sache" zu rekonstruieren, das er in der 1948 erschienenen Festschrift für Rudolf Laun entwickelt hat.[74]

aa. Die „Sache"

Radbruch unternimmt es hier, die Konstruktion der „Natur der Sache" systematisch aus ihren einzelnen Komponenten zu entwickeln. Die „Sache" wird bestimmt als „das Substrat, das Material, der Stoff, den das Recht zu formen hat". Der Stoff des Rechts sei „die Gesamtheit der Lebensverhältnisse und Lebensordnungen innerhalb der Gesellschaft" (S. 232). Radbruch unterscheidet hier zwischen a) den Naturtatsachen, b) den Vorformen der Rechtsverhältnisse, c) den rechtlich geregelten Lebensverhältnissen. Schon hier, bei der Definition der „Sache", kommen also normative Elemente ins Spiel. Das liegt bei der letzten Kategorie der „rechtlich geregelten Lebensverhältnisse" auf der Hand, es gilt aber auch für die zweite Gruppe der „Vorfor-

71 Gustav Radbruch, *Die Natur der Sache als juristische Denkform* (1937/39), GRGA Bd. 20, 10 ff., 21 (Vorarbeit zu dem in Fn. 52 zitierten Text).

72 Gustav Radbruch, *Vorschule der Rechtsphilosoph*ie (1947/48), GRGA Bd. 3, 121 ff., 141.

73 Vgl. oben bei Fn. 50.

74 Gustav Radbruch (Fn. 52), *Natur d. Sache*, 229 ff.

men der Rechtsverhältnisse" und selbst für die erste Kategorie, die der „Naturtatsachen". Denn auch diese „Naturtatsachen" sind Gegenstand rechtlicher Regelung nicht als „rein naturale Rohstoffe", sondern als Sozialgebilde, wie etwa die Institutionen der Einehe oder der Mehrehe (S. 233).

Nun liegt es nahe, hinsichtlich der normativen Komponente zwischen einem sozial-normativen und einem rechtlich-normativen Element zu unterscheiden. Jedenfalls der Gruppe der „Naturtatsachen" wäre dann (lediglich) ein sozial-normatives Element zuzuordnen. Es ist aber zweifelhaft, ob das den Intentionen von Radbruch entspricht. Denn nach einer brieflichen Äußerung aus dem Jahre 1943 werden die „Lebensverhältnisse" insgesamt, also auch die auf Naturtatsachen basierenden sozialen Beziehungen, durch ein „präpositives Rechtsdenken" strukturiert. Die juristische Natur der Ehe und des Eigentums wird hier ausdrücklich von den Bestimmungen des positiven Rechts unabhängig gestellt. Wörtlich heißt es: „Die Folgerung aus der juristischen Natur der Ehe oder des Eigentumsrechts – ohne interpretative Anlehnung an ein bestimmtes positives Recht – das ist ja gerade die Argumentation aus der N[atur] d[er] S[ache]"[75].

bb. Die „Natur" der Sache

Diese auf das Recht zentrierte Perspektive setzt sich fort bei der Bestimmung des Begriffs der Komponente der „Natur" in der Denkform der „Natur der Sache". Zunächst verbleibt die Definition noch im Bereich der sozialen Struktur der Lebensverhältnisse. „Natur der Sache" sei der „aus der Beschaffenheit der Lebensverhältnisse selbst zu entnehmende objektive Sinn" (S. 234/235). Aber schon der nächste Schritt der Argumentation führt in den Bereich des Rechtlich-Normativen. Denn die Frage nach dem Sinn der Lebensverhältnisse wird verstanden als Frage nach dem „juristische(n) Sinn und der Rechtsidee, die sich in ihm verwirklicht" (S. 235). Die „juristische Konstruktion", der die Aufgabe zukommt, das Lebensverhältnis in ein Rechtsinstitut umzuformen, knüpft also an einen schon *rechtlich* vorstrukturierten Sachverhalt an. Sie basiert auf einer präzisen Analyse der vorpositiven rechtlichen Struktur des betreffenden Lebensverhältnisses. Deshalb kann Radbruch die „Natur der Sache" jetzt als „Ergebnis einer streng rationalen Methode" kennzeichnen (S. 235) – unter ausdrücklicher Distanzierung von seiner früheren Einschätzung, es handele sich lediglich um einen „Glücksfall der Intuition"[76].

Die Frage, an welchem Punkt bei Radbruchs Lehre von der „Natur der Sache" ein normatives Element ins Spiel kommt, lässt sich also wie folgt beantworten: schon auf der elementarsten Stufe, bei den Sozialgebilden, deren „natürlichen Kern" die „naturale(n) Rohstoffe" bilden. Schon sie werden bei der Bestimmung ihrer „Natur" auf die Rechtsidee bezogen. Dem entspricht, dass Radbruch zwischen die drei Kategorien, in die er die Lebensverhältnisse – als den Stoff des Rechts – gliedert, keine scharfen Schnitte legt. Die erste Klasse, die der Naturtatsachen, weise schon auf die „Vorformen der Rechtsverhältnisse" hin; diese wiederum gehe ohne scharfe Grenzen in die dritte Gruppe (die rechtlich geregelten Lebensverhältnisse) über (S. 233/234). Die normativen Elemente, die sich in der Natur der Sache identifizieren lassen, sollen offensichtlich durchgehend eine *rechtlich*-normative Prägung aufweisen.

75 Gustav Radbruch, *Brief an Walter Spiess v. 4. April 1943*, GRGA Bd. 18, 211.
76 So in der „Rechtsphilosophie" von 1932 (GRGA Bd. 2, 232).

3. Rechtliche und vorrechtliche Normativität

Es bleibt allerdings die Frage, ob die Normativität, die den sozialen Strukturen immanent ist, durchgehend als *rechtliche* Normativität interpretiert werden kann. In heutiger Terminologie: wenn aus institutionellen Tatsachen ein Sollen ableitbar ist, dann geht es um eine *vorrechtliche* Normativität, sofern es sich um soziale – und nicht um rechtliche – Institutionen handelt. Und es bleibt weiter die Frage, ob die „Entspannung" des scharfen Dualismus von Sein und Sollen, den die „Natur der Sache" leisten soll, unter Wahrung dieses Dualismus überhaupt möglich ist. Scharf formuliert: wenn nach der Lehre von der „Natur der Sache" das Sein (oder Seiendes) als solches normativ relevant sein kann, dann ist das Prinzip des Methodendualismus aufgegeben. Kommt die normative Relevanz aber nicht dem Sein, sondern einem ihm zugeordneten Sollen zu, dann ist nicht zu sehen, wie der Dualismus von Sein und Sollen durch die Idee der „Natur der Sache" entspannt werden könnte.

V. Methodendualismus im Rahmen einer Kulturphilosophie des Rechts?

Diese Überlegungen führen zurück zu dem Ausgangspunkt – zu der Frage, mit welcher Konsequenz das Prinzip des Methodendualismus in einem Ansatz, der das Recht als Kulturphänomen zum Gegenstand rechtswissenschaftlicher Betrachtung macht, tatsächlich durchgeführt werden kann. Gerhard Sprenger hatte, wie erwähnt, der kulturphilosophischen Richtung des Neukantianismus im Anschluss an Wolfgang Kersting generell eine versöhnliche, Wert und Wirklichkeit integrierende Position zugesprochen.[77] Die Richtung, in der sich Radbruchs Position zum Methodendualismus im Laufe der Entwicklung seiner Rechtsphilosophie verändert hat, scheint die Unvereinbarkeit eines strikten Methodendualismus mit einer kulturphilosophischen Betrachtung des Rechts zu bestätigen. Der methodologische Optimismus, das wertbeziehende Denken scharf von dem wertenden trennen zu können, hat sich nicht aufrecht erhalten lassen. Mehr noch: es hat sich gezeigt, dass Wertungen der sozialen Wirklichkeit nicht erst Produkte des wissenschaftlichen Denkens, sondern immanente und rechtlich unmittelbar relevante Bestandteile dieser sozialen Wirklichkeit selbst sind. Wenn Radbruch die Natur der Sache bis zuletzt als „Denkform" bezeichnet, dann ist das eher der neukantianischen Tradition als dem Gegenstand geschuldet.

Möglicherweise lässt sich der Methodendualismus in der Rechtsphilosophie tatsächlich nur um den Preis der Ausblendung der sozialen, der „kulturellen" Wirklichkeit des Rechts konsequent durchführen. Damit wären wir wieder bei Kelsen und dem Modell der Rechtswissenschaft als Normwissenschaft. Aber dieser Preis wäre hoch. Näher liegt, den legitimen Herrschaftsbereich des Prinzips des Methodendualismus von dem Gebiet abzugrenzen, in dem es als Usurpator auftritt. Denn: so richtig es ist, dass das Gesollte nicht eine Funktion des Zukünftigen ist, so falsch wäre es, den institutionellen Tatsachen eine immanente Normativität zu bestreiten. Die Normativität des Rechts schließt an diese vorrechtliche Normativität notwendig an. Das überzeugend herausgearbeitet zu haben, ist ein bleibendes Verdienst der von Lask und Radbruch entwickelten Lehre von den „Sozialbegriffen" und deren Bedeutung für die Struktur der Rechtsordnung.

77 S. oben bei Fn. 3.

Marijan Pavčnik, Ljubljana

Gesetzliches (Un)Recht

(Symbolische) Bedeutung der Radbruchschen Formel

1. Frage des Rechtspositivismus

Wenn man das Recht positivistisch betrachtet, stellt sich die Frage des gesetzlichen (Un)rechts gar nicht. Dieses Dilemma wird sehr klar von *Radbruch* (Gustav Radbruch, 1878–1949) beantwortet, der in *Fünf Minuten Rechtsphilosophie*[1] die positivistische Lehre als eine Ansicht definiert, dass „Gesetz gilt, weil es Gesetz ist, und es ist Gesetz, wenn es in der Regel der Fälle die Macht hat, sich durchzusetzen."[2] Radbruch behauptet, die positivistische Auffassung des Gesetzes und seiner Gültigkeit habe

> „die Juristen wie das Volk wehrlos gemacht gegen noch so willkürliche, noch so grausame, noch so verbrecherische Gesetze. Sie setzt letzten Endes das Recht der Macht gleich: nur wo die Macht ist, ist das Recht."[3]

Gewiss kann man darüber diskutieren, ob Positivismus tatsächlich an Gräueltaten und Verletzungen der Menschenwürde schuld ist. Über die Schuld des Rechtspositivismus kann man *nur* reden, wenn es sich um *apologetischen Positivismus*, der ein pervertierter Positivismus ist, handelt. Apologetischer Positivismus rechtfertigt jeden Einfall des Machthabers, wenn das Gesetz (oder ein anderer Rechtsakt) nur auf eine dem Formalmaßstab der Rechtlichkeit entsprechende Weise entstanden ist. Dieser Standpunkt wurde 1928 in der deutschen Gerichtspraxis angenommen:

> „Der Gesetzgeber ist selbstherrlich und an keine anderen Schranken gebunden als diejenigen, die er sich selbst in der Verfassung oder in anderen Gesetzen gezogen hat."[4]

Apologetischer Positivismus ist kein wissenschaftlicher Positivismus, der im Vergleich zum Ersteren eine ganz andere Haltung gegenüber dem Recht einnimmt. *Wissenschaftlicher Positivismus* bezieht Stellung zum Recht keinesfalls von einem inhaltlichen Standpunkt her, seine Bestrebung ist es, Recht als *positives Recht* zu erforschen, also als ein Recht, das in der Regel wirksam ist und somit tatsächlich besteht. Er erforscht das Recht als ein Faktum, das man *empirisch* überprüfen und anschließend als solches beschreiben, analysieren und die Verbindungen zwischen dessen einzelnen Teilen feststellen kann. Rechtspositivismus lehnt jeden *metaphysischen Ansatz bei der Behandlung des Rechts* ab und *unterscheidet* dabei *scharf* zwischen positivem Recht und Naturrecht, Moral oder einem anderen Wertmaßstab, der der inhaltliche Maßstab der Rechtlichkeit sein sollte.[5]

1 Gustav Radbruch (1945), Fünf Minuten Rechtsphilosophie. Zitiert nach dem Nachdruck: G. Radbruch, 1999 (Fn. 3), 209–210.
2 Gustav Radbruch (Fn. 1), 209.
3 Gustav Radbruch (1999), *Rechtsphilosophie. Studienausgabe.* Hrsg. von R. Dreier, S. L. Paulson. Heidelberg, 209.
4 RGZ 118 (1928) 327.
5 Über unterschiedliche Ansichten betreffend Rechtspositivmus siehe z. B. Walter Ott (1992), *Der*

Dem wissenschaftlichen Positivismus kann man entgegenhalten, dass er sich nur mit einem Teil des Rechtsphänomens befasst. Wenn es sich um normativen wissenschaftlichen Positivismus (z. B. bei Kelsens Reiner Rechtslehre oder Harts analytischer Rechtstheorie) handelt, wird eingewendet, dass er die soziologische und axiologische Seite des Rechts übersieht und sich auch mit denjenigen, die Rechtsentscheidungen in konkreten Fällen treffen, nicht beschäftigt. Darüber werde ich im Weiteren mehr sagen, doch möchte ich schon an dieser Stelle klarstellen, dass wissenschaftlicher Positivismus auch jenen, die das Recht soziologisch, axiologisch und/oder integral erforschen, willkommen ist.

Wissenschaftlicher Positivismus erforscht positives Recht. Der analytische Positivist *Hart* (H. L. A. Hart, 1907–1992) stellt fest, dass seine Theorie allgemein und deskriptiv ist: *allgemein*, weil sie das Recht als eine ganzheitliche gesellschaftliche und politische Einrichtung erklärt und erläutert, und *deskriptiv*, weil sie moralisch neutral ist und das Recht nicht inhaltlich rechtfertigen will.[6] Marmor[7] sagt treffend, dass es sehr unterschiedlich ist, wenn man das Recht verstehen will oder wenn man seine Verdienste (Stärken) bewertet. Sobald man über gute und Schattenseiten des Rechts diskutiert, befindet man sich schon jenseits des Rechtspositivismus, der jedoch trotzdem unser *notwendiger Ausgangspunkt* ist. Bevor man weiß, wie das Recht ist, kann man es weder soziologisch noch axiologisch noch integral bewerten. *Mutatis mutandis* kann man das auch über denjenigen, der Rechtsentscheidungen trifft, sagen – sei es als Rechtsgeber (z. B. als Gesetzgeber) oder als Gesetzesanwender.

Edler wissenschaftlicher Positivismus baut auf der Voraussetzung auf, dass positives Recht einigermaßen inhaltlich richtig (menschlich) ist. Sein Tätigkeitsfeld ist es nicht, sich in den Inhalt des Rechts zu vertiefen und diesen Inhalt zu bewerten. Diese Haltung wird problematisch, wenn positives Recht den zulässigen Inhalt überschreitet, also den Inhalt, wenn seine Regeln (zu einem noch zumutbaren Grad) gerecht und menschlich sind.

Wissenschaftlicher Positivismus verlässt den wissenschaftlichen Boden, wenn er auch in den niedrigsten Inhalt des positiven (z. B. gesetzlichen) Rechts einwilligt.[8] Derartiger Positivismus ist alles andere als moralisch gerechtfertigt. In eine andere Richtung gehen *Kelsen* (Hans Kelsen, 1881–1973) und Hart. Kelsen lässt es zu, dass das Recht einen „beliebigen Inhalt" haben kann und dass „es kein menschliches Verhalten gibt, das als solches, kraft seines Gehalts, ausgeschlossen wäre, zum Inhalt einer Rechtsnorm zu werden."[9] Kelsens reiner Positivismus ist radikal und stellt sich deshalb als Positivismus nicht die Frage, ob ein System von Normen mit einem beliebigen Inhalt tatsächlich Recht sein kann. Kelsen genügt es, dass es sich um ein System von Normen handelt, die – über den Daumen gepeilt – wirkungsvoll sind. Vom analytischen Positivisten Hart wird diese These mitunterschrieben, doch mit dem Wissen, dass positives Recht nur wirksam sein kann, wenn es eine entsprechende

Rechtspositivismus. Kritische Würdigung auf der Grundlage eines juristischen Pragmatismus. 2. Aufl. Berlin: Duncker & Humblot und Arthur Kaufmann (1997), *Rechtsphilosophie.* München: Beck. In neuerer Literatur siehe Andrei Marmor (2011), *Philosophy of Law.* Princeton, Oxford, 109 ff.

6 Siehe H. L. A. Hart (1994), *The Concept of Law.* 2. Aufl. Oxford, 239–244.

7 Andrei Marmor (Fn. 5), 109.

8 Karl Bergbohm (1892, Nachdruck: 1973), *Jurisprudenz und Rechtsphilosophie. I.* Glashütten im Taunus, 144 ff.

9 Hans Kelsen (1934), *Reine Rechtslehre.* Nachdruck (1994). Aalen, 63.

inhaltliche Legitimität aufweist. *Conditio sine qua non* der Rechtlichkeit des positiven Rechts ist es, dass es einen minimalen naturrechtlichen Inhalt enthalten muss.[10]

2. Radbruch und seine Formel

Eine der schärfsten Kritiken des Rechtspositivismus ist die sogenannte Radbruchsche Formel. Radbruch war sich bereits am Anfang seines theoretischen Wegs bewusst, dass „es ebensosehr zum Begriffe des richtigen Rechts gehört, positiv zu sein, wie es Aufgabe des positiven Rechts ist, inhaltlich richtig zu sein."[11] Das Grundmerkmal von Radbruchs rechtsphilosophischen Gedanken war es, dass er als Neukantianer den werttheoretischen Relativismus annahm und den Standpunkt verteidigte, dass man Rechtswerte nicht erkennen, sondern nur bekennen kann.[12,13] Eine zwangsläufige Folge des Wertrelativismus ist es, dass Volkssouveränität und Demokratie die zentralen Merkmale des Rechtsstaates sind. Über den Inhalt des Rechts muss man demokratisch, verantwortungsvoll und tolerant entscheiden. In der Abhandlung *der Relativismus in der Rechtsphilosophie* wird gerade Toleranz herausgehoben: „*Relativismus ist die allgemeine Toleranz – nur nicht Toleranz gegenüber der Intoleranz.*"[14]

Für Radbruch ist das Recht eine „*Wirklichkeit, die den Sinn hat, dem Rechtswerte, der Rechtsidee zu dienen.*"[15] Die Rechtsidee umfasst Gerechtigkeit (im Sinne des Gleichheitsprinzips), Zweckmäßigkeit (Zweckidee) und Rechtssicherheit. Das Gleichheitsprinzip (Gleiches sei gleich und Ungleiches entsprechend ungleich zu behandeln) gilt absolut, ist jedoch nur von formaler Natur. Eine inhaltliche Natur weist die Zweckidee auf, die relativ ist und sich über die drei höchsten Rechtswerte erstreckt, ohne dass man sie hierarchisch ordnen könnte. Man kann entweder vom Menschen als Individuum, vom Menschen als Gesellschaftswesen oder vom Menschen als Schöpfer der Kulturwerte ausgehen.[16,17] Und zuletzt ist hier noch die Rechtssicherheit, der zu Radbruchs Zeit vor dem Zweiten Weltkrieg Vorrang vor der Gerechtigkeit (im Sinne der Zweckmäßigkeit) gegeben wurde. Der Umstand, dass man nicht erkennen kann, welcher inhaltliche Rechtswert der höchste ist, gebietet, dass wegen Rechtssicherheit dieser Inhalt durch Macht bestimmt wird.[18]

Die Nazismuserfahrung hatte es zur Folge, dass Radbruch seine Standpunkte verschärfte und sie, was das Verhältnis zwischen den Rechtswerten betrifft, nach dem Zweiten Weltkrieg auch etwas ergänzte. In der bekannten Abhandlung *Gesetzliches Unrecht und übergesetzliches Recht*[19] findet man auch diese charakteristische Stelle:

10 H. L. A. Hart (Fn. 6), 193 ff.

11 Gustav Radbruch (1914), *Grundzüge der Rechtsphilosophie.* Zitiert nach dem Nachdruck: GRGA II (1993). Heidelberg, 163 und Gustav Radbruch (Fn. 3), 74.

12 Gustav Radbruch (Fn. 11), *GdR*, 22, 162 und Gustav Radbruch (1999, Fn. 3), 15.

13 Siehe auch Gustav Radbruch (1934), Der Relativismus in der Rechtsphilosophie. In G. Radbruch, *Rechtsphilosophie III* (1990), GRGA III (17–22). Heidelberg.

14 Gustav Radbruch (Fn. 13), 21.

15 Gustav Radbruch (Fn. 3), 34.

16 Gustav Radbruch (Fn. 3), 54 ff.

17 Vgl. auch Gustav Radbruch (Fn. 11), *GdR*, 101 ff.

18 Gustav Radbruch (Fn. 3), 73 ff.

19 Gustav Radbruch (1946), Gesetzliches Unrecht und übergesetzliches Recht. Zitiert nach dem Nachdruck: G. Radbruch, 1999 (Fn. 3), 211–219.

„Der Konflikt zwischen der Gerechtigkeit und der Rechtssicherheit dürfte dahin zu lösen sein, daß das positive, durch Satzung und Macht gesicherte Recht auch dann den Vorrang hat, wenn es inhaltlich ungerecht und unzweckmäßig ist, es sei denn, daß der Widerspruch des positiven Gesetzes zur Gerechtigkeit ein so unerträgliches Maß erreicht, daß das Gesetz als ‚unrichtiges Recht' der Gerechtigkeit zu weichen hat. Es ist unmöglich, eine schärfere Linie zu ziehen zwischen den Fällen des gesetzlichen Unrechts und den trotz unrichtigen Inhalts dennoch geltenden Gesetzen; eine andere Grenzziehung aber kann mit aller Schärfe vorgenommen werden: wo Gerechtigkeit nicht einmal erstrebt wird, wo die Gleichheit, die den Kern der Gerechtigkeit ausmacht, bei der Setzung positiven Rechts bewußt verleugnet wurde, da ist das Gesetz nicht etwa nur ‚unrichtiges Recht', vielmehr entbehrt es überhaupt der Rechtsnatur. Denn man kann Recht, auch positives Recht, gar nicht anders definieren denn als eine Ordnung und Satzung, die ihrem Sinn nach bestimmt ist, der Gerechtigkeit zu dienen. An diesem Maßstab gemessen sind ganze Partien nationalsozialistischen Rechts niemals zur Würde geltenden Rechts gelangt."[20]

Die *Radbruchsche Formel* hat zwei Ableitungen. Die *Unerträglichkeitsformel* besagt, dass im Moment, wenn der Gegensatz zwischen dem positiven Recht und der Gerechtigkeit ein „unerträgliches Maß" erreicht, das Gesetz als „unrichtiges Recht" der Gerechtigkeit weichen muss. Die *Verleugnungsformel* ist dann gegeben, wenn das Gesetz bewusst die Gleichheit leugnet. In diesem Fall ist das Gesetz nicht „nur ‚unrichtiges Recht', vielmehr entbehrt es überhaupt der Rechtsnatur."[21] In der Theorie gilt allgemein, dass die Verleugnungsformel wesentlich weniger Bedeutung hat, weil man die Intention der Verleugnung nur sehr schwer beweisen kann.[22] Wenn die Verleugnung unerträglich ist, befindet man sich bereits auf dem Boden der Unerträglichkeitsformel. In diesem Falle ist die Verleugnungsformel ein Sonderfall der Unerträglichkeitsformel.[23,24]

Radbruch ist vorsichtig und sich bewusst, dass man gegen Unrecht nur rechtlich (d.h. mit Rechtsmitteln) und „mit einer möglichst geringen Einbuße an Rechtssicherheit"[25] vorgehen kann. Als Beispiel führt er an, dass man in der amerikanischen Besatzungszone das *Gesetz zur Wiedergutmachung nationalsozialistischen Unrechts in der Strafrechtspflege* (vom 31.5.1946) erließ. Das Gesetz bestimmt, dass „politische Taten, durch die dem Nationalsozialismus oder Militarismus Widerstand geleistet wurde, nicht strafbar" sind.[26] Mehr Sensibilität zeigt das *Gesetz zur Ahndung nationalsozialistischer Straftaten* (ebenso vom 31.5.1946). Diese Taten sind strafbar, wenn „die Strafbarkeit solcher Taten schon nach dem Rechte ihrer Begehungszeit bestand."[27]

Radbruch führt den Fall an, als ein thüringisches Gericht den Denunzianten eines Mannes, der in einem Abort den Zettel „Hitler ist ein Massenmörder und an diesem Kriege schuld" hinterlassen hatte, verurteilte; der Denunziant wurde wegen

20 Gustav Radbruch (Fn. 19), 216.
21 Gustav Radbruch (Fn. 19), 216.
22 Siehe z.B. Arthur Kaufmann (1995), Die Radbruchsche Formel vom gesetzlichen Unrecht und vom übergesetzlichen Recht in der Diskussion um das im Namen von der DDR begangene Unrecht. *Neue Juristische Wochenschrift*, 48 (2), 81–84 (82).
23 Ralf Dreier (2011), Gustav Radbruchs Rechtsbegriff. In M. Mahlmann (Hrsg.), *Gesellschaft und Gerechtigkeit. Festschrift für Hubert Rottleuthner*. Baden-Baden, 17–44 (42).
24 Siehe auch Frank Saliger (1995), *Radbruchsche Formel und Rechtsstaat*. Heidelberg, 5.
25 Gustav Radbruch (Fn. 19), 217.
26 Gustav Radbruch (Fn. 19), 217.
27 Gustav Radbruch (Fn. 19), 217–218.

Beihilfe zum Mord verurteilt.[28] Radbruch kommentiert, dass diese Entscheidung begründet ist, wenn der Denunziant keinen Vorsatz (den Denunzierten aufs Schafott zu bringen) hatte, sondern „vielmehr nur dem Gericht Material liefern und das weitere dessen Entscheidung überlassen" wollte. Eine zusätzliche Bedingung ist es, „wenn das Gericht seinerseits durch das Urteil und dessen Vollstreckung sich eines Tötungsverbrechens schuldig gemacht hat."[29] Das bedeutet zugleich, dass es sich um eine Rechtsbeugung handeln musste, wie sie im Strafgesetzbuch (§§ 336, 344 StGB) vorgesehen war.[30]

Radbruch erliegt nicht der Versuchung der Rache. Das Streben nach inhaltlich richtigen Entscheidungen und Gerechtigkeit erfordert gleichzeitig, dass man Rechtssicherheit beachtet. Er betont, dass man in einem Rechtsstaat den „beiden Gedanken nach Möglichkeit Genüge zu tun" hat.[31]

Auf die Radbruchsche Unerträglichkeitsformel hat man sich in der deutschen Gerichts- und Verfassungsgerichtspraxis häufiger berufen.[32] Eine charakteristische Entscheidung bezieht sich auf die Elfte Verordnung zum Reichsbürgergesetz (vom 25. November 1941).[33] Das Verfassungsgericht entschied, dass die Verordnung schon von ihrem Entstehen an „nichtig" war. Sie hatte fatale Folgen für Juden und deren Eigentum. Als Beispiel soll lediglich der erste Satz von § 1 angeführt werden: „Ein Jude, der seinen gewöhnlichen Aufenthalt im Ausland hat, kann nicht deutscher Staatsangehöriger sein." Der zweite Satz desselben Paragraphen akzeptiert die Annahme, dass der gewöhnliche Aufenthalt im Ausland dann gegeben ist, wenn sich ein Jude im Ausland unter Umständen aufhält, die erkennen lassen, dass er dort nicht nur vorübergehend verweilt. In der Entscheidung des Verfassungsgerichts ist besonders charakteristisch der erste Punkt des Spruchs, der gänzlich Radbruchsche Ausdrücke enthält:

> „Nationalsozialistischen ‚Rechts'vorschriften kann die Geltung als Recht abgesprochen werden, wenn sie fundametalen Prinzipien der Gerechtigkeit so evident widersprechen, daß der Richter, der sie anwenden oder ihre Rechtsfolgen anerkennen wollte, Unrecht statt Recht sprechen würde."

Nach dem Fall der Berliner Mauer berief man sich auf die Radbruchsche Formel auch in der Entscheidung des Verfassungsgerichts, die die Mauerschützen betraf.[34] In der Entscheidung wurde erneut gesagt, dass die Radbruchsche Formel nur in Fällen extremen Unrechts anwendbar ist. Die Mehrheitsansicht ist es, dass die Todesschüsse auf Flüchtlinge an der Berliner Mauer schweres Unrecht waren.[35] Was strittig war und es noch immer ist, ist die Frage der Rechtfertigungsgründe, die die

28 Gustav Radbruch (Fn. 19), 213.
29 Gustav Radbruch (Fn. 19), 218.
30 Gustav Radbruch (Fn. 19), 218.
31 Gustav Radbruch (Fn. 19), 219.
32 Siehe z. B. BVerfGE 3, 225 (232 ff.); 6, 132 (198 ff.); 6, 389 (414 ff.); 23, 98 (106) und 54, 53 (67 ff.).
33 BVerfGE 23, 98 ff., insbesondere 106 ff.
34 BVerfGE 95, 96 ff.
35 Siehe Arthur Kaufmann (Fn. 22), 82–83. Siehe auch Alexy (Robert Alexy (1993), Mauerschützen. Zum Verhältnis von Recht, Moral und Strafbarkeit. In R. Alexy, H. J. Koch, L. Kuhlen und H. Rüßman, *Elemente einer juristischen Begründungslehre* (2003: 469–492 (486)). Baden-Baden), der scharfsinnig argumentiert: „Wenn aber alles zusammenkommt: ein ganzes und einziges Leben, das man führen soll, wie man nicht will, die Unmöglichkeit, sich mit Argumenten dagegen zu wehren, das Verbot, dem zu entfliehen, und der Todesschuß für den, der das nicht hinnimmt, dann kann an dem Urteil, daß extremes Unrecht geschah, als das Leben der zumeist jungen

Anwendung von Schusswaffen erlaubten.[36] Das Dilemma besteht darin, ob man rückwirkend sagen kann, dass die Rechtfertigungsgründe Unrecht waren. Das Verfassungsgericht der Bundesrepublik Deutschland hat diese Frage nicht gänzlich beantwortet. Das Gericht ließ zu, dass das strikte Rückwirkungsverbot dann nicht gilt, wenn es sich um schwerstes kriminelles Unrecht handelt, das die in der Völkerrechtsgemeinschaft allgemein anerkannten Menschenrechte in schwerwiegender Weise missachtet.[37]

3. Pitamic' Ansicht

Pitamic (Leonid Pitamic, 1885–1971) erwähne ich deshalb, weil sich seine Ansicht über Recht und dessen Natur am Ende der Radbruchschen näherte. Wie Radbruch stieß auch Pitamic auf das Problem des gesetzlichen (Un)rechts, mit dem ich mich in diesem Beitrag befasse.

Pitamic' Konstante ist es, dass man Recht nicht durch nur eine Methode, der der reine Forschungsgegenstand entspricht, verstehen und erkennen kann; er behauptet, es wäre dringend, neben der normativen auch andere Methoden (insbesondere die soziologische und die axiologische) anzuwenden, wobei man sie nicht miteinander „konfundieren" sollte. Methodologischen Synkretismus kann man vermeiden, wenn man klar zwischen verschiedenen Aspekten des Rechts unterscheidet und wenn man zulässt, dass die Methoden einander unterstützen.[38]

Diese Erkenntnisse führten bei Pitamic schrittweise dazu, dass er über die Natur des Rechts die positivrechtliche und die naturrechtliche Ansicht vereinte. Für Pitamic sind die wesentlichen Elemente des Rechts Ordnung und menschliches Verhalten. Beide Elemente bedürfen einander. Die Ordnung ist mit Rechtsnormen, die das äußere menschliche Verhalten regeln, verbunden. Die Ordnung ist für das Recht so wesentlich, dass es sich nicht mehr um Recht handelt, wenn die Normen eines Rechts nicht wenigstens *grosso modo* wirksam sind.[39] Ein Element des Rechts ist jedoch nicht irgendwelche Ordnung; die Bedingung ist eine Ordnung, die „nur äußeres menschliches Verhalten, nicht aber dessen Gegensatz, ‚unmenschliches Verhalten'" anordnet oder zulässt, „wenn es nicht die Rechtseigenschaft verlieren will."[40]

Menschen ausgelöscht wurde, die ihre Konzeption des guten und richtigen Lebens, ganz gleich wie immer diese aussah, selbst um den Preis ihres Todes realisieren wollten, kein Zweifel sein".

36 Arthur Kaufmann (Fn. 22), 82: „Der Stein des Anstoßes ist § 27 II 1 DDR-GrenzG. Die Bestimmung lautet: ‚Die Anwendung der Schußwaffe ist gerechtfertigt, um die unmittelbar bevorstehende Ausführung oder die Fortsetzung einer Straftat zu verhindern, die sich den Umständen nach auch als ein Verbrechen darstellt.' Das ist die Norm, auf Grund deren die Todesschüsse an der Berliner Mauer als gerechtfertigt und damit als straflos galten".

37 Siehe 3. Punkt des Spruches: BVerfGE 95, 96. Siehe auch die Literatur für und gegen die Zulässigkeit der Rückwirkung (für die Rechtfertigungsgründe) bei Arthur Kaufmann (Fn. 22), 83, Fn. 16.

38 Siehe Leonid Pitamic (1917), Denkökonomische Voraussetzungen der Rechtswissenschaft. *Österreichische Zeitschrift für öffentliches Recht*, 3, 339–367 (366–367). Nachdruck: Pitamic, 2005 (2009): *Na robovih čiste teorije prava/An den Grenzen der Reinen Rechtslehre*. Hrsg. und Einführungsstudie: M. Pavčnik. Übersetzung: V. Lamut. Ljubljana: Academia scientiarum et artium Slovenica, Facultas Iuridica, 175–203.

39 Leonid Pitamic (1956), Naturrecht und Natur des Rechtes. *Österreichische Zeitschrift für öffentliches Recht*. N. F., 7, 190–207 (191–192). Nachdruck: Pitamic, 2005 (2009, Fn. 38): 297–314.

40 Leonid Pitamic (Fn. 39), 194.

Die Rechtsnorm „hört jedoch dann auf, Recht zu sein, wenn ihr Inhalt die Möglichkeit der Existenz und des Zusammenlebens der ihr unterworfenen Menschen ernstlich in Frage stellt.“[41] Dafür genügt nicht irgendwelche Unmenschlichkeit des Inhalts der Rechtsnormen (z. B. hohe Steuern, die ungerecht sind), sondern es muss sich um „eine auffallende, offenkundige, schwere Unmenschlichkeit“[42] handeln (etwa massenhaftes Töten hilfloser Menschen). Es geht um eine „grobe Störung“ (etwa um Ausrottung von Menschen einer anderen Rasse), die so intensiv ins Recht eingreift, dass seine Natur negiert wird.[43,44]

Ulfrid Neumann stellt überzeugend fest, dass sich „Pitamic nicht auf ethische Maßstäbe jenseits des Rechts, sondern auf Elemente des Rechtsbegriffs selbst beruft.“[45] Diese Art der Begründung stimmt im bestimmten Maße mit Radbruch und seiner Formel überein. Die Ähnlichkeiten zwischen Radbruch und Pitamic bestehen vorwiegend darin, dass es sich bei beiden um die Begründung des Rechtsbegriffs handelt und dass beide auf eine ähnliche Weise die Grenze suchen, die ein Konflikt zwischen einzelnen Elementen des Rechts nicht überschreiten darf, wenn es sich noch um ein rechtliches Verhalten handeln soll. Der Rubikon ist überschritten, wenn die Ordnung „krass unmenschlich“ ist. In diesem Fall geht es um eine offensichtliche Parallele mit Radbruchs „Unerträglichkeitsformel“.[46]

Aus Pitamic’ Werken geht nicht hervor, dass er sich auf Radbruch gestützt hätte. Im Buch *An den Grenzen der Reinen Rechtslehre* erscheint Radbruchs Name nur einmal, und zwar in Verbindung mit heteronomen Verpflichtungen.[47] In Pitamic’ zentralem Buch *Država* (*Der Staat*) wird Radbruch nicht zitiert. Die Gründe für die Nähe sind darin zu suchen, dass Radbruch und Pitamic eine ähnliche Entwicklung erlebten, die schließlich zu einem ähnlichen Ergebnis führte.

Pitamic trat als Kelsens Schüler in die Theorie und Philosophie des Rechts ein und der normative Purismus begeisterte ihn als Form. Durch die scharfe Trennung zwischen Sein und Sollen wurde er nicht gänzlich geprägt, weil er das Recht auch soziologisch und axiologisch betrachtete. Die ganze Zeit störte ihn die Selbstgenügsamkeit des Rechts als eines seinsollenden Systems. Der Behauptung, dass Sollen nur aus Sollen entspringen kann, setzte er unter Berufung auf Aristoteles die These entgegen, dass der Mensch bereits gemäß seiner Natur in normative Beziehungen eingegliedert ist.[48] Die Erfahrungen mit den Barbareien des 20. Jahrhunderts übten

41 Leonid Pitamic (Fn. 39), 199.

42 Leonid Pitamic (1960), Die Frage der rechtlichen Grundnorm. In *Völkerrecht und rechtliches Weltbild. Festschrift für Alfred Verdross*. Wien, 205–216 (214). Nachdruck: Pitamic, 2005 (2009, Fn. 38): 315–324.

43 Leonid Pitamic (Fn. 39), 199.

44 Siehe auch Leonid Pitamic (Fn. 42), 215: „Es kann ja auch nach positivem Recht sogar eine rechtskräftige Entscheidung aus gewissen schwerwiegenden Gründen wegen krasser Verletzungen des positiven Rechtes angefochten und außer Kraft gesetzt werden“.

45 Ulfrid Neumann (2011), Leonid Pitamic, An den Grenzen der Reinen Rechtslehre. Herausgeber und Einführungsstudie: Marijan Pavčnik. Ljubljana 2009 (Erstausgabe 2005). *Archiv für Rechts- und Sozialphilosophie*, 97 (2), 279–281 (281).

46 Ulfrid Neumann (Fn. 45), 281.

47 Leonid Pitamic (1918), Eine „Juristische Grundlehre“. Felix Somló, Juristische Grundlehre, Leipzig 1917. Österreichische Zeitschrift für öffentliches Recht, 3, 734–757 (750). Nachdruck: Pitamic, 2005 (2009, Fn. 38): 205–228.

48 Siehe Leonid Pitamic (Fn. 42), 212. Siehe auch Marijan Pavčnik (2010), Die Frage der rechtli-

sicher ihren Einfluss auf Pitamic aus, der so wie Radbruch das Recht auch wertmäßig verstand. Radbruch argumentierte über Gerechtigkeit, die das Recht anstrebt, Pitamic sucht die Lösung im Begriff des Rechts, das auch menschlich sein muss. Die Radbruchsche Formel ist eingehender als Pitamic' Rechtsbegriff aufgegliedert. Ungeachtet dessen kann man auch Pitamic so verstehen, dass bewusstes Verleugnen der Gleichheit unmenschlich ist und dass eine Ungleichheit, die unerträglich unmenschlich ist, der Rechtsnatur entbehrt.

Radbruch und Pitamic stimmen somit auch darin überein, dass beide die Aufteilung auf Natur- und selbstgenügsames Gesetzesrecht überwinden. Es liegt in der Natur des Rechts, dass es Fragen der inhaltlichen Richtigkeit und der positiven Wirksamkeit der Rechtsentscheidungen erfasst. Wenn man sich nur mit richtigem Recht befasst, kann man utopisch sein und die Realität verfehlen. Wenn man sich nur mit positivem Recht befasst, befindet man sich im Zentrum der Realität, man kann jedoch die Werte verfehlen, die unser Tun begründen und ihm Sinn geben. Das Recht ist auch ein Wertphänomen und setzt sich aus Wertentscheidungen zusammen, die nicht unter ein entsprechendes ethisches Minimum abgleiten dürfen, wenn sie die Natur des Rechts bewahren möchten. Wenn das ethische Minimum unterschritten wird, befindet man sich schon an einem Punkt, der „unerträglich" beziehungsweise eine „grobe Störung" des Rechts ist.[49]

4. Sprengers Ansicht

Der bereits erwähnte Artikel von Radbruch *Gesetzliches Unrecht und übergesetzliches Recht*[50] gehört zu den am meisten zitierten im europäischen Kontinentalraum.[51] Unter den Sekundärquellen – einige sind bereits erwähnt worden – genießt auch Sprengers Abhandlung *50 Jahre Radbruchsche Formel oder: Von der Sprachnot der Juristen* keineswegs geringe Aufmerksamkeit. Bereits die Worte, dass es sich um die *Sprachnot der Juristen* handelt, lassen aufhorchen. Sprenger spricht über eine ziemliche begriffliche Ungenauigkeit, die sich vor allem darauf bezieht, wie man den Maßstab, der die Formel inhaltlich auffüllt, erfassen und verschärfen kann. Ist das „Natur-/Vernunftrecht" (R. Alexy), geht es um „naturrechtliche Grundsätze" (H. Rittstieg), befindet man sich bei „vorpositiven Menschenrechten" (J. Hruschka) oder gar bei „Moral" (gegenüber dem „Recht" – J. Limbach, H. Lecheler) usw.?[52] Vielsagend ist auch die Definition des Bundesgerichtshofs über die „allen Völkern gemeinsamen, auf Wert und Würde des Menschen bezogenen Rechtsüberzeugungen".[53]

chen Grundnorm. Pitamic' Brief an Hans Kelsen. *Archiv für Rechts- und Sozialphilosophie*, 96 (1), 87–103 (93–94).

49 Ausführlicher über Pitamic in meiner Einführungsstudie für das Buch Leonid Pitamic (2005; Nachdruck: 2009), *Na robovih čiste teorije prava / An den Grenzen der Reinen Rechtslehre*. Hrsg. und Einführungsstudie: M. Pavčnik. Übersetzung: V. Lamut. Ljubljana: Academia scientiarum et artium Slovenica, Facultas Iuridica, 153–173.

50 Gustav Radbruch (Fn. 19).

51 Darüber siehe auch Stanley L. Paulson (2006), On the Background and Significance of Gustav Radbruch's Post-War Papers. *Oxford Journal of Legal Studies*, 26 (1), 17–40 (17 ff.).

52 Gerhard Sprenger (1997), 50 Jahre Radbruchsche Formel oder: Von der Sprachnot der Juristen. *Neue Justiz*, 1, 3–7 (3).

53 BGHSt 40, 241 ff.; Gerhard Sprenger (Fn. 52), 3.

Sprenger stimmt mit Kaufmann überein, der auf *horror iuris naturalis* aufmerksam macht. Der Jurist „ist im Grunde seines Herzens froh", so Kaufmann, „wenn er die ihm gestellten Aufgaben ohne Zuhilfenahme naturrechtlicher Erwägungen lösen kann".[54] Sprengers und Kaufmanns Kritik haben vor sich einen schwachen (gefügigen) Juristen, der keine Verantwortung für (konkrete) Rechtsentscheidungen übernehmen will. Ein solcher Jurist fühlt sich am sichersten, wenn er sich hinter dem Gesetz und dem konkreten Fall verstecken kann, die so eindeutig sein sollen, dass eine mechanische Rechtsentscheidung möglich ist.

Das zentrale Problem ist es, dass das Recht als normatives System keinen (unverfügbaren) inhaltlichen Ausgangspunkt hat, den man objektiv unanfechtbar feststellen und anschließend auch konkretisieren könnte. Das Berufen auf Naturrecht, objektive Wertordnung oder Menschenwürde als den Ausgangsrechtswert braucht eine entsprechende inhaltliche Ergänzung. In allen drei Fällen gibt es auch Leergut, dass alles Andere als argumentativ unantastbar ist. Im Gegenteil: in diesen und anderen Fällen handelt es sich um „Behältnisse", deren Inhalt nicht unfehlbar vorgegeben ist.

Mutatis mutandis kann man das auch für die Radbruchsche Formel sagen, bei der sich die Frage stellt, wie man die Maßstäbe „Erträglichkeit" und „Unerträglichkeit" definieren sollte. Eine charakterische Stelle bei Sprenger ist etwa die folgende:

> „Erträglich kommt von ‚tragen' – *Radbruch* ging, um es bildlich zu wenden, von einer gewissen ‚Tragfähigkeit' aus, und zwar nicht der Tragfähigkeit eines Gegenstandes, etwa einer Brücke, die man berechnen kann, sondern von der ‚unberechenbaren' Tragfähigkeit des Menschen. Unberechenbar ist jetzt nicht im Sinne von schwankend und unvorhersehbar, sondern im Sinne von ‚in wissenschaftlich-rechnerischen Größe' nicht meßbar zu verstehen. Es geht hier nicht um logische, eher anthropologische, weniger um rationale, denn irrationale Faktoren. *Erträglich ist auf den Menschen zugeschnitten* und meint hier *für ihn tragfähig*, und das heißt soviel wie: *zumutbar*. Wir haben es offenbar mit einem ‚menschlichen' Maß zu tun".[55]

Der Punkt, bei dem man sich befindet, muss uns sagen, dass der Gegensatz zwischen dem positiven Gesetz und der Gerechtigkeit (als übergesetzlichem Recht) „ein so unerträgliches Maß erreicht, daß das Gesetz als ‚unrichtiges Gesetz' der Gerechtigkeit zu weichen hat."[56] Der Maßstab der Unerträglichkeit ist menschlich und man kann ihn nicht mathematisch genau ausmessen und bestimmen. Wie man es auch drehen mag, befindet man sich (auch) im Bereich des Subjektiven. Sprenger spricht nicht aus metaphysischen Höhen, obwohl er weit davon entfernt ist, dass ihm die *positiv*rechtliche Sicht des Rechts genügte. Sprengers Gedanke ist in einer Realität, die auch eine Wertrealität ist, verwurzelt, und in dieser Realität ist der Mensch, der unablässig die letzten Gründe sucht, „am Ende auf sich selbst verwiesen."[57]

Sprenger ist unerbittlich und setzt fort:

> „In seinem Streben nach ‚objektiver' Wahrheit erlebt er (der Mensch – zugefügt von M. P.), sobald er erkennt, dass er diese Wahrheit nicht erreicht, den Rückwurf auf seine Subjektivität, die sich um sich selbst kümmern muß. Der Mensch muß lernen, sich als jemand zu begreifen, der an der Begründung dieser ‚Wahrheit' selbst beteiligt ist: er ist es, der jenes Übergreifende inszeniert, dem er sich dann wiederum unterwirft".[58]

54 Arthur Kaufmann (1984), *Rechtsphilosophie im Wandel. Stationen eines Weges*. 2. Aufl. Köln etc., 1.
55 Gerhard Sprenger (Fn. 52), 5.
56 Gustav Radbruch (Fn. 19), 216.
57 Gerhard Sprenger (Fn. 52), 5.
58 Gerhard Sprenger (Fn. 52), 5.

Und was sollte hier bedeuten, dass der Mensch das Übergreifende inszeniert, „dem er sich dann wiederum unterwirft"? Das Niveau, das der Mensch braucht, ist ein einigermaßen fester inhaltlicher Ausgangspunkt, der in einer bestimmten Zeit und in einem bestimmten Raum allgemein als legitim akzeptiert wird. Das Suchen nach dem Ausgangspunkt sollte nicht „in verlassene ethische Hochebenen" führen, sondern „in die farbige lebensdichte Menschenwelt des Alltags" gerichtet sein.[59] Der Alltag

> „enthält einen reichhaltigen und vielfältigen Bestand an religiöser, ethischer, allgemein kultureller und sozialer Orientierung, in der sich der Mensch immer schon vorfindet und der ergänzt wird durch mannigfache eigene Erfahrung im Umgang mit der Welt und den Mitmenschen – ein Bestand, der sich in bereitliegenden Verhaltensmustern, in Brauch und Gewohnheit bekundet, deren Funktionieren im wesentlichen auf Gegenseitigkeit gestellt ist und deren Erfüllung ein sinnvolles Dasein verspricht. Diese sittlichen Grundsätze verkörpern die Summe einer unendlichen Vielzahl von Vorentscheidungen mit den Gehalten sozialethischer Erfahrung, tradiert aus den Normerlebnissen vieler Generationen. In ihnen gehorcht das Individuum zugleich der Gesellschaft, die in ihm ist und ihm in seinem alltäglichen Umgang mit der Welt zugleich immer mitbegegnet."[60]

Für Sprenger ist es typisch, dass er *Gegenseitigkeit* als ein wesentliches Element des Rechts besonders hervorhebt. Leben kann man nur *miteinander*. Lebensfälle, vor die wir gestellt sind und auf die wir rechtlich reagieren, sind oft miteinander vergleichbar und in diesem Sinne auch identisch. Dabei kommen immer wieder neue Fälle auf, die neue und geänderte Entscheidungen fordern. Die Werttradition, auf die man sich stützt, muss man im Hinblick auf das Zeit- und Raumgeschehen und auf die Verantwortung gegenüber der künftigen Generation ergänzen und ausbauen. Eine zusätzliche Schwierigkeit besteht darin, dass sich auch Wertansichten mit der Zeit ändern.[61]

Das unablässige Suchen nach „richtigem Recht" und nach „richtigen Antworten" wird oft von Wagnis und Zweifeln begleitet. Das Suchen ist nicht nur eine Reproduktion des bereits gültigen Rechts, das Suchen ist immer auch die Produktion von neuen Entscheidungen. Es liegt in der Natur der Sache, dass man richtiges Recht „*nur im persönlichen Einsatz und mit dem Risiko des Scheiterns* [erreichen kann. ...] *Bekenntnis tritt an die Stelle von Erkenntnis.*"[62]

In dieser Situation befindet man sich gleich in einem ungeschützten Raum, wo jeder die Verantwortung für seine Entscheidungen übernehmen muss. Und gerade darin liegt der Sinn der „Inszenierung des Übergreifenden". Es wird gerade deshalb inszeniert, dass man einen einigermaßen festen Boden erhält, auf dem man stehen und Rechtsentscheidungen treffen kann. Sprenger hat sehr wohl recht, dass dieser Boden auch subjektiv ist. In diesem Kontext erhalten auch abstrakte Formulierungen wie „Freiheit", „Gleichheit" und „Solidarität" eine neue ethisch-sittliche Dimension. Freiheit ist „verantwortete Freiheit", Gleichheit ist „adäquate Gleichheit" und Solidarität ist „zumutbare Solidarität".[63]

59 Gerhard Sprenger (Fn. 52), 6.
60 Gerhard Sprenger (Fn. 52), 6.
61 Vgl. Marijan Pavčnik (2011), *Auf dem Weg zum Maß des Rechts. Ausgewählte Schriften zur Rechtstheorie*. Stuttgart, 74–75.
62 Gerhard Sprenger (Fn. 52), 6. An dieser Stelle ist im Aufsatz von Sprenger die Fußnote 48: „G. Radbruch, in: Rechtsphilosophie, a. a. O. (Fn. 4), 100".
63 Gerhard Sprenger (Fn. 52), 6.

5. Reaktionen in der slowenischen Verfassungsgerichtspraxis

Die Erkenntnis, dass ein Gesetz seinem Inhalt nach Unrecht sein kann, ist das Unrechtsargument. Das Argument gibt an, dass „es Normen und Normensysteme gibt, die in einem solchen Maße ungerecht sind, daß ihnen die Rechtsgeltung und/oder der Rechtscharakter abgesprochen werden müsse."[64] Die Radbruchsche Formel der Unerträglichkeit, die auf eine inhaltlich ähnliche Weise auch von Pitamic definiert wird, ist ein typisches Beispiel des Unrechtsarguments.

In der slowenischen Verfassungsgerichtspraxis ist das Unrechtsargument mehrmals angewendet worden, ohne dass das Gericht es so genannt und ohne dass es sich in der Begründung auf Radbruch, Pitamic und andere berufen hätte. Am charakteristischsten ist die Entscheidung, die sich auf die Verordnung über Militärgerichte aus dem Jahr 1944 bezieht. Das Verfassungsgericht stellt fest, dass in der Republik Slowenien jene Bestimmungen dieser Verordnung nicht angewendet werden, die bereits zum Zeitpunkt ihres Entstehens und ihrer Anwendung „im Gegensatz zu allgemeinen, von zivilisierten Völkern anerkannten Rechtsprinzipien waren und auch im Gegensatz zu der Verfassung der Republik Slowenien sind." In dieser Entscheidung wurde entschieden, dass insbesondere „alle jene Elemente der Bestimmungen nicht rechtlich und verfassungswidrig sind, die und insoweit sie in konkreten Strafverfahren als eine bloße Statusinkriminierung angewendet wurden und sich nicht auf bestimmte normierte Handlungen der Angeklagten bezogen", weiter „alle jene Elemente der Bestimmungen, die und insoweit sie in konkreten Strafverfahren wegen ihrer ungenügenden Bestimmtheit als Basis für die Willkür damaliger Gerichte dienten", und nicht zuletzt „alle jene Elemente der Bestimmungen, die es ermöglichten, dass man über Handlungen zu Gericht saß, die vor dem Inkrafttreten der Verordnung verübt wurden, jedoch gemäß allgemeinen, von zivilisierten Völkern anerkannten Rechtsprinzipien nicht strafbar waren" [OdlUS (Entscheidungen des Verfassungsgerichtes der Republik Slowenien) III, 33).[65]

Ein ähnlicher Standpunkt wurde auch in Zusammenhang mit dem Gesetz über Bekämpfung von illegalem Handel, verbotenen Spekulationen und Wirtschaftssabotage (aus den Jahren 1945 und 1946) eingenommen. Das Gericht stellte auch hier fest, dass dieses Gesetz schon von Anfang an in jenen Bestimmungen nicht rechtlich war, worin nicht berücksichtigt wurde, dass auch die gesellschaftliche Gefährlichkeit ein Element der Straftat ist (z.B. werden als Straftaten Taten behandelt, die ihrem Charakter nach höchstens eine Übertretung darstellen könnten), dass Straftaten verhältnismäßig bestimmt normiert werden müssen (Nullum crimen sine lege certa) und dass auch wenigstens grundlegende Verfahrensrechte gesichert werden müssen, wodurch die Unschuldsvermutung, das Recht auf Verteidigung und das Beschwerderecht gewährleistet werden und überhaupt ermöglicht wird, dass die Rechtsprechung nicht willkürlich ist (Recht auf *fair trial*) – OdlUS V/1, 31. Um eine grobe Verletzung

64 Ralf Dreier (1986), Der Begriff des Rechts. Zitiert nach dem Nachdruck: R. Dreier, *Recht-Staat-Vernunft* (1991: 95–119 (99)). Frankfurt am Main.

65 Siehe auch die zustimmende abweichende Meinung des Richters Matevž Krivic, die auf das Problem der rückwirkenden Inkriminierung von Kriegsverbrechen aus der damaligen Zeit aufmerksam macht. Krivic widerspricht nicht der Rückwirkung, jedoch nur unter der strengen „Bedingung, dass dieses rückwirkende Recht mit schon vorher in der internationalen Gemeinschaft anerkannten Rechtsprinzipien in Einklang war." [OdlUS III, 33: 159].

von Verfahrensrechten handelte es sich auch beim Gesetz über Konfiskation von Vermögen und deren Durchführung aus dem Jahr 1945, insoweit es ermöglichte, dass einzelne Personen zu Kriegsverbrechern oder Volksfeinden erklärt wurden, ohne dass dies vorher durch ein rechtskräftiges Strafurteil festgestellt worden wäre.[66]

In allen diesen Fällen ermöglichte das Verfassungsgericht, dass durch individuelle Rechtsakte verursachte Rechtsfolgen aufgehoben und/oder beseitigt wurden, insoweit sie auf nicht rechtlichen Vorschriften basierten, die man in der Republik Slowenien nicht anwenden darf. Es ist eine andere Frage, ob diese Lösung rechtstechnisch wirklich die beste ist. Störend ist vor allem die Tatsache, dass die Entscheidungen des Verfassungsgerichts ziemlich dehnbar und unbestimmt sind; die endgültige Entscheidung wird ordentlichen Gerichten überlassen, die von Fall zu Fall beurteilen, ob es sich im konkreten Fall um eine Verletzung handelt, auf die das Verfassungsgericht auf der grundsätzlichen Ebene aufmerksam gemacht hat. Wenn man realistisch ist, muss man anerkennen, dass das Verfassungsgericht einen geeigneten Mittelweg zwischen der Skylla der „absoluten" Rechtssicherheit und der Charybdis der „absoluten" inhaltlichen Gerechtigkeit gefunden hat. Die Entscheidung des Verfassungsgerichts konnte nicht ganz bestimmt sein, weil in den strittigen Vorschriften rechtliche und nicht rechtliche Bestimmungen verflochten sind. Wenn das Verfassungsgericht gefunden hätte, dass die strittigen Bestimmungen gänzlich nicht rechtlich sind (weil sie die angeführten nichtrechtlichen Elemente enthalten), würde es dadurch ermöglichen, dass auch jene Personen freigesprochen würden, die tatsächlich (d. h. gemäß der international gefestigten Rechtlichkeitsmaßstäbe, die von zivilisierten Völkern anerkannt werden) Kriegsverbrecher oder sonstige Straftäter waren. Das Verfassungsgericht musste einen Mittelweg wählen und dadurch verhindern, dass es wegen einer „blinden" Prinzipientreue zu neuen Missbräuchen käme.

In allen drei angeführten Fällen wahrte das Verfassungsgericht das Maß für die Zeit, bezüglich der man beurteilte, ob die einmal gültigen Vorschriften rechtlich waren. Es wäre rechtlich unzulässig, wenn man den Maßstab der Rechtlichkeit rückwirkend anwenden würde. Auf konkretes Unrecht muss man rechtlich reagieren (das Argument der Rechtssicherheit) und dabei die Zeit- und Ortsmerkmale des Entstehens eines Gesetzes oder eines anderen Rechtsaktes berücksichtigen. Mit dieser Frage befasste sich ausdrücklich die Entscheidung, die ich die Entscheidung „mit der Zeit entsprechendem Argument" nenne.

Es handelt sich um die Entscheidung, in der das Verfassungsgericht feststellte, dass die Bestimmungen „des Gesetzes über Straftaten gegen das Volk und den Staat (Amtsblatt Jugoslawiens, 66/45 und 59/64) nicht mit den allgemeinen Rechtsprinzipien unvereinbar waren, die zur Zeit dessen Inkraftsetzens von zivilisierten Völkern anerkannt wurden." Der entscheidende Grund für diesen Standpunkt ist es, dass ein Element dieser Straftaten auch „das Element der Gewalt" war (siehe Art. 2 des angeführten Gesetzes: „als eine Straftat gegen das Volk und den Staat wird jede solche Handlung betrachtet, die darauf abzielt, mit Gewalt …"); die Begründung des Gerichts ist es, dass gerade dies das Element ist, wodurch das sonst ziemlich dehnbare teleologische Element („jede solche Handlung, die darauf abzielt") der Straftaten gegen das Volk und den Staat sinnmäßig genügend bestimmt normiert wird (OdlUS VII/2, 195).

66 Siehe OdlUS VII/1, 47, 273 ff.

6. Einige offene Fragen

Das Argument des gesetzlichen Unrechts weist mehrere Gesichter auf, bei denen es sich zu verweilen lohnt. Das Argument ist eine scharfe Kritik des apologetischen Rechtspositivismus und teilweise auch des wissenschaftlichen Rechtspositivismus, der den tatsächlichen Inhalt des Rechts nicht wahrhaben will. Dem wissenschaftlichen Rechtspositivismus kann man nicht vorwerfen, dass er wegen seiner positivistischen Haltung für die Gräueltaten und Missbräuche, die im Namen des „Rechts" geschehen, verantwortlich wäre. Verantwortlich sind jene, die Entscheidungen treffen und sie auch ausführen.[67] Was bei wissenschaftlichem Positivismus störend sein kann, ist, dass er nicht ausdrücklich seine Reichweite bestimmt. Wenn er das tut – so handeln Hart und auch Kelsen auf seine Weise – liegt der Schwerpunkt des Problems bei der Frage, ob der positivistische Ansatz selbst von guter Qualität ist.

Das Unrechtsargument – ich spreche darüber im Sinne der Radbruchschen Unerträglichkeitsformel – ist eine Kritik des selbstgenügsamen Gesetzespositivismus. Der Inhalt des Arguments beruht nicht auf einem ewigen und unveränderlichen Naturrecht, mit dem positives Recht in Einklang sein muss, sondern auf Grund- bzw. Menschenrechten, wie sie in einzelnen Geschichtsperioden gelten. In Radbruchs Fall geht es um Grund- bzw. Menschenrechte, die zusammen mit dem modernen Staat entstanden. Diese Rechte sind „in den sogenannten Erklärungen der Menschen- und Bürgerrechte" zusammengefasst und so stark verankert, dass „in Hinsicht auf manche von ihnen nur noch gewollte Skepsis den Zweifel aufrechterhalten kann."[68, 69]

Die Radbruchsche Unerträglichkeitsformel ist in erster Linie ein Falsifizieren des gesetzlichen Rechts, von dem behauptet wird, dass es Recht ist. In diese Richtung ging auch das slowenische Verfassungsrecht, das in den bereits erwähnten Fällen entschied, dass bestimmte „Rechts"akte kein Recht sind, weil sie im Gegensatz zu allgemeinen, von zivilisierten Völkern anerkannten Rechtsprinzipien sind. Das Unrechtsargument behauptet also nicht, dass etwas Recht ist, sondern dass etwas *kein* Recht ist. Kaufmann stellt wohlbegründet fest: „Jedenfalls ist unsere Erkenntnis beim Falsifizieren sehr viel sicherer als beim Verifizieren."[70] Doch auch beim Falsi-

67 Siehe Lothar Philipps (2007), Von Puppen aus Russland und einer Rechtslehre aus Wien. Der Rekursionsgedanke im Recht. *Slovenian Law Review*, 4 (1–2), 191–196 (195–196): „Der Ausdruck ‚Stoppbedingung', den man anstelle von ‚Grundbedingung' verwenden kann, erinnert mich an etwas, das fast ein halbes Jahrhundert her ist. Ein Freund von mir und ich – wir waren Assistenten von Werner Maihofer – sind damals von Saarbrücken nach Mainz gefahren, um einen Vortrag von Hans Kelsen zu hören. An die Einzelheiten des Vortrags erinnere ich mich nicht mehr, wohl aber an eine Szene, die sich daran anschloss. Ein Student fragte Kelsen in deutlich kritischer Weise, ob der von ihm vertretene Positivismus nicht wieder zu einer Diktatur wie der vergangenen führen könne. Kelsen antwortet: ‚Ob eine solche Diktatur wieder eintritt, das hängt von keiner Rechtstheorie ab, sei sie nun positivistisch oder nicht. Das hängt nur davon ab, ob Menschen, jetzt die Menschen Ihrer Generation, rechtzeitig ‚Halt!' sagen'".

68 Gustav Radbruch (Fn. 1), 210.

69 Siehe auch Gustav Radbruch (1948), Vorschule der Rechtsphilosophie. In G. Radbruch, *Rechtsphilosophie III* (1990), GRGA III (121–227 (147)). Heidelberg: C.F. Müller Juristischer Verlag: „Die völlige Leugnung der Menschenrechte entweder vom überindividualistischen Standpunkt (‚Du bist nichts, Dein Volk ist alles') oder vom transpersonalen Standpunkt (‚Eine Statue des Phidias wiegt alles Elend der Millionen antiker Sklaven auf') aber ist absolut unrichtiges Recht."

70 Arthur Kaufmann (Fn. 22), 83.

fizieren muss man vorsichtig sein. Die Rechtssicherheit erfordert, dass man nur das falsifiziert, was direkt in die Augen springt – das ist nur das, was „unerträglich" ist (Radbruch), was eine „grobe Störung" ist, weil es sich um „eine auffallende, offenkundige, schwere Unmenschlichkeit" (Pitamic) handelt, oder gar ein „extremes Unrecht" (Alexy[71]) darstellt.

Es wäre naiv zu denken, dass die Falsifizierung auf keinem Maßstab beruht, den man verifizieren muss. Wir haben gerade darüber gesprochen und gesehen, dass die Grundlagen der Falsifizierung die Grund- bzw. Menschenrechte und die allgemein gültigen Grundsätze des Völkerrechts sind. In beiden Fällen geht es um Rechte und Grundsätze, die positiv und somit rechtlich stärker sind als das Gesetz, das in Gegensatz zu ihnen steht. Die Tatsache, dass sie rechtlich stärker sind, gibt ihnen die Natur eines *übergesetzlichen Rechts*, mit dem Gesetze und andere Vorschriften in Einklang stehen müssen.[72]

Die allgemein gültigen Grundsätze des Völkerrechts sind ins slowenische Recht inkorporiert und ein Bestandteil davon.[73] Von ihnen muss man „die von den Kulturvölkern anerkannten allgemeinen Rechtsgrundsätze" (allgemeine Rechtsgrundsätze) unterscheiden. Über diese Grundsätze spricht Art. 38 des Statuts des Internationalen Gerichtshofs.[74] Diese Grundsätze sind die Grundlage für das Funktionieren des Rechts schlechthin, während die allgemein gültigen Grundsätze des Völkerrechts „in der internationalen Praxis entstanden" sind und sich „als allgemein gültige Verpflichtungen der Staaten durchgesetzt" haben.[75]

Eine Frucht der Falsifizierung ist es, dass man gesetzlichem Unrecht die Rechtsgültigkeit aberkennt. Wenn man anstatt eines „Rechts", das als Unrecht qualifiziert wird, ein neues Recht aufstellt, handelt es sich um einen Akt der Verifizierung des Rechts. Der Akt der Verifizierung ist wesentlich schwieriger als der Akt der Falsifizierung und die Verifizierung „zeitigt durchweg weniger genaue Ergebnisse".[76] Man steht also vor einer schwierigen Frage, die uns ermahnt, dass man möglichst umsichtig handeln sollte und dass man im Namen der Beseitigung von Ungerechtigkeiten keine neuen schaffen darf. Es gibt keine vollkommene Rechtssicherheit. Wenn man Rechtssicherheit nicht opfern will, kann man sich dem edlen Ziel der Gerechtigkeit nur nähern, ohne es gänzlich erreichen zu können. Dazu fordert auch Radbruch auf:

71 Robert Alexy (2009), Hauptelemente einer Theorie der Doppelnatur des Rechts. *Archiv für Rechts- und Sozialphilosophie*, 95 (2), 151–166 (159): „Extremes Unrecht ist kein Recht".

72 Über allgemein gültige Grundsätze des Völkerrechts siehe Vladimir Đ. Degan (2000), *Međunarodno* pravo (*International Law*). Rijeka: Pravni fakultet Sveučilišta u Rijeci, 70–76; Mirjam Škrk (2007), Odnos med mednarodnim pravom in notranjim pravom v praksi Ustavnega sodišča (The Relationship between International Law and Internal Law in the Case of the Constitutional Court). *Pravnik*, 62 (6–8), 275–311 (281–289); Danilo Türk (2007), *Temelji mednarodnega prava (Fundamental Principles of International Law)*. Ljubljana: GV Založba, 59.

73 Siehe Art. 8 und 153/2 der Verfassung der Republik Slowenien.

74 Für diese Grundsätze hat sich der Ausdruck allgemeine Rechtsgrundsätze eingebürgert, weil die Aufteilung auf zivilisierte und unzivilisierte Völker veraltet ist und nicht mehr gebraucht wird (Danilo Türk (Fn. 72), 59, Anm. 44). Siehe auch Degan, der über allgemeine Grundsätze des Rechts spricht (Vladimir Đ. Degan (Fn. 72), 70).

75 Danilo Türk (Fn. 72) 76.

76 Arthur Kaufmann (Fn. 22), 85.

> „Die Annahme gesetzlichen Unrechts und die Anerkennung übergesetzlichen Rechts müssen auf die äußersten Fälle jener Art beschränkt bleiben, wie sie den Anlaß zu ihnen gegeben haben: auf Fälle eines flagranten, für niemand ernstlich bestreitbaren, schlechthin verbrecherischen Mißbrauchs in Gesetzesform."[77]

Das Unrechtsargument wird in der Regel in einem Rechtsstaat angewendet, der auf Unrecht aus vergangenen Zeitabschnitten reagiert, die wenigstens in einem bestimmten Umfang unrechtlich waren. In derartigen Fällen sind die Akte der Falsifizierung in der Zuständigkeit des Gesetzgebers, der das früher geltende Recht durch ein neues ersetzt. Eine bedeutende Rolle kommt auch den Gerichten zu, insbesondere dem Verfassungsgericht, das die strittigen Gesetze (und andere allgemeine Rechtsakte) aufhebt oder sie für Unrecht erklärt (z. B. im Falle der Verordnung über Militärgerichte). Die Gesetze, die Unrecht sind, können keine weiteren Rechtsfolgen haben, deshalb muss man individuelle Rechtsakte, die darauf beruhen, für ungültig erklären oder wenigstens aufheben.

Das Unrechtsargument ist immer empfindlich und man muss es wohlabgewogen und sehr zurückhaltend anwenden. Im Verwaltungsrecht muss man etwa einen nicht rechtlichen Akt (z. B. ein Nationalisierungsgesetz) aufheben und anschließend ein neues Gesetz über Denationalisierung erlassen, das das Verfahren und die Art und Weise der Wiedergutmachung bestimmt. Aus den Erfahrungen nach der Verselbstständigung Sloweniens wissen wir, dass das keineswegs leichte Fragen sind.

Im Strafrecht sind Rechtsfragen auf eine bestimmte Weise menschlich noch verschärft. Die Radbruchsche Formel bietet eine Grundlage, um gesetzliches Unrecht zu falsifizieren, sie kann jedoch nicht sagen, wie man anstatt des Unrechts neues gesetzliches Recht verifizieren kann. Das ist die Aufgabe des Gesetzgebers, welcher *Lex certa*, das Schuldprinzip, das Rückwirkungsverbot, die Verjährung, die Verhältnismäßigkeit und noch einige andere Grundsätze berücksichtigen muss. Diese Fragen, obwohl sie von großer Bedeutung sind, kann man hier nicht erörtern. Streng genommen geht es auch um Fragen, die die Radbruchsche Formel selbst unmittelbar nicht löst, sie gibt jedoch eine feste Anweisung dafür. Die Anweisung sagt, dass man von *positiv* akzeptierten und geltenden Maßstäben ausgehen soll, die *bereits zu der Zeit, auf die wir reagieren, gültig waren*. Es wäre nicht rechtlich, wenn man heute geltende Maßstäbe *ex post facto* in die Zeit und Verhältnisse einbrachte, in denen es diese Maßstäbe noch nicht gab.

Das Unrechtsargument ist ein juristisches und/oder ein moralisches Argument. Es ist ein moralisches Argument für alle, die scharf zwischen Recht und Moral unterscheiden; für sie ist moralische Ungerechtigkeit ein Argument, das sie legitimiert, das unmoralische positive Recht auf eine legale Weise zu ändern. Die typischsten Befürworter sind edle Rechtspositivisten. Deren Begründung ist es, dass sie als Wissenschaftler am Inhalt des Rechts nicht interessiert sind. So sagt Kelsen, dass er nicht weiß, was Gerechtigkeit ist, doch setzt er gleich hinzu, hinter dem Maßstab der rechtlichen Gerechtigkeit stehe „die Gerechtigkeit der Freiheit, die Gerechtigkeit des Friedens, die Gerechtigkeit der Demokratie, die Gerechtigkeit der Toleranz."[78]

77 Gustav Radbruch (1949), Neue Probleme in der Rechtswissenschaft. In G. Radbruch, *Eine Feuerbach-Gedenkrede sowie drei Aufsätze aus dem wissenschaftlichen Nachlaß* (1952: 31–34 (33)). Tübingen: Verlag J. C. B. Mohr. Nachdruck: GRGA IV (2002: 232–235). Heidelberg.

78 Hans Kelsen (2000), *Was ist Gerechtigkeit?* Stuttgart, 52.

Wenn das Unrechtsargument auch ein juristisches Argument ist, steht man auf dem Standpunkt, dass „Unrecht" keine Rechtsfolgen haben soll. Diese These ist mit jenen Rechtswissenschaftlern vereinbar, die das Recht auch inhaltlich behandeln und zugleich Rechtsteilnehmer (z. B. Richter) sind, die in konkreten Fällen rechtlich entscheiden, zu verstehen versuchen. *Mutatis mutandis* muss man das auch für Rechtsteilnehmer sagen, insbesondere für alle jene, die machtbezogene Rechtsentscheidungen treffen.

Typische Rechtsteilnehmer, die machtbezogen entscheiden, sind Richter. In einem Rechtsstaat, wo die Gerichte die Verfassungsmäßigkeit und Gesetzlichkeit der Rechtsakte sichern, gewinnt ihre Rolle an Gewicht. Wenn ich mich nur auf Staaten mit einem Verfassungsgericht (konkret auf den Staat Slowenien) beschränke, muss man sagen, dass in den Staaten dieser Art ein Mechanismus errichtet ist, mit dem man sehr gut auf ein mögliches gesetzliches Unrecht reagieren kann. Ein Richter, der glaubt, dass das Gesetz, das er anwenden soll, Unrecht (also gesetzliches Unrecht) ist, wird das Verfahren unterbrechen und sich mit einem entsprechenden Antrag an das Verfassungsgericht wenden.[79]

In einem modernen Staat ist der Katalog der Grund- bzw. Menschenrechte so umfangreich, dass er eine genügend breite Grundlage für das Beseitigen von rechtlichen Unregelmäßigkeiten (einschließlich des gesetzlichen Unrechts) bietet. Der Verfassungskatalog der Grund- bzw. Menschenrechte positiviert die Errungenschaften des rationalistischen Naturrechts und öffnet somit die Tür dafür, dass auch die Radbruchsche Formel zu einem Bestandteil des gültigen Rechts wird. Es ist keine Übertreibung, wenn man sagt, dass dadurch Naturrecht in Verfassungsrecht eingetreten ist, wie der Titel von Hassemers Abhandlung[80] lautet. Naturrecht, das in Verfassungsrecht eintritt, ist kein überpositives Recht, sondern ein integraler Teil des positiven (Verfassungs)rechts.

Die Radbruchsche Formel hat somit noch eine weitere Dimension, wodurch sie sich heute ganz besonders auszeichnet. Die Formel macht uns feinfühlig darauf aufmerksam, dass jedes Recht inhaltlich fraglich sein kann:

> „Ein guter Jurist würde aufhören, ein guter Jurist zu sein, wenn ihm in jedem Augenblick seines Berufslebens zugleich mit der Notwendigkeit nicht auch die tiefe Fragwürdigkeit seines Berufes voll bewußt wäre."[81]

> „Uns Juristen aber ist das Schwierigste auferlegt: an unseren Lebensberuf zu glauben und doch zugleich in irgendeiner tiefsten Schicht unseres Wesens immer wieder an ihm zu zweifeln."[82]

In dieser Bedeutung hat die Radbruchsche Formel einen symbolischen Wert: ihr Wert *übersteigt* die Bedingungen, in denen sie entstand und auf die sie reagierte. Sie ist nicht nur für den Gesetzgeber und andere Rechtsgeber bestimmt, sie gilt auch dem Verstehen des Gesetzes und dessen Verwirklichung. Ein Gesetz, auch ein Strafgesetz, ist nur selten (wenn überhaupt) so eindeutig, dass sein Verstehen eine reine

79 Siehe Gesetz über Verfassungsgericht (der Republik Slowenien), Art. 23.

80 Winfried Hassemer (2002), Naturrecht im Verfassungsrecht. In A. Donatsch, M. Forster und Ch. Schwarzenegger (Hrsg.), *Strafrecht, Strafprozessrecht und Menschenrechte. Festschrift für Stefan Trechsel zum 65. Geburtstag*. Zürich, 135–150.

81 Gustav Radbruch (Fn. 3), 105.

82 Gustav Radbruch (Fn. 3), 105.

Rekonstruktion „des Gedankens" (d.h. der Norm), den es mitteilt, ist.[83] Es liegt in der Natur der Gesetzesauslegung, dass sie – mal mehr und mal weniger – auch das „Zuendedenken eines Gedachten" ist.[84] Rechtsnormen sind nicht automatisch gegeben, Rechtsnormen sind erst die Bedeutung des Gesetzestextes. Smoles Antigone würde, wie der Page berichtet,[85] das literarisch so beschreiben, dass man den Sinn des (geschriebenen) Gedankens finden soll.

7. Symbolische Bedeutung der Radbruchschen Formel

Smoles Antigone, die gerade erwähnt wurde, ist eine der ausgezeichneten Reinterpretierungen von Sophokles' Antigone.[86] Das zentrale Merkmal von Smoles Antigone (aus dem Jahr 1959) ist es, dass Antigone nicht auf der Szene erscheint. Bei der physischen Abwesenheit von *Antigone* ist der Protagonist des Dramas *Kreon*, der im Vergleich zu *Sophokles'* Helden wesentlich weniger geradlinig und prinzipiell und darum umso pragmatischer ist („und – überhaupt," sagt er, „tut innerhalb der vorgeschriebenen Grenzen / was euch beliebt ..."[87]), auch ein philosophisch und menschlich Zweifelnder („Und nicht zuletzt: auch der König, der trotz allem auch ein Mensch ist, / schläft besser, wenn er zuerst Mensch und zuletzt König ist. / Jetzt aber genug des Geschwätzes. Geschäfte warten auf uns"[88]), doch trotz der Zweifel schließlich unerbittlich, wenn es um die Grundlagen der Macht geht:

> „Alles, was dieser sanfte Rebell erreichen kann, ist, meinen Kopf abschlagen / – falls ich es ihm gestatte – um danach selbst König zu werden. / Der König also bleibt erhalten, auch unsre Ordnung und unsre Gesetze bleiben, / die Welt bleibt auch, zwar etwas verändert, nicht aber eine völlig andere. / Wer jedoch die Welt von Grund auf ändert, ohne diese Ordnung, ohne / diese Gesetze und ohne jeglichen König, / wer sich dünkelhaft neue Pläne, die er vom Himmel heruntergeholt, ausdenkt, / und nicht nach meinem Kopfe strebt, nach diesem Kopf hier, / sondern überhaupt die Notwendigkeit des Königs bezweifelt, / der ist ein Feind. Der König muß mit ihm hart umgehen, / weil Friede und Wohlstand nicht, wie lauer Sommerregen, / von Himmel fallen: eine vernünftige Macht schafft sie hier auf Erden."[89] Und auch: „Keine Maße habe ich, denn ich bin der König." – „Ich bin also der König."[90]

Über Antigone berichten andere, die zu ihr gehen und mit ihr sprechen. Von tragender Bedeutung ist der bereits erwähnte Bericht des Pagen, dass Antigone beharrlich

83 Siehe Friedrich Carl von Savigny (1840). *System des heutigen Römischen Rechts. I.* Berlin: Veit und Comp, 214. Die Auslegung ist für ihn eine „*Reconstruction* des dem Gesetze inwohnenden Gedankens".

84 Gustav Radbruch (Fn. 3), 108.

85 Dominik Smole (2009). *Zbrano delo* (*Gesammelte Werke*). *II* [*Dramski spisi* (*Schauspiele*) *I, Antigona* (*Antigone*)]. Ljubljana: Založba ZRC. Zitiert nach der Übersetzung von Tomislav Blažev, *Antigone.* Wien 1966, 14, Vers 118: „beharrlich sucht sie den Sinn eines Gedankens".

86 George Steiner (1984, Nachdruck: 2003). *Antigones.* New York: Oxford University Press, 170: „As I noted above, the Sophoclean chorus tends to fall away from spoken ‚Antigones' after the sixteenth century and such scholary treatments as Garnier's. There are exceptions. Among the most intriguing is Domik Smole's Slovene *Antigone*, first staged in 1960. Here, the heroine never appears. It is via the chorus and several secondary personae that we experience the terror and moral-political meaning of her fate".

87 Dominik Smole (Fn. 85), Verse 142–143.

88 Dominik Smole (Fn. 85), Verse 947–950.

89 Dominik Smole (Fn. 85), Verse 639–650.

90 Dominik Smole (Fn. 85), Verse 2087 und 2270.

sucht, weil sie hinter den Sinn des Gedankens kommen will, mit dem sie sich Kreons Befehl, dass Polyneikes kein Grab haben darf, widersetzt. Antigone findet schließlich Polyneikes und bestattet ihn auch. Sie ist, wie Ismene sagt, „eine zärtliche Blume, die sich öffnet und gleich wieder verblüht."[91]

Dieses etwas längere Zitat aus der, wenn ich sie so nennen darf, slowenischen Antigone führe ich einerseits deshalb an, weil wir über Antigone auch mit Professor Sprenger gesprochen haben, und andererseits auch deswegen, weil das Verhältnis von Recht und Literatur ein Thema war, das dem Professor am Herzen lag. In seinem Buch *Literarische Wege zum Recht*[92] liest man, dass literarische Beschäftigung mit einem Einzelfall „unendlich ‚sensibler'„ ist als ein Rechtsschema, das Lebensfälle typisiert.[93] Die Frage der Lebensertraglichkeit oder -unerträglichkeit von Recht ist sicher eine von den sensiblen Fragen, bei denen Literatur helfen kann.

Sprenger hatte immer viel Gefühl für Rechtssensibilität. In zwei Abhandlungen über das Rechtsgefühl – eine ist rechtstheoretisch,[94] die andere gehört zu den literarischen Zugängen zum Recht[95] – beleuchtete er auf seine Weise den Hintergrund der Radbruchschen Formel und deutete somit klar an, wie man sich mit dem Maß der Rechtlichkeit auseinandersetzen kann.

Sprengers Suche nach dem Sinn des Gedankens „Recht" schlägt den Weg ins Feld der vor-rechtlichen Ordnung ein, d. h. auf das Gebiet von „recht", worauf auch Recht beruht. Im Feld der vor-rechtlichen Ordnung kommt eine bedeutende Rolle dem Rechtsgefühl zu, das immer auch emotional und intuitiv ist. Sprenger stellt sich die Frage, was Rechtsgefühl ohne Recht ist und wie es aussehen könnte. Das Erkennen des Rechtsgefühls und seiner Elemente ist von wesentlicher Bedeutung für das Begreifen von Recht.

Sprengers Intellekt befindet sich innerhalb des In-der-Welt-seins und ist sich bewusst, dass „Gefühle und Stimmungen" existieren und dass es deshalb sinnlos wäre, sie im Namen von reiner Rationalität – insoweit diese überhaupt möglich ist – abzulehnen. Im Leben und im Recht ist auch die „Logik" des Herzens von Bedeutung.[96] „Die Stimmung (das Gefühl) begreift nicht und versteht nichts", betont er (indem er sich auf Max Müller beruft),

> „aber sie ermöglicht Begreifen und Verstehen; sie ist ein Vorgang, der, wenn er geschieht, nicht durch mich und in mir bzw. meinem Bewußtsein geschieht und abläuft, sondern ein Vorgang, der mit mir und auf mich zu geschieht, *der Vorgang des Seins, durch den Begreifen, Verstehen und Bewußtsein erst grundgelegt werden.*"[97,98]

91 Dominik Smole (Fn. 85), Vers 2259.
92 Gerhard Sprenger (2012), *Literarische Wege zum Recht*. Baden-Baden.
93 Gerhard Sprenger (Fn. 92), 130.
94 Gerhard Sprenger (2003), Rechtsgefühl ohne Recht. *Festschrift für Ernst-Joachim Lampe zum 70. Geburtstag*. Hrsg. von D. Dölling. Berlin. Nachdruck: Sprenger, 2010, *Von der Wahrheit zum Wert. Gedanken zu Recht und Gerechtigkeit*. Stuttgart: Franz Steiner Verlag, 317–318.
95 Gerhard Sprenger (1998), Crainquebille – oder: die verweigerte Gegenseitigkeit. Zur Ontologie des Rechtsgefühls. *Teoria prawa. Filozofia prawa. Współczesne prawo i prawoznawstvo*, 291–314. Zitiert nach dem Nachdruck: Sprenger, 2012 (Fn. 92), 87–110.
96 Vgl. Pascal, Pensée 277/1: „Le coeur a ses raisons que la raison ne connaît point".
97 An dieser Stelle ist Fn. 49: „Müller (1964), 110 (Hervorhebungen G. S.)." Sprenger beruft sich auf die Arbeit von Max Müller (1964), Existenzphilosophie im geistigen Leben der Gegenwart, 3. Aufl.
98 Gerhard Sprenger (Fn. 92), 97.

In der vor-rechtlichen Ordnung kann das Leben normal ablaufen, wenn „recht" tief empfunden und natürlich ist. Die Grundelemente, die von der Ordnung gewährleistet werden müssen, sind Gleichheit und Gegenseitigkeit.

Gleichheit und Ungleichheit entstehen im menschlichen Miteinander, d. h. im Verhältnis, in dem der Mensch die Gesellschaft formt und die noch origineller ihn formt.[99] Für das Ineinandergreifen ist es charakteristisch, dass der Mensch im Anderen „den Anderen *als sich selbst*" erfasst.[100,101] Der Maßstab der Gleichheit ist Gerechtigkeit, die seit Aristoteles als distributive (austeilende) und kommutative (ausgleichende) Gerechtigkeit bekannt ist. Den Inhalt der Gleichheit (Gerechtigkeit) kann man „*ohne Rücksicht auf die Person und ihre Situation im Leben*"[102] weder bestimmen noch verwirklichen. Erst der konkrete Fall ist es, der Gleichheit als Gerechtigkeit eingehender determiniert und sie dynamisiert. Die inhaltliche Aktualisierung der Gleichheit „vollzieht sich als *Gegenseitigkeit*".[103]

Sprenger denkt existenzialistisch und gräbt wie ein Maulwurf in der Wirklichkeit und im Menschen, der hier und jetzt lebt. Der Kern des Rechts ist in einem gegenseitigen und mehrseitigen Verhältnis, in dem man *gegenseitig* ist. Rechtsverhältnisse sind Verhältnisse der Koexistenz. Die Gegenseitigkeit ist somit „*der allgemeine Bestimmungsgrund des Verhaltens zum Mitmenschen*".[104] In dieser Qualität definiert er sie auch „als *kategoriale Voraussetzung für die Begegnung mit Anderen*".[105] Die Gegenseitigkeit beruht auf Verlässlichkeit und Vertrauen, die die Bedingung für ein entsprechendes Mit-einandersein sind. Sobald das Beisammenleben auch auf Zwang beruht, weist die Gegenseitigkeit ein Defizit auf.[106] Wenn es überhaupt keine Gegenseitigkeit gibt, weil das „Ich" den „Anderen" mit den Füßen tritt, ist man schon in den Bereich von Unrecht abgeglitten.[107]

Die Gegenseitigkeit braucht Normen, die sagen, wie verschiedene Verhaltensweisen miteinander in Einklang sein sollen. Wenn es keine Normen gibt, kann man gegenseitige Konflikte nicht lösen. Sprenger widmet sich insbesondere der goldenen Regel, die, wie man heute sagen würde, eine globale Gültigkeit hat.[108] Die Suche nach dem Maß des Rechts kann auch anderen Normen und Prinzipien nicht ausweichen (dazu gehören etwa der Dekalog, Ulpians tragende Rechtsgrundsätze, Grundmaßstäbe der Gerechtigkeit, Kants kategorischer Imperativ).

Was Sprenger besonders beschäftigt, ist, dass jedes gegenseitige Verhältnis eine *Entsprechung* haben muss, auf welche die Norm es lenkt. Die Entsprechung ist „an-

99 Gerhard Sprenger (Fn. 94), 229–330.

100 Gerhard Sprenger (Fn. 94), 330.

101 Siehe auch die ausgezeichnete Abhandlung: Gerhard Sprenger (1997), Des Menschen Maß: der Andere. – Gedanken zu Humanität und Recht. In R. Gröschner, M. Morlok (Hrsg.), *Recht und Humanismus. Kolloquium für Gerhard Haney zum 70. Geburtstag.* Baden-Baden, 25–52 (25 ff.). Nachdruck: Sprenger, 2010 (Fn. 94), 231–258.

102 Gerhard Sprenger (Fn. 94), 329.

103 Gerhard Sprenger (Fn. 94), 331.

104 Gerhard Sprenger (Fn. 92), 100.

105 Gerhard Sprenger (Fn. 94), 333.

106 Gerhard Sprenger (Fn. 94), 332.

107 Siehe Gerhard Sprenger (Fn. 92), 101: „Unrecht aber meint hier: *das Ausbleiben von Gegenseitigkeit*".

108 Gerhard Sprenger (Fn. 94), 333 ff.; (Fn. 92), 101 ff.

gemessenes Antwort-Verhalten gegenüber dem Anderen".[109] Die Offenheit und Flexibilität der goldenen Regel machen es möglich, dass „die Waage der Gerechtigkeit" das Gleichgewicht erreicht: „*Entsprechung als Antwort-Verhalten* ist „recht".[110]

Entsprechung ist auch für Recht von Schlüsselbedeutung:

> „Recht hat ein bestimmtes äußeres Verhalten und Entsprechen innerhalb eines sozialen Gefüges zu gewährleisten, das sich aus typischen Situationen, Abläufen und Zweckkonstellationen des alltäglichen Miteinanders bestimmt."[111]

Für das Recht ist es von wesentlicher Bedeutung, dass es Entsprechung „als Antwort-Verhalten" hat und sie ermöglicht. Wenn es keine Entsprechung gibt (z. B. zwischen dem Käufer und dem Verkäufer, zwischen dem Schädiger und dem Geschädigten, zwischen dem Steuerzahler und dem Fürsorgeempfänger), meldet sich das Rechtsgefühl zu Wort, das auf das Ausbleiben der Entsprechung mit Enttäuschung reagiert.[112] Das Rechtsgefühl ist wesentlich sensibler, „als jeder positiv-rechtliche Maßstab, jedes juristische Begriffssystem und alle methodischen Bemühungen es je vermögen".[113] Dass es tatsächlich so ist, zeigten lebendig und überzeugend der Schriftsteller Anatole France in seiner Erzählung *Crainquebille* sowie Professor Sprenger, der am Fall von Crainquebilles Geschichte seine Abhandlung über das Rechtsgefühl entwarf.

Und was hat das mit der Radbruchschen Unerträglichkeitsformel zu tun? Unmittelbar wenig, mittelbar jedoch sehr viel. Unmittelbar wenig deshalb, weil sich Sprenger nicht besonders mit der Unerträglichkeit selbst und mit konkreten Fällen von Unerträglichkeit befasst hat. Sprengers Stärke ist die Suche nach der Erträglichkeit von Recht, das, wenn es so sein will, auf „recht", das ins Rechtsgefühl von ehrlich fühlenden und denkenden Menschen eingewebt ist, beruhen muss. Je mehr sich positives Recht von den grundlegenden Elementen der Rechtlichkeit und vom grundlegenden Rechtsgefühl entfernt, desto eher ist es möglich, dass es illegitim und, wenigstens in einigen Segmenten, unerträglich wird.

Sprengers regulative Idee ist die Erträglichkeit (des Rechts). Am überzeugendsten spricht vielleicht darüber der Titel einer seiner Abhandlungen: Des Menschen Maß: der Andere.[114]

109 Gerhard Sprenger (Fn. 94), 336.
110 Gerhard Sprenger (Fn. 94), 334.
111 Gerhard Sprenger (Fn. 94), 337.
112 Gerhard Sprenger (Fn. 94), 337; (Fn. 92) 105.
113 Gerhard Sprenger (Fn. 94), 337.
114 Gerhard Sprenger (Fn. 101), 25–52.

Hermann Klenner, Berlin

Toleranzgedanken im Zwiegespräch mit Gerhard Sprenger

> Immer größer wird der Freundeskreis unter den Toten.
> Einem Verstorbenen öffentlich zu versichern,
> dass man ihn vermissen werde, ist der übliche Ausdruck
> unserer redlichen Ahnungslosigkeit, was Tod ist.[1]

Einer Würdigung Gerhard Sprengers anlässlich seines siebzigsten Geburtstages war zu entnehmen, dass sein Leitmotiv als Rechtsphilosoph in der Rückbindung des *jus positivum* an das *jus humanum* und des *jus humanum* an die *dignitas hominis* im Sinne einer Würde des sich mit seinesgleichen vergesellschaftenden Menschen bestehe.[2] Diesen Grundgedanken des sich zum protestantischen Christentum bekennenden Sprenger dürfte auch der sich zum katholischen Christentum bekennende (ebenfalls in den vergangenen Jahren von uns gegangene) José Llompart für sich beansprucht haben.[3] Doch auch der Schreiber dieser Zeilen, der sich vor siebzig Jahren wegen seiner Unfähigkeit, mit dem Theodizee-Problem fertig zu werden, aus dem Christentum verabschiedete, weiß sich dieser Sichtweise verbunden.

Übereinstimmungen solcher Art bei ansonsten auch konträr Argumentierenden machen es möglich, dass sich in unserer Welt voller realer Antagonismen zwischen Reichen und Armen, zwischen Mächtigen und Ohnmächtigen, zwischen Gewalthabern und Gewaltlosen das ideelle Gegeneinander von naturrechtlichen und positivistischen, von analytischen und hermeneutischen, von prozeduralen und materialen Rechtsdenkern in der Form ihres Miteinanders zu vollziehen vermag. Noch im Gegeneinander der Meinungen das Miteinander der Meinenden auszumachen, gehörte zu den von Gerhard Sprenger zum Gedeihen der internationalen Rechtsphilosophie wie von kaum einem anderen entfalteten Begabungen. Er war weniger ein *Contra*-, als vielmehr ein *Pro*-Denker. Was nicht etwa heißen soll, dass er die gleiche Gültigkeit der verschiedenartigen Rechtsphilosophien behauptet hätte, was ja nur um den Preis ihrer Gleichgültigkeit zu haben gewesen wäre. Formelkompromisse waren sein Ding nicht.

Aber handelt es sich bei dem angedeuteten Miteinander von Meinenden ungeachtet des Gegeneinanders ihrer Meinungen überhaupt um wechselseitig ausgeübte oder zumindest gewährte Toleranz? Haben in der Vergangenheit, um das an Beispielen festzumachen,[4] in ihren jeweiligen gegenständlich vergleichbaren Gedanken Bacon den Machiavelli, Hobbes den Aquinaten, Locke den Filmer, Spinoza den Hob-

1 Max Frisch, *Entwürfe zu einem dritten Tagebuch*, Berlin 2010, 59, 123.

2 In: *Archiv für Rechts- und Sozialphilosophie*, Bd. 89, 2003, Heft 2, 255. Zur Sache selbst vgl. Gerhard Sprengers (sein rechtsphilosophisches Lebenswerk zusammenführenden) Sammelbände: *Von der Wahrheit zum Wert. Gedanken zu Recht und Gerechtigkeit*, Stuttgart 2010, sowie: *Literarische Wege zum Recht*, Baden-Baden 2012.

3 José Llompart, „Von der Wertlosigkeit der Wertabstinenz in der Philosophie und Theorie des Rechts", in: Haney/Maihofer/Sprenger (ed.), *Recht und Ideologie*, Bd. 1, Freiburg 1996, 147–164; vgl. ebenda, 190–222: Gerhard Sprenger, „Vom Wert der Wahrheit und der ‚Wahrheit' des Wertes im Recht".

4 Vgl. H. Klenner, *Historisierende Rechtsphilosophie*, Freiburg 2009, passim.

bes, Rousseau den Montesquieu, Mendelssohn den Kant, Wollstonecraft den Burke, Hegel den Hugo, Savigny den Gans und Gans den Savigny toleriert, negiert oder respektiert? Warum hat Pufendorf die Scholastiker nicht einmal zitiert? Haben Marx und Lassalle sich in ihren rechtsphilosophisch relevanten Auffassungen wechselseitig akzeptiert oder aber despektiert? Wie typisiert man, um in die Moderne hineinzuleuchten,[5] das Miteinander/Gegeneinander-Verhältnis von Kelsen und Hart, von Finnis und Fuller, von Hart und Dworkin, von Rawls und Nozick, von den *Critical-Legal-Studies*-Adepten und den Anhängern einer *Economic Analysis of Law*? Und wie charakterisiert man, um insoweit das Fragen abzuschließen,[6] die intellektuellen und kollegialen Verbindungen zwischen Arthur Kaufmann, Werner Maihofer und Gerhard Sprenger?

Gewöhnlich als „Duldsamkeit in Religionsdingen" verstanden, gehörte jedenfalls „Toleranz" zu den Leitideen der Aufklärung in Europa, erwachsen aus der Erinnerung an die Gräuel vergangener Religionskriege und dem Abscheu vor den Ausbrüchen des Fanatismus.[7] Diese Toleranz hatte sich gegen die Monarchen „von Gottes Gnaden" (eines Christengottes, versteht sich) und die herrschenden Auffassungen derer durchzusetzen, die Zwang in Religionsdingen auszuüben für erforderlich und dann für legitimiert hielten, wenn es sich um den Zwang der Rechtgläubigen gegen die Falschgläubigen handele. Es hat Jahrhunderte gedauert, Revolutionen gekostet und immer wieder Rückschläge dazu, bis die Religions- und die Meinungsfreiheit wenigstens zum normalen Inventar von Verfassungstexten avancierten. Die bedeutendsten Toleranzdenker jener Zeit – etwa: Bacon, Bayle, Descartes, Diderot, Grotius, Hobbes, Kant, Locke, Montesquieu, Pufendorf, Rousseau, Spinoza, Toland, Voltaire – zierten alle den von Roms Kirche etablierten *Index librorum prohibitorum*, und noch Jahrhunderte später zählte Pius XI. in einem seiner Enzyklika *Quanta cura* von 1864 beigefügten *Syllabus complectens praecipuos nostrae aetatis errores* die Meinungsfreiheit zu den verdammenswerten Irrtümern seiner Zeit, von Religionsfreiheit ganz zu schweigen.[8] Vergessen schienen damals die christlichen Obrigkeiten zu haben, dass im *Neuen Testament* die urchristliche Pluralitäts-Aufforderung an eine/einen jeden zu finden ist, Alles selbst zu prüfen, um dann das Gute zu behalten (1. Thessalonicher V, 21), in der herrlichen Überhöhung Hölderlins: *Alles*

5 Vgl. Brian Bix, *Jurisprudence. Theory and Context*, Durham, N. C., 2012, Kapitel 4 bis 8, 18 und 19.

6 Vgl. Gerhard Sprenger, „Über den Ort des Rechts in der Fundamentalontologie Heideggers. Zu einer frühen These Werner Maihofers", in: Arthur Kaufmann (ed.), *Rechtsstaat und Menschenwürde* (Maihofer-Festschrift), Frankfurt 1988, 549–560; Maihofer, „Recht und Personalität", in: Fritjof Haft (ed.), *Strafgerechtigkeit* (Kaufmann-Festschrift), Heidelberg 1993, 219–248; Sprenger, „Lebensweltliche Gerechtigkeit. Der existenzialontologische Ansatz Maihofers", in: Stephan Kirste (ed.), *Menschliche Existenz und Würde im Rechtsstaat* (Maihofer-Kolloquium), Berlin 2010, 32–63.

7 Vgl. Günter Gawlick, „Toleranz", in: Werner Schneiders (ed.), *Lexikon der Aufklärung*, München 1995, 412. – Die in der Präambel der *Charta* der Vereinten Nationen vom 26. Juni 1945 enthaltene Verpflichtung zu *tolerance*, wurde übrigens im BRD-Gesetzblatt (1973 II S. 431) mit „Duldsamkeit", im DDR-Gesetzblatt (1973 II S. 163) mit „Toleranz" wiedergegeben.

8 Abgedruckt bei Carl Mirbt (ed.), *Quellen zur Geschichte des Papsttums*, Tübingen 1924, 450 f.; Albert Sleumer, *Index Romanus*, Osnabrück 1951, passim. – Hingegen ist, wie bereits im *Codex Iuris Canonici* von 1917 (Can. 1351), auch in dem seit 1983 gegenwärtig geltenden *Codex* für Roms Kirche (Can. 748, §2) das Verbot enthalten, „Menschen zur Annahme des katholischen Glaubens gegen ihr Gewissen durch Zwang zu bewegen" (*Codex des Kanonischen Rechts*, Kevelaer 1984, 343).

prüfe der Mensch, sagen die Himmlischen, / und verstehe die Freiheit / Aufzubrechen, wohin er will.[9] Vergessen schienen damals die Kirchen aller Konfessionen zu haben, dass Jesus von Nazareth entgegen dem *Compelle intrare* des Lukas-Evangeliums (XIV, 23) nur in einem einzigen Falle selbst Gewalt angewandt hatte, aber nicht, um jemanden in den Tempel hineinzuzwingen, sondern um die Warenhändler und Geldwechsler aus ihm hinauszujagen.[10]

Ins Juristische übertragen geht es dabei auch um das Verhältnis von Legalität und Legitimität.[11] Mit ihren traditional oder emotional oder rational begründeten Urteilen über die aufgetretenen Konflikte entscheiden Gerichte über die Legalität menschlichen Verhaltens. Wodurch aber ist die Legalität des Rechts, und damit die auf seiner Grundlage gefällten Entscheidungen der Gerichte *legitimiert*? Wenn Recht ein Mittel und Maß von Macht, von angedrohter und notfalls ausgeübter Gewalt ist (und das ist es!), welches Maß gilt dann für das Recht und für die Rechtsordnung als Ganzes selbst? Ist, wie Schönheit für Kunst und Wahrheit für Wissen, etwa Gerechtigkeit das Maß für Recht? Wer aber konstituiert dieses Maß? Und wenn von einer *justitia legalis et forensis* erwartet wird, dass sie die Gesetzgebungs- wie die Rechtsprechungsentscheidungen legitimiert (oder illegitimiert!), dann muss auch entschieden werden, welche Instanz befugt ist, die Gesetzlichkeit auf ihre Gerechtigkeit zu hinterfragen, erforderlichenfalls gar ihrer Verbindlichkeit zu entkleiden? Vom Beginn seiner wissenschaftlichen Laufbahn an hat Gerhard Sprenger, die Erkenntnisse seiner akademischen Lehrer weiterführend, die „Natur der Sache“ als grundlegende Kategorie rechtsphilosophischen Nachdenkens etabliert, um rationalem Entscheiden Objektivität zu ermöglichen, ihm also die Würde von Legitimität zu verleihen.[12]

Im mittelalterlichen Welt- und Menschenbild gab es auf die Frage nach der Rechtfertigung von Recht eine eindeutige Antwort: In der *Concordantia disconcordantium canonum*, einer nach frühscholastischer Methode gearbeiteten, lehrbuchartig systematisierten Quellensammlung christlich-kirchlicher Rechtssätze (*distinctiones*), Rechtsfälle (*causae*) und Rechtsprobleme (*quaestiones*) des Kamaldulensermönches Gratian aus Bologna hieß es gleich zu Beginn: „Ius naturale est quod in lege [Altes Testament] et Evangelio [Neues Testament] continetur“, und etwas später: jedes diesem Naturrecht nicht gerecht werdende Gewohnheits- und sonstiges Recht entbehre der verpflichtenden Wirkung.[13] Ein Jahrhundert danach benannte der Hoch-

9 Friedrich Hölderlin, *Sämtliche Werke*, Leipzig 1965, 244.

10 Johannes-Evangelium, II, 13–15; diesen biblischen Vorfall benutzte John Milton in seinem *Treatise of Civil Power in Ecclesiastical causes* von 1659 (deutsch: John Milton, *Zur Verteidigung der Freiheit. Sozialphilosophische Traktate*, Leipzig 1987, 147, 155), um einerseits das biblische *Compelle intrare* zu relativieren, und um andererseits seine eigene Forderung zu begründen, dass sich der Staat nicht in die Religionsangelegenheiten seiner Bürger und sich die Kirche nicht in deren Staatsangelegenheiten einmischen dürfe.

11 Vgl. H. Klenner, „Legalität/Legitimität“, in: *Historisch-kritisches Wörterbuch des Marxismus*, Bd. 8, Hamburg 2012, 800–839.

12 Gerhard Sprenger, *Naturrecht und Natur der Sache*, Berlin 1976. Vgl. Werner Maihofer, „Die Natur der Sache“, in: *Archiv für Rechts- und Sozialphilosophie*, Bd. 44, 1958, 145 ff.; Arthur Kaufmann (ed.), *Die ontologische Begründung des Rechts*, Bad Homburg 1965, 470–508: „Die ontologische Struktur des Rechts“.

13 *Decretum Gratiani* [etwa 1140], Bd. 1: *Distinctiones*, Paris 1891, Spalte 29, 45 (I,I,1; I,VIII,2); französische Ausgabe: Helsinki 1992.

scholastiker Thomas von Aquino als Ursache, Geltungsgrund und daher auch Maßstab für die *lex humana* die *lex naturalis* und als deren Ursache, Geltungsgrund und daher Maßstab die *lex aeterna*.[14] Gott selbst also habe das Maß für alle anderen Maße geliefert. Noch bei Christian Wolff konnte man lesen: „Autor legis naturae ipse Deus est, obligatio naturalis divina est".[15] Solange jedoch das göttliche Wort bestimmend blieb – so Gerhard Sprenger – seien keine neuen Inhalte aufgekommen, auch kaum angestrebt worden, denn alle denkerischen Bemühungen der Scholastiker wie der lutherischen Orthodoxie erschöpften sich zumeist in logisch-formalen Klärungen und in der generellen Schulung des Verstandes.[16]

Schon während der mittelalterlichen Geltungszeit eines dem Schöpfergott-Gedanken verpflichteten Rechts bereitete sich hintergründig, so wiederum zutreffend Gerhard Sprenger,[17] die Befreiung der menschlichen ratio aus der Umklammerung des religiös Vorgegebenen vor. Doch erst die europäischen Aufklärungsdenker kippten das Rechtfertigungsverhältnis zwischen Gottesrecht und Menschenrecht um. Ursache, Geltungsgrund und Maßstab für die Diesseitsgesetze lägen nicht im Jenseits, sondern im menschlichen Miteinander, und nicht länger mehr sollte fortan ein sich die Stellvertretung Gottes auf Erden anmaßendes Kirchenoberhaupt einer Alleinseligmachung verheißenden Religion mit dem Wahrheits- auch noch das Interpretations- und Legitimationsmonopol über die irdische Gesetzgebung und Rechtsprechung beanspruchen dürfen. Nicht aus dem Willen Gottes ergebe es sich, ob ein Gesetz gerecht sei; eher umgekehrt: Ist ein Gesetz für die Menschen gerecht, entspreche es dem Willen Gottes. Mit seinem kategorischen Urteil, dass Gott unfähig sei, ohne Vernunft zu handeln,[18] brachte Leibniz die Allmacht Gottes mit der Allmacht der Vernunft in Einklang. Wenn es denn einen Gott gibt, konnte man bei Montesquieu lesen, müsse er notwendigerweise gerecht sein, denn sonst wäre er das schlechteste und unvollkommenste Wesen.[19] Und wenn es, wie Samuel Pufendorf zuvor schon behauptet hatte,[20] kein christliches Naturrecht gibt (da es ja auch keine christliche Chirurgie gebe!), dann ist nicht mehr die dem Klerus bevorzugt zugängliche Theologie, sondern allein die jedem Menschen gleichermaßen zugängliche Vernunft darüber zu entscheiden befugt, ob ein geltendes Gesetz den Realinteressen der Menschen entspricht oder nicht. Naturrecht, hieß es später bei Immanuel Kant,

14 Sancti Thomae Aquinatis *Opera omnia*, Bd. 2, Stuttgart 1980, 477–481 (*Summa theologiae* [etwa 1270], I–II, qu. 93–95). Vgl. auch: Stephan Lauber, *Euch aber wird aufgehen die Sonne der Gerechtigkeit* [zu Maleachi III, 20], St. Ottilien 2006, besonders 461 ff.

15 Christian Wolff, *Institutiones juris naturae et gentium*, Halle 1750 [ND: Hildesheim 1969], 21 (§ 41). Wolff hatte zwar zugestanden, dass allen Menschen die gleichen Pflichten und Rechte angeboren seien, gleichwohl rechtfertigte er aber die Leibeigenschaft, hielt er das Gesinde für verpflichtet, ihre Herrschaft in kindlicher Furcht zu lieben, und die Regierungen für berechtigt, ihre Untertanen wie Kinder zu behandeln; vgl. Christian Wolff, *Vernünftige Gedanken von dem gesellschaftlichen Leben der Menschen und insonderheit dem gemeinen Wesen*, Halle 1721, 125, 195.

16 Gerhard Sprenger, „Der Einfluß der Naturwissenschaften auf das Denken Samuel Pufendorfs", in: Bodo Geyer (ed.), *Samuel Pufendorf und seine Wirkungen bis auf die heutige Zeit*, Baden-Baden 1996, 166.

17 Gerhard Sprenger, „Vom Mythos zum Recht", in: Jan C. Joerden (ed.), *Vergleichende Strafrechtswissenschaft*, Berlin 2009, 137.

18 Leibniz, *Die Theodizee* [1710], Bd. 1, Frankfurt 1996, 549.

19 Montesquieu, *Persische Briefe* [1721], Stuttgart 2004, 158 (83. Brief).

20 Pufendorf, *Gesammelte Werke*, Bd. 5 (Eris Scandica), Berlin 2002, 124, 203 (Specimen controversiarum circa jus naturale ipsi, 1678, I, 2; Spicilegium controversiarum, 1680, I, 1).

sei das durch jedes Menschen Vernunft erkennbare Recht, und der Probierstein für die Rechtmäßigkeit eines jeden Gesetzes bestehe darin, ob es aus dem vereinigten Willen eines ganzen Volkes wenigstens habe entspringen können.[21] In genau diese Richtung zielen Gerhard Sprengers Überlegungen zur Intersubjektivitätseigenschaft bestimmter Wertungen, die es bei der Legitimierung von Legalitäten ermöglichen, zwischen scheinbarer und echter Objektivität von Werten zu unterscheiden.[22]

Eindeutig: Säkularisierung hieß dem Anspruch der postscholastischen Aufklärung nach auch gesamtgesellschaftliche Humanisierung und Demokratisierung, woran in Zeiten zu erinnern von besonderer Bedeutung ist, da, wie in der Gegenwart, die islamischen wie die christlichen Fundamentalisten das Gleichberechtigungs- und das Toleranzgebot von geltendem Verfassungs- und Völkerrecht im Detail verletzen, und sich anschicken, es insgesamt zu bedrohen. Säkularisierung bedeutet jedoch vor allem Selbstbefreiung des Menschen von allen theonomen Vorgaben mit Verpflichtungsanspruch. Diese Emanzipation zur Vernunft, so hat Gerhard Sprenger vermerkt, habe den neuzeitlichen Menschen aufgerufen, „dasjenige, was als gerecht gelten soll, selbst zu inszenieren", was nur vorstellbar sei, wenn nach übersubjektiven, eine objektive Verbindlichkeit fundierenden Bedingungen gesucht wird.[23]

Erst die Große Revolution der Franzosen stipulierte in ihrer *Déclaration des droits de l'homme et du citoyen* von 1789 uneingeschränkt und für einen jeden die Religionsfreiheit (Art. 10: „Nul ne doit être inquiété pour ses opinions, même religieuses…").[24] Einhundert Jahre zuvor war zwar am Ausgang der Englischen Revolution ein ausdrückliches „Toleranz-Gesetz" erlassen worden, aber hierbei hatte es sich nicht einmal um ein alle Christen tolerierendes Gesetz gehandelt, sondern lediglich um eine Ausnahmeregelung für die nicht der Anglikanischen Hochkirche angehörenden protestantischen Dissidenten, die überdies bereits dann aller *benefits from this law* verlustig gingen, wenn sie es wagten, ihren Gottesdienst hinter verschlossenen Türen abzuhalten, und den Zehnten mussten sie nach wie vor an die staatsoffizielle *Church of England* abführen.[25] Dieses Gesetz blieb weit hinter den Toleranzforderungen eines John Locke zurück (die allerdings erst zweihundert Jahre nach seinem Tod publiziert werden konnten), der wohl als erster die vollständig unkontrollierbare Freiheit des einzelnen, was seine Gottesdienstangelegenheiten anlangt, in die Form eines Rechtsanspruchs des Individuums kleidete, in ein „*absolute and universal right to toleration*".[26] Auch wenn, wieder hundert Jahre später, Thomas Jefferson davon überzeugt war, „that our civil rights have no dependance on our religious opinions, any more than our opinions in

21 Kant, *Rechtslehre. Schriften zur Rechtsphilosophie* [1797/1793], Berlin 1988, 109, 268; deutlicher noch: Fichte, *Rechtslehre* [1812], Hamburg 1980, 5: „Naturrecht d.i. Vernunftrecht, [und so] sollte es heißen".

22 Gerhard Sprenger (Fn. 2), *Von der Wahrheit zum Wert*, 156.

23 Gerhard Sprenger, „Über die Unverzichtbarkeit der Rechtsphilosophie", in: *Sitzungsberichte der Leibniz-Sozietät*, Bd. 85, Berlin 2006, 44.

24 Abgedruckt in: *La conquête des droits de l'homme. Textes fondamentaux*, Paris 1988, 60.

25 Abdruck des *Toleration Act* von 1689 in: Carl Stephenson (ed.), *Sources of English Constitutional History*, Bd. 2, London 1972, 607.

26 Locke, *Political Writings*, London 1993, 187 („*An Essay Concerning Toleration*", 1667), nicht zu verwechseln mit seiner *Epistola de tolerantia* (London 1689, deutsch: *Ein Brief über die Toleranz*, Hamburg 1996), in der er weder den Katholiken noch den Atheisten Religionsfreiheit zubilligte. Vgl. freilich H. Klenner, „John Locke und die Geburt der Toleranz aus dem Geiste des Eigentums", in: Gerhard Banse (ed.), *Von Aufklärung bis Zweifel*, Berlin 2008, 163–187.

physics or geometry", und dass, wenn man die Meinungen der Menschen dem Staat und seiner Rechtsprechung unterstellt, man sofort auch die Religionsfreiheit zerstöre,[27] hatten seine Mitstreiter dafür gesorgt, dass in der *Virginia Bill of Rights* von 1776 (Section 16) die Meinungsfreiheit in religiösen Angelegenheiten aller Absolutheit entkleidet und an christliche Werte rückgebunden wurde, auch galt sie „natürlich" für Sklaven nicht.[28] Übrigens: Für Locke wie für Jefferson nebst dessen Mitstreiter gilt ein und dasselbe: sie tolerierten nicht nur die Sklaverei, sie waren sogar deren Mittäter!

Die Verquickungen von Christentum und Staatsgewalt zum Schaden von Toleranz sind in Europa keineswegs pure Vergangenheit. Sie verhindern, wenn auch in glücklich gemilderter Form, dass die den Staaten vom Völker- und Europarecht auferlegten Verpflichtungen zur *gleichen* Toleranz gegenüber den verschiedenen Glaubensrichtungen und Kirchen erfüllt werden. Werden aber die in einem Staat tätigen Kirchen von diesem Staat mit einem unterschiedlichen verfassungsrechtlichen Rang mit demzufolge unterschiedlichen Rechten ausgestattet, dann gibt es vom Staat benachteiligte Kirchen und von ihm bevorzugte Kirchen, letztere mit privilegierten Gläubigen und erstere mit unterprivilegierten Gläubigen als Mitglieder. Das ist kein Gedankenspiel. Den Kirchen und Religionsgemeinschaften wird nämlich in vielen Ländern Europas ein unterschiedlicher verfassungsrechtlicher Rang zugewiesen, weshalb deren Mitglieder als Staatsbürger direkt oder indirekt unterschiedliche Rechte und Pflichten haben.[29] Es gibt Länder mit Staatskirchen, etwa Dänemark (Verf.-Art. 4) mit seiner Evangelisch-Lutherischen *Volkskirche*, Großbritannien mit der Anglikanischen *Church of England* und der Presbyterianischen *Church of Scotland* oder Griechenland (Verf.-Art. 3) mit der *Östlich-Orthodoxen Kirche*; es gibt Länder ohne Staatskirchen, in denen aber der Staat, dem Vorbild der Konkordate folgend, mit bestimmten Kirchen oder Religionsgemeinschaften Verträge abschließt, in denen er diesen zum Nachteil der anderen Bürger Sonderrechte einräumt, etwa in Deutschland (GG-Art. 140), in Finnland (Verf.-Art. 83), in Italien (Verf.-Art. 7, 8), in Luxemburg (Verf.-Art. 22, 106) oder in Spanien (Verf.-Art. 16); es gibt schließlich Länder mit einer religionsfördernden Verfassung, wie Irland (Verf.-Art. 40, 44) oder mit einer laizistischen Verfassung, wie etwa Belgien (Verf.-Art. 19–21), Niederlande (Verf.-Art. 6), Portugal (Verf.-Art. 41) und vor allem Frankreich (Verf.-Art. 1).

Aus dem Voranstehenden Toleranz-Teppich geht aber auch hervor, dass sich die gegenwärtige Verfassungslage innerhalb Europas keineswegs in *vollständiger* Übereinstimmung mit dem geltenden Völkerrecht befindet. Zwar war die von der Menschrechtskommission der Vereinten Nationen 1967 ausgearbeitete und dann der UN-Generalversammlung zur Annahme (oder Ablehnung) zugeleitete „Draft Convention on the Elimination of all Forms of Religious Intolerance" (vermutlich wegen ihrer ausdrücklichen Gleichstellung von „theistic, non-theistic and atheistic beliefs") im Entwurfsstadium stecken geblieben,[30] aber nach Artikel 2 der am 25. November

27 *The Portable Jefferson*, New York 1975, 252 („A Bill for Establishing Religious Freedom", 1777).

28 Vgl. Bernard Schwartz, *The Bill of Rights. A Documentary History*, Bd. 1, New York 1971, 234.

29 Vgl. zum Folgenden: Adolf u. Christiane Kimmel (ed.), *Verfassungen der EU-Mitgliedstaaten. Textausgabe*, München 2005; Werner Weinhoff, *Gott in der Verfassung*, Frankfurt 2001, sowie die in: *Ratio Juris*, Jg. 10, Oxford 1997, 75–114, enthaltenen Beiträge von S. Ferrari, „Tolerance, Religion and the Law in Contemporary Europe"; von I. C. Ibán, „Tolerance and Freedom in Continental Europe"; von Ch. Papastathis, „Tolerance and Law in Countries with an Established Church".

30 Abgedruckt bei: Ian Brownlie (ed.), *Basic Documents on Human Rights*, Oxford 1981, 112.

1981 von der Generalversammlung der Vereinten Nationen angenommenen *Declaration on the Elimination of all Forms of Intolerance and of Discrimination Based on Religion and Belief* gilt als intolerant unter anderem jegliche staatlich betriebene Beschränkung oder Bevorzugung von Menschen auf Grund ihrer Religion oder Überzeugung, deren Wirkung darin besteht, die gleichberechtigte Inanspruchnahme von Menschenrechten zu beeinträchtigen.[31] Auch wenn es sich hierbei nicht um eine (für die Vertragspartner unter den Staaten verbindliche) *Konvention* handelt, sondern nur um eine (unverbindliche) *Deklaration* der Vereinten Nationen, also nicht um Völkerrecht im strengen Sinne des Wortes, so gibt doch dieses Toleranz-Dokument zumindest die Richtung an, in die das innerstaatliche Recht gemäß der zwischenstaatlichen Erklärung von 1981 weiterentwickelt werden sollte. Gleichzeitig können deren Erläuterungen als Interpretationshilfen für die (insgesamt wenigen) Expressis-Verbis-Erwähnungen von „Toleranz" in anderen Völkerrechtsdokumenten dienen. Immerhin finden sich Verweise auf das Toleranzprinzip in der Präambel der *Charta der Vereinten Nationen* vom Juni 1945, in Artikel 26 der *Universalen Erklärung der Menschenrechte* von 1948, in Artikel 13 des *Internationalen Paktes über wirtschaftliche, soziale und kulturelle Rechte* von 1966, in der Präambel der *Deklaration über die Prinzipien des Völkerrechts* von 1970, und in der Präambel und im Artikel 29 der *Konvention über die Rechte des Kindes* von 1989.

Bekanntlich zielt das Völkerrecht der Gegenwart – so bereits die Präambel der *Charta der Vereinten Nationen* – darauf, Bedingungen zu schaffen, unter denen die Gerechtigkeit gewahrt werden kann („to establish conditions under which justice can be maintained"), wobei gleichzeitig die Gleichberechtigung aller Staaten („equal rights of nations large and small") festgeschrieben wurde. Die Staaten haben sich wechselseitig mindestens zu tolerieren, eher noch miteinander zu kooperieren. Mit welchem Vorzugs-Recht wollen dann aber eigentlich die Kernwaffenmächte unter den Vereinten Nationen, die selbst an die 2200 Nukleartests auf ihrem Gewissen haben und ihr Arsenal, statt es zu liquidieren, vertragswidrig sogar perfektionieren, die Versuche anderer Staaten nicht tolerieren, ebenfalls in den Besitz von eigenen Atomwaffen zu gelangen? Aus dem in Artikel 2 der UN-Charter enthaltenen Verpflichtung der Mitgliedsstaaten der Vereinten Nationen, „die Androhung oder Anwendung von Gewalt zu unterlassen" ergibt sich doch zunächst und vor allem das verpflichtende Gebot einer vollständigen nuklearen Abrüstung, was Artikel VI des völkerrechtlichen „Vertrages über die Nichtweiterverbreitung von Kernwaffen" vom Juli 1968 (BGBl. II S. 786) präzisiert hat. Den Frieden in der Welt, ja deren Existenz, gefährden aber etwa 27.000 nukleare Sprengköpfe (Russland 16.000, USA 10.000, Frankreich 350, Großbritannien 200, China 400, Israel 190, Indien 60, Pakistan 50).[32]

Die zu beobachtenden Versuche, die Volkssouveränität innerhalb der einzelnen Staaten nach dem Modell des Weltmarktes in ein zu etablierendes Weltbürgerrecht mit einer *imperial sovereignty of the USA* zu transnationalisieren, widerspricht dem

31 Abgedruckt in: *Human Rights. A Compilation of International Instruments*, New York 1988, 125 f.; deutsch in: Christian Tomuschat (ed.), *Menschenrechte. Eine Sammlung internationaler Dokumente zum Menschenrechtsschutz*, Bonn 1992, 198 f.; den Toleranzbegriff im Völkerrecht erörtert Francesco Margiotta Broglio, „Tolerance and the Law", *Ratio Juris*, Jg. 10, Oxford 1997, 252 ff.

32 Vgl. Robert S. Norris / Hans Kristensen, „Global Nuclear Stockpiles", 1945–2006", in: *Bulletin of the Atomic Scientists*, Bd. 62, 2006, Nr. 4, 64–66.

geltenden Völkerrecht der Gegenwart mit seinem Gleichberechtigungsgebot aller Staaten, die sich doch wechselseitig zumindest zu tolerieren haben. Es gibt keine mit dem geltenden Völkerrecht in Übereinstimmung zu bringende Begründung für die tatsächlich vorgebrachte Behauptung,[33] dass nach Beendigung des Kalten Krieges den Vereinigten Staaten von Amerika (mit ihren etwa 6 % der Erdbevölkerung!) die Verantwortung, „eine internationale Polizeifunktion auszuüben", unmittelbar zugefallen sei. Auch diese Version jener berüchtigten normativen Kraft des Faktischen negiert die den Menschenrechten inkorporierte Verpflichtung aller Staaten zur inner- und zwischenstaatlichen Toleranz. *Rule of law* limitiert nun einmal *rule by law*!

Brutalster Ausdruck eines die Volkssouveränität der anderen Staaten pervertierenden, das soeben erwähnte zwischenstaatliche Toleranzgebot negierenden Imperialstaates sind die (zumindest illegal *begonnenen*) Kriege, die von der NATO gegen Jugoslawien (1999) und Libyen (2011), von den USA gegen Afghanistan (2001) und den Irak (2003), mit Vasallen-Beihilfe auch der BRD, auf dem Grabe der gegenwärtigen Legalität geführt wurden. Nach Schätzungen der Friedensorganisation Ärzte für die Verhütung des Atomkrieges (IPPNW) haben diese Kriege etwa 1,7 Millionen Menschenleben gekostet. Auch wenn solche Aggressionen mit sich anschließender Permanenzbesetzung anderer Länder zu einem „Instrument außenpolitischer Konfliktbereinigung" umgemünzt oder zu einer „humanitären Intervention" schöngeredet werden,[34] widersprechen sie der internationalen Rechtspflicht zu friedlicher Koexistenz und zu Toleranz gegenüber den anderen.

Die unter dem Vorwand „to bring the hope of democracy, development, free market, and free trade to every corner of the world" (so die Sicherheitsstrategie der USA von 2002) begonnenen illegalen Kriege werden auch mit illegalen Methoden geführt, wofür die „capture-or-kill-policy", der Einsatz von Drohnen sowie die in Abu Ghraib, Guantánamo Bay und anderswo planmäßig verübten Verletzungen des völkerrechtlich absolut gesetzten Folterverbots zeugen (vgl Art. 5 der *Universal Declaration of Human Rights* von 1948 in wörtlicher Übereinstimmung mit Art. 7 der *International Covenant on Civil and Political Rights* von 1966/76: „No one shall be subjected to torture or to cruel, inhuman or degrading treatment or punishment", den Artikel 2 der *Convention against torture and Other Cruel, Inhuman or Degrading Treatment or Punishment* von 1984: „No exceptional circumstances whatsoever, whether a state of war or a threat of war, internal political instability or any other public emergency, may be invoked as a justification of torture".[35]

Der Unterschied zwischen einer philosophischen und einer juristischen Betrachtungs- und Behandlungsweise von Toleranzproblemen besteht auch darin, dass Philosophen sich damit begnügen können, Fragen aufzuwerfen, ohne diese einer Antwort zuführen zu können, vielleicht nicht einmal zu wollen. Zumal Fragen zuweilen produktiver sind als Antworten, und sie zu formulieren, oft mehr Erfahrung und Verstand erfordert als auf klug formulierte Fragen eine Antwort zu finden. Des Juristen Amt aber ist, einen bisher unentschiedenen zu einem entschiedenen Fall, zu einer *res judicata*, zu machen. In Deutschland hat er als Richter von Staatswegen zu

33 So: M. Hardt / A. Negri, *Empire*, Frankfurt 2002, 192.

34 Etwa: H. Münkler, *Humanitäre Intervention*, Wiesbaden 2008, 7; J. Holzgrefe (ed.), *Humanitäre Intervention*, Cambridge 2003, 18; A. Buchanan, *Human Rights, Legitimacy and the Use of Force*, Oxford 2010, 201, 266.

35 Vgl. K. Greenberg, *The Torture Debate in America*, New York 2005, 98–110.

entscheiden (oder als Jurist anderer Profession eine zu treffende Entscheidung vorzubereiten oder eine getroffene Entscheidung zu bewerten), ob eine bestimmte religiöse oder politische Anschauung, ein religiöses oder weltanschauliches Bekenntnis, eine Glaubensäußerung oder Religionsausübung, oder eine anderweitige Meinungsäußerung oder Gewissensentscheidung durch die GG-Art. 3 bis 5 geschützt, also vom Bürger *und* vom Staat zu tolerieren sind, oder eben nicht.

Anders als ein Philosoph darf sich ein Jurist nicht damit herausreden, er wisse nicht, wo im konkreten Fall die Grenze zwischen Toleranz und Intoleranz liege. Im Ergebnis seines eigenen Meinungsbildungsprozesses ist es seines Amtes zu wissen, ob eine konkrete Handlung als tolerabel oder als intolerabel einzustufen ist samt den für die Überschreitung der festgelegten Toleranzbreite normierten Folgen. Dabei muss er sich „von Willkür freihalten; seine Entscheidung muss auf rationaler Argumentation beruhen“, so jedenfalls das Bundesverfassungsgericht.[36] Innerhalb der Grenzen des Gesetzes hat ein Richter nur die Wahl, *wie* er, nicht aber *ob* er entscheidet. Wie es im Artikel 4 des *Code civil* von 1804 vorbildlich heißt: „Der Richter, welcher unter dem Vorwande des Schweigens, der Dunkelheit oder der Unzulänglichkeit des Gesetzes zu urteilen sich weigert, kann als der Verweigerung der Rechtsprechung schuldig verfolgt werden.“

Ein sich seiner ureigenen Aufgaben bewusst werdender Jurist ist mitverantwortlich dafür, dass die im Verlauf des europäischen Übergangs von der feudalen zur bürgerlichen Gesellschaft dank der Aufklärungsdenker vieler Länder (wenn auch inkonsequent) erfolgte Emanzipation des Rechts von Religion und Moral sowie der Rechtswissenschaft von Theologie und Ethik nicht rückgängig gemacht wird. Vielmehr hat er die Grenzen zwischen systemimmanenter und systemtranszendenter Betrachtungsweise des Rechts offenzuhalten und selbst darüber zu befinden, welches Wissen er braucht, um das Reflexionspotential von Rechtswissenschaft und Rechtspraxis den gesellschaftlichen Entwicklungserfordernissen gemäß zu erweitern.

Die Glaubens- und Bekenntnisfreiheit, so unser Bundesverfassungsgericht,[37] umfasse u. a. die Freiheit zu glauben oder nicht zu glauben, einen Glauben zu bekennen, zu verschweigen, sich vom bisherigen Glauben abzuwenden und sich einem anderen Glauben zuzuwenden, ferner die Freiheit des kultischen Handelns, des Werbens, der Propaganda, die Beachtung religiöser Gebräuche, auch religiöse Erziehung der Kinder so wie freireligiöse und atheistische Feiern; sie sei nicht nur den Mitgliedern der anerkannten [!] Religionsgemeinschaften und Kirchen, sondern auch den Angehörigen anderer religiöser Vereinigungen gewährleistet, und zwar unabhängig von ihrer zahlenmäßigen Stärke oder ihrer sozialen Relevanz; das folge aus dem für den Staat verbindlichen Gebot weltanschaulich-religiöser Neutralität; die Glaubensfreiheit gewähre dem Einzelnen einen von staatlichen Eingriffen freien Rechtsraum, in dem er sich die Lebensform zu geben vermag, die seiner Überzeugung entspricht; insofern sei die Glaubensfreiheit mehr als die religiöse Toleranz, d. h. die bloße Duldung religiöser Bekenntnisse oder irreligiöser Überzeugungen; sie umfasse daher nicht nur die innere Freiheit zu glauben oder nicht zu glauben, son-

36 BVerfGE, Bd. 34, 287. Vgl. dazu Robert Alexy, *Theorie der juristischen Argumentation*, Frankfurt 1990; Ralf Dreier, *Recht – Staat – Vernunft*, Frankfurt 1991, 120–141: „Irrationalismus in der Rechtswissenschaft“; H. Klenner, „Wider den Irrationalismus in der Rechtswissenschaft und anderswo“, *Staat und Recht*, Jg. 37, 1988, 143–152.

37 Vgl. BVerfGE, Bd. 12, S. 3; Bd. 24, 245.

dern auch die äußere Freiheit, den Glauben zu bekennen und zu verbreiten; dazu gehöre auch das Recht des Einzelnen, sein gesamtes Verhalten an den Lehren seines Glaubens auszurichten; wer sich in einer konkreten Situation durch seine Glaubensüberzeugung zu einem Tun oder Unterlassen bestimmen lässt, könne mit den in der Gesellschaft herrschenden sittlichen Anschauungen und den auf diesen begründeten Rechtspflichten in Konflikt geraten; verwirklicht er durch sein Verhalten nach herkömmlicher Auslegung einen Straftatbestand, lehne sich solch ein Täter nicht aus mangelnder Rechtsgesinnung gegen die Rechtsordnung auf, sondern er wolle diese auch wahren; in eine Grenzsituation gestellt, in der die allgemeine Rechtsordnung mit dem persönlichen Glaubensgebot in Widerstreit tritt, fühle er die Verpflichtung, hier dem höheren Gebot des Glaubens zu folgen; daher sei es nicht gerechtfertigt, mit dem Strafrecht gegen solch einen Täter vorzugehen. So weit, so gut, oder sehr gut.

Wenn aber, wie es in den letzten Jahren geschehen ist, die höchsten Funktionsträger der beiden christlichen Kirchen in Deutschland den durch Artikel 4 des *Grundgesetzes* (in Verbindung mit seinem Artikel 79 III) unumkehrbar auf „die Freiheit des religiösen und weltanschaulichen Bekenntnisses" festgelegten Staat dazu drängen, den Einbürgerungswilligen gleich welchen Glaubens eine vorherige Unterrichtung über die christliche Religion als der ominösen deutschen Leitkultur zugehörig abzuverlangen, wird zwar nicht der Weg in eine Staatsreligion gebahnt, wohl aber in die Privilegierung der einen Religion gegenüber den anderen und damit in die gesellschaftliche Intoleranz freigedacht. Der Krieg der Kreuze gegen die Kopftücher hat viele Facetten. Mag der beim sogenannten Großen Zapfenstreich der Bundeswehr benutzte Befehl „Helm ab zum Gebet!" für den Choral „Ich bete an die Macht der Liebe, die sich in Christo offenbart" dereinst auf bloßer Gedankenlosigkeit beruht haben, inzwischen ist er, jedenfalls für Nichtchristen, nichts anderes als eine Provokation.

Versuche, den Glaubensgehalt einer bestimmte Religion der sich doch längst plural formierten Gesellschaft als allgemeinverbindliche Wertvorstellung axiomatischer Natur auszugeben und ihn daher letztlich auch denjenigen oktroyieren zu wollen, die anderen Glaubens sind, diese also zu entmündigen, gehen nicht nur von Theologen und Moralphilosophen, sondern sogar von Juristen aus, von denen man doch am ehesten erwarten könnte, dass sie die Emanzipation des Rechts von der Religion wie der Rechtswissenschaft von der Theologie schon im Eigeninteresse als historisch unumgänglichen Fortschritt begreifen könnten. Gerhard Sprenger hat in einer tiefgründigen Erörterung eines Bundesgerichtshof-Urteils von 1994 vor einem unbedachten Schritt ins Allgemeine gewarnt, da er einem Schritt ins Bodenlose gleichkommen könne.[38] In diesem Zusammenhang demonstrierte er auch, dass es heutzutage kein allgemein sittliches Gesamtbewusstsein mehr gebe, welches als unzweifelhaftes Kriterium für menschliches Tun gelten könnte. Wenn jedoch in einem von Juristen und für Juristen geschriebenen, sich als herrschende Professorenmeinung etablierten Kommentar zu unserem Grundgesetz behauptet wird, dass dessen auch die Gerechtigkeit begründende Menschenwürde-Konzept, im Christentum

38 Gerhard Sprenger (Fn. 2), *Von der Wahrheit zum Wert*, 188 f.; vgl. auch: Gerhard Sprenger, „Das Sittengesetz als Freiheitsschranke", in: W. Baumann (ed.), *Gesetz, Recht, Rechtsgeschichte*, München 2005, 402.

wurzele,[39] dann mag das zwar für die Meinungen der meisten Mitglieder des Verfassungskonvents von Herrenchiemsee aus dem Jahre 1948 zutreffen, sollte aber nicht als Verifikationskriterium für die Aussage selbst missverstanden werden. Die Garantie der Menschenwürde, wie sie im Artikel 1 des Grundgesetzes der deutschen Rechtsordnung der Gegenwart normiert ist, in einer bestimmten Religion zu fundieren, ist jedoch mehr als eine – ideengeschichtlich übrigens falsche! – Aussage. Mit einem ins Verfassungsrecht zielenden Privilegierungsanspruch der christlichen Religion wird *nolens*, wenn nicht gar *volens*, die moralische Minderwertigkeit der Nichtchristen unterstellt. Die an eine andere (oder an keine) Religion Glaubenden werden zwar toleriert (geduldet!), aber nicht als geistig gleichberechtigt anerkannt. Man diskreditiert jedoch nicht juristisch folgenlos eine Minderheit, sei sie ethnisch oder ethisch konstituiert. Wäre nämlich in Deutschland die Menschenwürde wirklich ein Säkularisat lediglich christlicher Glaubenssätze, dann gäbe es für die Millionenschar der hier als Bürger oder Bewohner lebenden Muslime, Juden, Buddhisten, Agnostiker oder gar Atheisten keinen von ihnen nicht nur als gesetzlich verpflichtend, sondern auch als weltanschaulich legitimiert empfundenen Zugang zu den „tragenden Konstitutionsprinzipien" des Grundgesetzes und zur „Wurzel aller Grundrechte". So hat nämlich das Bundesverfassungsgericht den Rang des Prinzips der Menschenwürde bestimmt, als dessen „Konkretisierungen" sämtliche (!) Grundrechte zu verstehen seien.[40] Nichtchristen wären dann eigentlich auch ungeeignet, an der Entscheidung mitzuwirken, ob in einem umstrittenen Fall die Würde eines Menschen verletzt wurde oder worin die Tätigkeit des Staates zu bestehen habe, um die Menschenwürde der Bürger und Bewohner des Staates zu sichern. Sind auch die nichtchristlichen Bürger Baden-Württembergs an die in dortigen Landen auch im Jahre 2014 geltenden Verfassung von 1953 gebunden, in deren Art. 1 es heißt: „Der Mensch ist berufen, in der ihn umgebenden Gemeinschaft seine Gaben in Freiheit und in der Erfüllung des christlichen Sittengesetzes zu entfalten"? Ein Staat, der die Krücke der Religion borgt, zeige uns nichts weiter, als dass er lahm ist, heißt es bei Fichte, und die Religion sei, so der bissige Schopenhauer, „eine Krücke für schlechte Staatsverfassungen".[41]

Normierte Privilegierungen von Menschen oder von Religionen gegenüber anderen Menschen oder Religionen sind nur die andere Seite normierter Diskreditierungen. Sie sind mit deren Gleichheit vor dem Gesetz nicht vereinbar. Als kanonisierte Intoleranz verletzen sie den Universalitätsanspruch von Menschenrechten. Auch deshalb ist die *aequalitas juris* als Mindeststandard von Gerechtigkeit charakterisiert, zuweilen sogar mit ihr identifiziert worden. Als „Seele der Gerechtigkeit" bezeichnete das Bundesverfassungsgericht in einem seiner poetischen Momente die Gleichheit in der Rechtsanwendung.[42] Anders als in einem Sklaverei oder Leibeigenschaft legalisierenden Normensystem (also bis hin zu Preußens *Allgemeinem Landrecht* von 1794) gilt jedenfalls in einer der bürgerlichen Gesellschaft angemessenen Rechtsordnung jede Ungleichheit vor dem Gesetz, jede selektive Rechtsanwen-

39 So: Christian Starck (ed.), *Kommentar zum Grundgesetz [der Bundesrepublik Deutschland]*, 5. Aufl., Bd. 1, München 2005, 29.

40 BVerfGE, Bd. 30, Tübingen 1971, 39; Bd. 93, Tübingen 1996, 293.

41 Johann Gottlieb Fichte, *Sämtliche Werke*, Bd. 6, Leipzig 1925, 268; Arthur Schopenhauer, *Sämmtliche* Werke, Bd. 6, Leipzig 1877, 386.

42 BVerfGE, Bd. 54, Tübingen 1981, 296.

dung durch Gericht oder Exekutive als Willkür, als unvereinbar mit Rechtsstaatlichkeit und *rule of law*. Wenn etwa, wie in der Gegenwart, durch Tarifverträge, Gesetz und Rechtsprechung (bis hin zu der der Verfassungsgerichte) die Löhne, Gehälter, Arbeitszeit und Renten für die davon Betroffenen in den sogenannten neuen und in den sogenannten alten Bundesländern signifikant und seit mehr als zwei Jahrzehnten fortdauernd unterschiedlich festgeschrieben sind, dann verstößt diese petrifizierte Intoleranz gegen die durch das *Grundgesetz* verbürgte Gleichheit aller vor dem Gesetz (Art. 3 und 33) ebenso wie es die verfassungsgebotene „Herstellung gleichwertiger Lebensverhältnisse" (Art. 72 II) verhindert, womit die *conditio sine qua non* von Gerechtigkeit im Verhältnis zwischen west- und ostdeutschen Bundesbürgern untergraben wird.

Doch bei aller beifälligen Würdigung der Gleichheit vor dem Gesetz ist Vorsicht geboten. Die Crux liegt im Gleichheits*kriterium*. Wird im obigen Beispiel der normierten Einkommensunterschiede zwischen den west- und den ostdeutschen Arbeitern, Angestellten und Rentenempfängern wirklich die Gleichheit vor dem Gesetz verletzt, da doch zumindest die gewesenen Lebensverhältnisse der beteiligten beiden Gruppen ungleich sind, also jetzt doch Gleiche gleich und Ungleiche ungleich behandelt werden? Das südafrikanische Apartheid-Regime verstand sein menschenfeindliches System nicht als Verletzung sondern als Anwendung von Gleichheit vor dem Gesetz, denn es werde Gleiches gleich und Ungleiches ungleich behandelt, da doch Gott selbst „ein jegliches nach seiner Art" (*Genesis* I, 24) geschaffen habe, Schwarze schwarz und Weiße eben weiß. Wie festgestellt worden ist: „Equality to equals, inequality to unequals has served as a battlecry to both, the proponents of racial equality and their adversaries".[43]

Außerdem, und viel fundamentaler, konsolidiert (und kaschiert zugleich!) die Gleichheit *vor* dem Gesetz die Ungleichheit *unter* dem Gesetz. So ist das gesetzlich gewährleistete gleiche Recht eines jeden, sein (Produktions- und Konsumtionsmittel-) Eigentum nach Belieben zu benutzen, nicht nur kompatibel mit der äußersten Ungleichheit der tatsächlichen Eigentumsverteilung in der Gesellschaft, sondern trägt zu der Illusion bei, dass dieses Recht im gleichen Interesse aller liege. Zudem schützt es die Eigentümer vor den Begehrlichkeiten der Nichteigentümer (Art. 14 Grundgesetz; §903 BGB). Schärfer formuliert: Die Reichtums- und Machtexpansion des einen Teils der bürgerlichen Gesellschaft bedingt die Macht- und Reichtumsreduktion ihres anderen Teils, wie diese Reduktion jene Expansion ermöglicht. Da es diese bürgerliche Gesellschaft einem jedem gestattet, arm zu sein, aber nur wenigen die Gelegenheit bietet, reich zu werden, ist unter ihren objektiven Bedingungen die Gleichheit *vor* dem Gesetz auch als Garantie einer Ungleichheit *unter* dem Gesetz zu begreifen. Wer den Slogan „Freiheit, Sicherheit, Gerechtigkeit" als Rangfolge begreift, ist an einer Verewigung der Catch-as-catch-can-Gesellschaft interessiert und nicht so sehr an Menschenrechten.

Die Erkenntnis bietet sich an, dass jede égalité de droit, die nicht den Weg zu einer égalité de fait ebnet, einen Zustand zu perpetuieren hilft, bei dem sich ein gesamtgesellschaftlicher Gerechtigkeitskonsens nur als Täuschung und Getäuschtsein der Beteiligten bildet. Freilich ist auch der Einwand zu erwarten, dass mit solcherlei Ansichten der Denkrahmen Gerhard Sprengers gesprengt wird. Doch ge-

43 So: Edgar Bodenheimer, *Power, Law and Society*, New York 1973, 131.

mach. Man überdenke die sich aus seiner Legitimationsanalyse des Grundgesetzes – es stehe im Dienste der Selbstverwirklichung des Menschen – ergebenden, zumindest möglichen, Folgen für die Gesellschaftsgestaltung.[44] Man erwäge seine immer wieder ins Gedankenspiel eingebrachte, aus konfuzianischen, jüdischen, christlichen, islamischen Texten (aber auch aus Art. 6 der Jakobiner-Verfassung!) bekannte Goldenen Regel, die er nicht als Pandorabüchse voller allgemeinverbindlicher Ewigkeitsnormen begriff, sondern als „ursprüngliches Bewusstwerden des Daseins als Mitsein", mit einem die Freiheit und die Gleichheit (vor dem Gesetz) ergänzenden Brüderlichkeitspostulat als Folge.[45] Man problematisiere schließlich Sprengers Insistieren auf das Mitsein als den ontologischen Ausgangsort von Recht und die Gegenseitigkeit menschlicher Interessen als dessen allgemeiner Bestimmungsgrund.[46]

Sprengers auch von seinem Christlichsein geprägte Gegenseitigkeitskonzeption der menschlichen Gesellschaft impliziert ein Miteinander ihrer Bürger, das sich gewiss nicht in einer bloßen Kommunikationsgemeinschaft erschöpft oder sich mit einer Freiheit nach jedermanns Gusto begnügt. Wie aber sollte dieses Miteinander lebendig werden, wenn die Klassenspaltung in den realexistierenden Kapitalismen in Machthaber und Machtlose, in extrem Reiche und extrem Arme bestehen bleibt? Um es konkret werden zu lassen: die 85 reichsten Menschen auf unserer Erde besitzen gegenwärtig genau soviel wie die ärmere Hälfte aller Menschen zusammengenommen! Die auf unserer Erde ökonomisch, politisch, militärisch und medial Herrschenden haben durch ihr Tun und Unterlassen Jahr für Jahr den Hungertod von weit mehr als zehn Millionen Menschen zu verantworten!

Christlichem Glauben, Denken und Tun, ist die Hoffnung auf eine bessere (jedenfalls also auf eine andere als die gegenwärtige) Welt nicht fremd. Wer dazu auffordert (Gal VI, 2), dass einer des anderen Last trage, der hat doch keine formale, der hat eine *soziale* Gleichheit im Sinn. In der Bergpredigtversion des Evangelisten Lukas (VI, 20 u. 24) stehen Verheißung und Drohung, Lamento wie Intoleranz einschließend, dicht beieinander: „Selig seid ihr Armen, denn das Reich Gottes gehört euch" und: „Weh euch Reichen, denn ihr habt euern Trost dahin!" (Vulgata: *Beati pauperes, quia vestrum est regnum Dei – Verumtamen vae vobis divitibus, quia habetis consolationem vestram!*). In seiner jüngsten Enzyklika versichert Papst Franziskus, dass das Licht des Glaubens die Leiden der Welt nicht vergessen lässt,[47] und in einer jüngst erschienenen Anthologie kommunistischer Gedanken sind bekennende Christen häufiger anzutreffen als allgemein gedacht, und nicht nur mit Apostelgeschichte IV, 32.[48]

Mit voranstehenden Frag*würdigkeiten* soll nicht etwa Gerhard Sprenger ein ihm fremdes Gedankengut unterschoben oder er gar denunziert werden. Es handelt sich

44 Gerhard Sprenger, „Legitimation des Grundgesetzes als Wertordnung", in: Winfried Brugger (ed.), *Legitimation des Grundgesetzes aus Sicht von Rechtsphilosophie und Gesellschaftstheorie*, Baden-Baden 1996, 219–247; ebenda, 97–110: Hermann Klenner, „Karl Marx über Legitimationskriterien von Verfassungslegalitäten. Zur Rechtfertigungsproblematik eines Grundgesetzes".

45 Gerhard Sprenger (Fn. 2), *Von der Wahrheit zum Wert*, 294, 251.

46 Gerhard Sprenger, „Gegenseitigkeit und praktische Vernunft", in: Maihofer/Sprenger (ed.), *Praktische Vernunft und Theorien der Gerechtigkeit*, Stuttgart 1992, 237–247; ders. (Fn. 2), *Literarische Wege zum Recht*, 87–110: „Crainquebille – oder die verweigerte Gegenseitigkeit", besonders 98.

47 Franciskus, *Lumen fidei. Enzyklika*, Leipzig 2013, 112.

48 Beutin/Klenner/Spoo (ed.), Lob des Kommunismus. Alte und neue Weckrufe für eine Gesellschaft der Freien und Gleichen, Hannover 2013.

hier, wie der Titel meines Erinnerungs-Essays schon sagt, um ein Zwiegespräch, an dem Gerhard Sprenger mit seinem Wissen und seinem Einfühlungsvermögen in die Denkbemühungen des anderen ein wunderbarer Partner gewesen wäre.

Jan C. Joerden, Frankfurt (Oder)

Menschenwürdeschutz und Sinnstiftung*

I.

In seinem Aufsatz „‚Allgemeine Wertvorstellungen' als Entscheidungskriterium – Überlegungen zu einem Urteil des Bundesgerichtshofs"[1] schreibt Gerhard Sprenger: „Handlungsfreiheit und Gemeinschaftsbezogenheit machen den Kern dessen aus, was heute als *Menschenwürde* i.S. des Art. 1 GG anerkannt und in ständiger Rechtsprechung des Bundesverfassungsgerichts festgeschrieben ist. Im Begriff der Menschenwürde finden sich die ‚allgemeinen Wertvorstellungen', deren grobe Konturen im Vorstehenden zu zeichnen versucht wurden, gewissermaßen *objektiv verdichtet und mit rechtlichem Schutz ausgestattet* wieder."[2]

Die von Sprenger hier aufgegriffene Formulierung von den „allgemeinen Wertvorstellungen" deutet darauf hin, dass der Gedanke der Menschenwürde, obwohl in mancher Hinsicht nur schwer begrifflich zu fassen, doch offenbar dazu geeignet ist, sehr vielen Menschen als eine Art ethischer und rechtlicher Orientierungspunkt zu dienen. Daran scheint auch die Kritik nicht viel geändert zu haben, die man gegen das Argumentieren mit der Menschenwürde grundsätzlich oder auch nur hinsichtlich der Grenzen dieser Argumentation geäußert hat. Der Gedanke der Menschenwürde hat sich in seinem Kern als außerordentlich stabil erwiesen.

Das illustriert auch das folgende Beispiel. In einem Vortrag[3] zur Bedeutung der Menschenwürde für die Medizinethik hatte sich der frühere Bundesjustizminister und damalige Vorsitzende des Deutschen Ethikrates Edzard Schmidt-Jortzig durchaus skeptisch zumindest gegenüber einigen Formen der Argumentation mit dem Gedanken der Menschenwürde geäußert und versucht, manchen Auswüchsen dieser Argumentation entgegenzutreten. Die Frage in der Diskussion nach jenem Vortrag jedoch, ob es dann nicht eigentlich angezeigt wäre, Artikel 1 GG aus der Verfassung zu streichen, zumal dabei ja die Regelungen über die speziellen Grundrechte durchaus erhalten blieben, verneinte Schmidt-Jortzig entschieden. Er berief sich dabei

* Um einige Anmerkungen ergänzter Vortrag, der bei der Gedenkveranstaltung für Gerhard Sprenger (1933–2012) am Zentrum für interdisziplinäre Forschung (ZiF) der Universität Bielefeld am 12.7.2013, der 80. Wiederkehr seines Geburtstages, gehalten wurde. Der Vortragsstil wurde weitgehend beibehalten. Der Beitrag soll zugleich in Erinnerung rufen, dass Gerhard Sprenger nach seiner Pensionierung in Bielefeld und Übersiedlung nach Berlin noch von 2003–2008 an der Juristischen Fakultät der Europa-Universität Viadrina in Frankfurt (Oder) regelmäßig als Lehrbeauftragter für Rechtsphilosophie gewirkt hat, etwa durch die Abhaltung von Seminaren zu Themen wie „Philosophische Aspekte der Menschenwürde" (Sommersemester 2005) oder von Vorlesungen wie „Rechtsphilosophie-Vertiefung" (Wintersemester 2006/07).

1 In: Jan C. Joerden, Josef N. Neumann (Hrsg.), *Medizinethik 2* (Studien zur Ethik in Ostmitteleuropa, Bd. 2), Frankfurt/Main 2001, 21–43; wieder abgedruckt in: Gerhard Sprenger, *Von der Wahrheit zum Wort, Gedanken zu Recht und Gerechtigkeit*, Stuttgart 2010, 185–207.

2 Sprenger, *a.a.O.* (ob. Fn. 1), 200f.

3 Vgl. Edzard Schmidt-Jortzig, „Menschenwürde und die Fortschritte der Medizintechnik", in: Jan C. Joerden, Eric Hilgendorf, Natalia Petrillo, Felix Thiele (Hrsg.), *Menschenwürde und moderne Medizintechnik*, Baden-Baden 2011, 215–221.

nicht etwa (positivistisch) auf die sog. Ewigkeitsgarantie in Art. 79 Abs. 3 GG, sondern eher ganz pragmatisch darauf, dass die Vorschrift über die Menschenwürde doch schon deshalb erhaltenswert sei, weil viele Menschen sich offenbar mit ihr identifizieren könnten.

Sowohl die schon genannten „allgemeinen Wertvorstellungen", die in Art. 1 GG verkörpert sein dürften, als auch die These von der Möglichkeit zur Identifikation für viele Menschen deuten darauf hin, dass der Gedanke der Menschenwürde über seine üblicherweise herausgestellten Aspekte und die Strategien zu seiner Begründung hinaus noch eine Art von – etwas ambitioniert formuliert – *Tiefenstruktur* haben könnte. Eine Tiefenstruktur, die über die geläufigen Aspekte des Freiheits- oder Autonomieschutzes, des Schutzes von Handlungsfähigkeit, des Schutzes vor Demütigung, des Anspruches auf Rechtsschutz usw., die sich im Gedanken der Menschenwürde wahrscheinlich alle wiederfinden lassen,[4] *hinaus* möglicherweise die singuläre Stellung dieses Gedankens in der Rechts- und Moralphilosophie kennzeichnet.

II.

Unterstützung, wenn auch indirekte, für diese Vermutung erhält man, wenn man sich einmal mehr die Resultate der modernen Gehirnforschung vergegenwärtigt. Vieles scheint danach darauf hinzudeuten, dass der Mensch zum einen aus einer sehr differenziert ausgeprägten Hardware besteht, wobei ich diesen aus der Computertechnologie entlehnten Begriff hier in einer sehr weiten Bedeutung verwenden möchte. Zum anderen wird diese Hardware gleichsam von einer Software gesteuert, die sich aber ihrerseits nicht als von der Hardware vollständig getrennt verstehen lässt, sondern letztlich wohl nur eine Funktionsbeschreibung der Letzteren darstellt. Der Mensch ist demnach aus dieser Perspektive ein mehr oder weniger gut funktionierendes, an seine Umwelt angepasstes physikalisch-chemisches System.

Inzwischen ist man bekanntlich sogar zunehmend in der Lage, Hardware und Software des Menschen zu verändern, sowohl durch Reparatur als auch in Richtung auf Verbesserungen, das sog. *Enhancement.* Alle diese Reparaturen oder Verbesserungen ändern indes nichts daran, dass ein solches System jedenfalls nicht in dem Sinne „frei" ist, wie man bisher üblicherweise von Freiheit in Bezug auf menschliches Verhalten geredet hat. Entscheidungsfreiheit ist auf der Basis einer solchen Interpretation des Menschen nur eine Chimäre, allenfalls ein Vehikel, um Komplexität zu reduzieren, da man das Wirken des Systems bisher noch nicht im Detail vorhersagen kann.

Auch der Ausdruck „Ich" hat insoweit nur eine ähnliche Aufgabe, und zwar die der Möglichkeit zur gedanklichen Bündelung von hochkomplexen physikalisch-chemischen Prozessen, die aber an sich sämtlich prinzipiell ausrechenbar sind. Entscheidungsfreiheit bleibt dabei – wie gesagt – notgedrungen auf der Strecke, woraus einige Hirnforscher bekanntlich ableiten, auch das Strafrecht müsse sich von der

4 Zu diesen und weiteren Ansätzen zur Begründung des Menschenwürdegedankens in Philosophie und Rechtswissenschaft vgl. etwa die Beiträge in Jan C. Joerden, Eric Hilgendorf, Felix Thiele (Hrsg.), *Menschenwürde und Medizin. Ein interdisziplinäres Handbuch*, Berlin 2013, Teil A., 13 ff., jeweils m. w. N.

fiktionsgleichen Annahme abwenden, der Mensch handele frei, und es müsse etwa zur Kenntnis nehmen, dass Menschen immer schon entschieden hätten (bzw. genauer: das genannte System schon für sie entschieden hat), wenn ihnen der vermeintlich eigene Entscheidungsakt gerade erst ins Bewusstsein trete.

Nun soll hier die hinreichend bekannte Debatte über die Frage, ob wir deshalb das Schuldstrafrecht aufgeben sollten, nicht wieder aufgerollt werden.[5] Es mag die Überlegung genügen, dass unter der Annahme, das Schuldprinzip sei zu streichen, zumindest auch unplausibel wird, weshalb Richter, die weiter – wie bisher – unter der Annahme des Schuldprinzips judizieren, eigentlich überhaupt noch kritisiert werden können; handeln sie doch bei einer Streichung des Schuldgrundsatzes (mangels Freiheit) ihrerseits auch nicht mehr kritikwürdig oder schuldhaft. Aber dieses Argument mag man noch als zirkulär abtun, weil es mit dem Begriff der Kritikwürdigkeit vielleicht letztlich doch an dem Schuldgrundsatz festhält und dieses Festhalten wohl auch gar nicht vermeiden kann.

Auch soll hier gar nicht bestritten werden, dass es Fälle strafrechtlicher Verurteilungen geben könnte, wahrscheinlich auch gibt, in denen wir schon deshalb irrtümlich davon ausgehen, der Täter habe frei und schuldhaft gehandelt, weil wir bestimmte dahinter stehende krankheitsbedingte und daher zwangsläufige Vorgänge noch nicht als solche entdeckt oder entschlüsselt haben. M. E. übrigens eine recht tragfähige Basis für ein Argument gegen die Todesstrafe: Da wir *nie* mit Sicherheit wissen werden, ob hinter einem Verbrechen nicht vielleicht im Einzelfall eine Geisteskrankheit steckt, bei deren Kenntnis wir nach allen ernstzunehmenden Ansichten freisprechen müssten, müssen wir jedenfalls von solchen Strafen Abstand nehmen, die uns jede Möglichkeit verbauen, das Urteil auch mit realen Wirkungen für den Verurteilten zu revidieren.

Aber nicht um das Strafrecht soll es hier vorrangig gehen, sondern um die aus den Thesen der Hirnforschung ableitbaren, noch wesentlich weiter greifenden theoretischen Konsequenzen. Denn legt man diese Thesen zugrunde, verlieren nicht nur Begriffe wie „Freiheit“ und „Schuld“ ihre herkömmliche Bedeutung, sondern auch Begriffe wie „Ich“ und „Verantwortung“ und damit auch jene von „Pflicht“ und „Recht“, denn alle diese Begriffe bauen zumindest partiell auf dem Begriff der Freiheit auf.[6] Das heißt natürlich nicht, dass man diesen Begriffen nicht auch ganz neue Inhalte geben könnte, aber diese neuen Bedeutungen würden jedenfalls erheblich von den bisherigen Bedeutungen der genannten Worte abweichen. Denn reduzieren wir unser Bild vom Menschen auf ein gleichsam nur maschinell funktionierendes System ohne Freiheit, ohne Verantwortung und ohne Schuld, so bleibt nicht nur vom Strafrecht zwangsläufig allein eine reine Gefahrenabwehr,[7] sondern aus dem Zusammenleben von Menschen überhaupt wird eine bloße Interaktion eben jener maschinenähnlichen Systeme.

Aber der für diese These zu zahlende Preis ist noch weit höher, wobei der Verlust des herkömmlichen Strafrechts wahrscheinlich noch am leichtesten zu verschmer-

5 Näher dazu etwa schon die Beiträge in: Christian Geyer (Hrsg.), *Hirnforschung und Willensfreiheit. Zur Deutung der neuesten Experimente*, Frankfurt/Main 2004.

6 In der beschreibenden Sprache der Physik ist jedenfalls von Rechten und Pflichten nicht die Rede.

7 Vgl. dazu etwa Alexander Ruske, *Ohne Schuld und Sühne. Versuch einer Synthese der Lehren der défense sociale und der kriminalpolitischen Vorschläge der modernen deutschen Hirnforschung*, Berlin 2011.

zen wäre. Denn es geht – wie mir scheint – dabei jede Möglichkeit verloren, dem menschlichen Leben noch einen *Sinn* zu geben. Das dürfte zumindest die Konsequenz sein, die jede materialistische oder reduktionistische Konzeption vom Menschen und der Welt, wie sie heute zumindest den Grundzügen nach von vielen Protagonisten der Hirnforschung vertreten wird, ziehen muss. Auf den ersten Blick mag man vielleicht bereit sein, diesen Preis zu zahlen, doch führt eine solche These in Abgründe, die ihre Vertreter letztlich selbst kaum wollen können. Dazu sei die These noch ein wenig ausbuchstabiert, um ihre Dimensionen genauer ermessen zu können.

III.

Gesetzt, wir müssten einräumen, dass Menschen im Prinzip nichts anderes sind als sehr gut ausgestaltete Maschinen, zwar aktionsfähig, reaktionsfähig und sogar lernfähig, aber ohne einen eigenen Willen, den sie mehr oder weniger frei bilden und umsetzen können. Jede Ansammlung von Menschen – mit Verlaub also auch diese heute – wäre demnach eine Ansammlung von raffiniert konstruierten Robotern, die rein physikalisch aufeinander einwirken. Jedes Handeln, aber auch jede Bewertung eines Handelns wäre physikalisch-chemisch gesteuert, allenfalls mit den auch aus den Naturwissenschaften bekannten Unsicherheiten, die man aber nicht unter „Freiheit", sondern nur unter „Zufall" zu subsumieren hätte.

Eine solche Welt – man stelle sich nur einmal vor, man sei in diesen „Menschenpark" aus Robotern versetzt worden – ist einigermaßen sinnlos, wobei ich jetzt nicht die darauf bezogene These meine, sondern vielmehr die ganze Welt dieser Roboter, die gleichsam „ohne Sinn und Verstand" aufeinander und ihre Umgebung einwirken. Der in eine solche Welt Versetzte würde sich zweifellos ziemlich einsam fühlen, wenn er gezwungen wäre, mit diesen ihn umgebenden Robotern zu interagieren. Dies jedenfalls dann, wenn er einmal die Gelegenheit dazu bekäme, über seine missliche Situation in dieser Welt von Robotern nachzudenken.

Doch es kommt natürlich alles noch schlimmer. Denn, wenn diese Person nun auch noch die genannte These auf sich selbst anwenden wollte, müsste sie zumindest versuchen, sich selbst auch als einen solchen raffiniert konzipierten physikalisch-chemischen Roboter zu sehen. Wegen der anscheinend mit der Erste-Person-Perspektive unentrinnbar verknüpften Annahme jedenfalls *eigener* Freiheit und Persönlichkeit ginge das überhaupt nur im Wege einer gleichsam schizophrenen Denkbewegung der Distanzierung von sich selbst, um sich aus neuer Perspektive selbst als Maschinenwesen sehen zu können. Wem dieser Perspektivenwechsel wirklich gelingt, müsste dann wohl erkennen, dass auch er nur ein physikalisch-chemisches System ist, das sich jetzt gerade in der besagten schizophrenen Denkbewegung auf sich selbst bezieht. Er würde und müsste dabei allerdings auch erkennen, dass sein Dasein ebenso *sinnlos* ist wie das aller anderen ihn umgebenden menschenähnlichen Roboter.

Allerdings muss natürlich noch geklärt werden, was in diesem Zusammenhang *sinnlos* heißen soll. Ich möchte den Begriff „Sinn" hier in einer ersten Annäherung so verwenden, dass etwas dann einen Sinn für jemanden hat, wenn es ihm etwas bedeutet. Mir ist klar, dass diese Definition einerseits einigermaßen zirkulär ist und andererseits mit den Ausdrücken „jemand" und „bedeutet" schon wieder – vermutlich aber unvermeidlich – ein Vokabular verwendet, das auf die Welt der menschenähnlichen Roboter von vornherein nicht anwendbar ist und damit gerade *die* Gedankenwelt transportiert, die der reduktionistischen These entgegengesetzt ist.[8]

Gleichwohl meine ich, diesen Einwand der Zirkularität dadurch entkräften zu können, dass sich hierbei nur ein Problem einer jeden hinweisenden Definition realisiert, bei der immer schon ein Vorverständnis von dem vorausgesetzt werden muss, worauf hingewiesen wird, weil man es sonst erst gar nicht erkennen könnte. Es ist daher auch nicht weiter überraschend, dass in der Welt der menschenähnlichen Roboter nichts einen Sinn hat, weil es dort niemanden gibt, für den irgendetwas irgendeine Bedeutung haben könnte. Wobei – wie gesagt – die Zirkularität dieser Behauptung durchaus eingeräumt sei, allerdings verbunden mit der These, dass diese Zirkularität eben auch unvermeidlich ist. Knapper formuliert: Der Vertreter einer reduktionistischen These über die menschliche Existenz – also beispielsweise so mancher Hirnforscher – müsste m. E. einräumen: Ja, die Welt ist sinnlos, weil es niemanden gibt, für den sie Bedeutung hätte. Und wenn er weiterhin konsequent wäre, müsste er wohl sogar einräumen, dass deshalb auch seine eigene These über die Welt sinnlos ist, weil keiner da ist, für den sie Bedeutung haben könnte, nicht einmal für ihn selbst.

IV.

An dieser Stelle kann m. E. nun der Gedanke der Menschenwürde wieder ins Spiel gebracht werden. Denn der Gedanke der Menschenwürde und ihres Schutzes hat – neben anderen wichtigen Aufgaben – primär den Zweck, in einer anderenfalls sinnlosen Welt *Sinnstiftung zu ermöglichen*. Akzeptiert man einmal den Ausgangspunkt, dass eine lediglich nach den Naturgesetzen funktionierende Welt in wörtlicher Bedeutung „sinn-los" ist, dann verkörpert die These von der Menschenwürde zumindest die Hoffnung, es könnte *doch* einen Sinn menschlichen Lebens im allgemeinen Weltgeschehen geben, der über eine bloß funktionierende Natur hinausgeht. Es ist daher gleichsam *auch* diese Hoffnung, die es mit dem Menschenwürdegedanken zumindest indirekt zu schützen gilt. Auf diesem Wege stiftet der Menschenwürde*gedanke* gewissermaßen den Sinn, der in einer mechanistisch konzipierten Weltsicht zwangsläufig verloren wäre, und der Menschenwürde*schutz* ermöglicht es sogar allererst, dass ein solcher Sinn überhaupt entstehen kann. Anders formuliert schützt der Menschenwürdegedanke für jeden Menschen dessen Option zur Sinnstiftung.

Dabei ist schon jetzt einer naheliegenden Vermutung entgegenzutreten: Es geht mir nicht darum, etwa einen objektiven, allgemeinen „Sinn des Lebens" zu propagieren oder auch nur in Erwägung zu ziehen, dass eine solche Konzeption von dem Menschenwürdegedanken geschützt werden sollte. Dazu sind nicht nur die verschiedenen Formen kollektiver Sinngebung allzu sehr diskreditiert, seien sie nun weltlich-politischer oder kollektiv religiöser Provenienz. Vielmehr geht es um nichts mehr, aber auch nichts weniger, als darum, der individuellen Sinnstiftung den sie

8 Umgekehrt hat eine streng reduktionistische These das Problem, die Welt letztlich nur als mehr oder weniger strukturierte Ansammlung von Molekülen ansehen und beschreiben zu können.

ermöglichenden Raum zu erhalten. Denn nur von den *einzelnen* Menschen wird man überhaupt Sinnstiftung erwarten können.

Eine von außen, etwa von der Gesellschaft erzwungene, *objektive* Sinnstiftung ist keine, die einer Sinnstiftung den ihr gebührenden Raum belässt. Denn ein oktroyierter Sinn und damit eine Sinnstiftung durch die jeweils Herrschenden wäre zugleich die Verhinderung von Sinnstiftung durch die von ihnen Beherrschten. Daher gibt es auch keine objektiven Vorgaben für einen „Sinn des Lebens", zumindest geht es bei der Menschenwürde nicht um deren Schutz. Es geht auch noch nicht einmal um den *inhaltlichen* Schutz des Sinns, den der Einzelne stiften mag. Entscheidend ist allein, dass überhaupt nur von Menschen Sinnstiftung erwartet werden kann und der Gedanke der Menschenwürde insbesondere davor schützen soll, dass diese Quellen der Sinnstiftung verschüttet werden. Einen inhaltlich näher bestimmten Schutz wird man schon deshalb nicht fordern dürfen, weil es kein intersubjektives Maß dafür gibt, noch geben kann, was den Sinn des Lebens ausmacht. Daher sind auch bestimmte Sinnstiftungen nicht etwa wegen ihres konkreten Inhaltes *per se* von dem besagten Schutz ausgeschlossen, jedenfalls sofern sie nicht ihrerseits darauf abzielen, den Menschenwürdeschutz Anderer zu vereiteln.

Hierin liegt auch ein Grund für Skepsis gegenüber mancher These in der Rechtsprechung, es könne so etwas wie objektive Menschenwürde geben, die man auch gegen den Willen ihres Trägers schützen dürfe.[9] Dementsprechend bedarf es für die hier gemeinte Sinnstiftung auch keiner bestimmten intellektuellen oder körperlichen Fähigkeiten, weshalb auch geistig und körperlich Behinderte mit gleicher Selbstverständlichkeit als Sinnstifter in Betracht kommen wie Nichtbehinderte. Und Sinnstiftung hat auch nichts mit dem Lebensalter zu tun, weshalb der Menschenwürdeschutz vom Lebensalter unabhängig ist, ohne dass ich mich hier näher auf die Frage einlassen kann, wann nun genau der Menschenwürdeschutz und damit der Lebensrechtschutz beginnt und wann er aufhört.[10] Allenfalls der Hinweis, dass Sinnstiftung m. E. naheliegender Weise zumindest so etwas wie Gehirntätigkeit des Individuums voraussetzt, sei mir im Hinblick auf diese Debatte erlaubt. Sinnstiftung durch einen Menschen ist aber auch nicht etwa dann ausgeschlossen, wenn dieser sich völlig an den Rand der Gesellschaft begeben hat oder sogar ein Verbrecher geworden ist, weshalb auch diesen Personen – wie ja auch im Grundsatz allgemein anerkannt – derselbe Menschenwürdeschutz zukommen muss wie den gesellschaftlich etablierten und sich normkonform verhaltenden Personen.

Daher ist es auch keine schlüssige Überlegung, es genüge ja *ein* Mensch oder auch mehrere Menschen zur Sinnstiftung und alle anderen Menschen seien demnach überflüssig und bedürften deshalb auch keines Schutzes, insbesondere keines Lebensschutzes. Denn einen objektiv (oder auch nur intersubjektiv) „richtigen" Sinn, der von irgendwem in ausgezeichneter Weise gestiftet würde, gibt es nach dem

9 Vgl. dazu BVerfG NJW 1982, 664 (1. sog. Peepshow-Entscheidung). Zur Kritik an einem solchen „paternalistischen" Verständnis der Menschenwürde vgl. etwa Stephan Kirste, in: Joerden, Hilgendorf, Thiele, *a. a. O.* (ob. Fn. 4), 257 f.; Stefan Seiterle, „Zwei Dimensionen der Menschenwürde – am Beispiel der Zulässigkeit eines einverständlichen Lügendetektor-Einsatzes im Strafverfahren", in: Jan C. Joerden, Eric Hilgendorf, Felix Thiele, Natalia Petrillo (Hrsg.), *Menschenwürde in der Medizin: Quo vadis?*, Baden-Baden 2012, 355 ff.

10 Thesen dazu vgl. etwa bei Jan C. Joerden, *Menschenleben. Ethische Grund- und Grenzfragen des Medizinrechts*, Stuttgart 2003, 37 ff., 60 ff., 184 ff. m. w. N.

hier verfolgten Ansatz gerade nicht. Vielmehr hat jede Sinnstiftung unabhängig von ihrem Inhalt die gleiche Berechtigung und verdient daher auch denselben Schutz. Da mithin keiner dem Anderen seine Idee von Sinn und dessen Inhalt überstülpen darf, wird mit der Menschenwürde gleichsam nur die Form der Sinnstiftung geschützt; ihr Inhalt aber bleibt außer Betracht.

V.

Man wird zudem kaum erwarten können, dass Sinnstiftung etwa aus anderen Quellen entstehen könnte als aus dem Menschen selbst. Aus der Natur jedenfalls nicht. Zwar mag man mit Recht sagen, die Natur sei doch wundervoll zweckmäßig geordnet und alles habe seinen Sinn und Zweck im Gesamtgefüge der uns umgebenden Natur. Aber schnell wird deutlich, dass die Natur insoweit zwar durchaus gewissermaßen selbstgenügsam ist, aber allein *dadurch* in ihr noch gar kein Sinn entstehen kann, sofern dieser Sinn der Natur nicht von einem Menschen *gegeben* wird. Für den Menschen mag vieles in der Natur sinnvoll aussehen; die Natur selbst kümmert das indes nicht. Dem entspricht es völlig, dass die Natur nicht einmal auf die Idee des Selbstschutzes gekommen ist, wie man dies in vielen Gegenden der Welt beobachten kann, noch gar auf die Idee, die Menschenwürde zu schützen. Um die bekannte – wohl von Horst Stern stammende – Formulierung, wonach die Natur kein Mitglied im Naturschutzbund ist, etwas abgewandelt zu adaptieren: Jedenfalls ist die Natur weder ein Garant für Würde, oder gar von Menschenwürde, noch scheint sie sich um Sinnstiftung überhaupt ernsthaft Sorgen zu machen.

Etwas schwieriger als mit der Natur ist es allerdings mit Gott oder den Göttern. Denn Gott wird man – sofern man an ihn glaubt – jedenfalls nicht so ohne Weiteres die Fähigkeit zur Sinnstiftung absprechen können noch wollen. Aber dabei müsste man zwei Konzeptionen unterscheiden. Nach einer ersten Konzeption wäre Gott die einzig mögliche Quelle der Sinnstiftung. Dann hätten die Menschen insoweit keine andere Rolle als auch in jenem reduktionistischen Konzept der Hirnforscher. Um eine parallele Formulierung von Kant zur Freiheit aufzugreifen: Der Mensch hätte nurmehr „die Freiheit eines Bratenwenders“[11]. Anders ausgedrückt würde Gott hier mit uns allen ein Spiel spielen, in dem wir nicht Mitspieler, sondern nur Spielfiguren sind. Man kann nur vermuten, dass es der Hintergrund einer vergleichbaren Konzeption war, der es dem Menschenwürdegedanken über längere Zeit erschwert hat, im Bereich kirchlichen Rechtsdenkens Fuß zu fassen.[12]

Eine zweite Konzeption würde davon ausgehen, dass *nicht nur* Gott Sinn in der Welt stiftet, sondern auch die einzelnen Menschen dazu in der Lage sind. Dann wären die Menschen zwar nicht mehr die einzigen möglichen Quellen der Sinnstiftung, aber die einzigen diesseits-weltlichen Quellen. Mit einer solchen Konzeption wäre die These jedenfalls durchaus kompatibel, dass der Menschenwürdegedanke zumindest *auch* darauf abzielt, die Quellen möglicher Sinnstiftung zu schützen. Man müsste das Projekt dieses Schutzes zudem gerade auch als ein Projekt des Men-

11 Vgl. Immanuel Kant, *Kritik der praktischen Vernunft*, Akad.-Ausg., Bd. 5, 97.

12 Näher dazu etwa Ulrich H. Körtner, in: Joerden, Hilgendorf, Thiele, *a. a. O.* (ob. Fn. 4), 321 ff., 324 ff.

schen ansehen, da Gott selbst jedenfalls den Menschenwürdeschutz eher zu vernachlässigen scheint. Dabei kann ich hier natürlich nicht, gleichsam im Vorübergehen, das Theodizee-Problem erledigen, aber zumindest wird man einräumen müssen, dass Gott mehr Menschenwürdeverletzungen (und diese nicht nur hervorgerufen durch Menschen, sondern etwa auch im Zuge von natürlichen Krankheiten oder anderen Katastrophen) zulässt, als dass man – zumindest *prima facie* – ein starkes Interesse für den Menschenwürdeschutz bei ihm vermuten würde.

Es mag hinzugefügt werden, dass die hier vertretene These nicht nur mit der zweiten Konzeption der Rolle Gottes bei der Sinnstiftung kompatibel wäre, sondern dass sie keine Einbußen erleidet, wenn man glaubt, dass Gott überhaupt nichts mit Sinnstiftung zu tun hat, oder dass er eventuell sogar nicht einmal existiert. Die genannte These dürfte daher auch für Agnostiker und sogar für erklärte Atheisten prinzipiell anschlussfähig sein. Es sei denn, diese würden schon den Gedanken der Möglichkeit von Sinnstiftung *a limine* zur bloßen Religion erklären und sich damit letztlich für das oben so genannte reduktionistische Welt- und Menschenbild aussprechen. Die Hoffnung auf Sinnstiftung bliebe in ihren Augen dann allerdings eine bloße Illusion.

VI.

Wer nicht so weit gehen möchte, wird nun allerdings wohl fragen, ob mit der hier vertretenen These denn alle anderen Ansätze zur Begründung und Begrenzung des Menschenwürdeschutzes obsolet gemacht werden sollen. Dies will ich hier jedoch keinesfalls behaupten. Vielmehr sind m. E. wohl die meisten der zu dieser Frage entwickelten Konzeptionen mit der hier vorgestellten These durchaus vereinbar und erschließen darüber hinaus wesentliche *weitere* Aspekte des Menschenwürdegedankens. Schon wegen der prinzipiellen Vereinbarkeit mit jenen Konzeptionen könnte die hiesige These daher wie eine Klammer zwischen den doch im Einzelnen sehr unterschiedlichen Ansätzen zur Ausbuchstabierung des Menschenwürdegedankens dienen und dabei auf eine gemeinsame Tiefenstruktur dieser verschiedenen Menschenwürdekonzeptionen hinweisen.

So harmoniert etwa die These, der Menschenwürdegedanke bezwecke in erster Linie den Autonomieschutz des Einzelnen bei seiner Entscheidung, wie dies vornehmlich im Medizinrecht diskutiert wird,[13] durchaus mit der hier vertretenen These. Denn Autonomie und damit deren Schutz befördern fraglos die Möglichkeiten zur Sinnstiftung. Allerdings bliebe *ohne* die These vom Schutz der Sinnstiftung unbegründet, weshalb auch die noch nicht oder die nicht mehr autonomiefähigen Menschen in gleicher Weise schutzwürdig sind wie die autonomiefähigen. Sinngebung kann man demgegenüber grundsätzlich auch von (nicht autonomen) Kindern, Geisteskranken oder sonst Schuldunfähigen erwarten, weshalb auch diese möglichen Quellen der Sinnstiftung nicht verschüttet werden dürfen.

Aber auch die Thesen von dem Menschenwürdegedanken als dem Urgrund für Rechtezuschreibung, etwa im Sinne eines „Rechts auf Rechte“[14], oder der Men-

13 Vgl. etwa Markus Rothhaar, in: Joerden, Hilgendorf, Thiele, *a. a. O.* (ob. Fn. 4), 73 ff.

14 Vgl. Hannah Arendt; näher zu Arendt in diesem Kontext Georg Lohmann, in: Joerden, Hilgendorf, Thiele, *a. a. O.* (ob. Fn. 4), 182 ff., m. w. N.

schenwürde als Menge aller Menschenrechte oder als menschenrechteverbürgende Kraft[15] oder als Quelle der Grundrechte, sind m. E. mit der hier vertretenen These grundsätzlich vereinbar. Denn der Schutz der Menschenrechte ist nachgerade das Mittel dazu, um die Möglichkeit zur Sinnstiftung zu bewahren. Wo Menschen keine Rechte haben, können sie auch nicht zur Sinngebung in der Welt beitragen. Natürlich reicht die Garantie der Menschenrechte wesentlich über das Ziel hinaus, die Möglichkeit von Sinnstiftung zu bewahren. Aber ich behaupte ja auch keineswegs, dass sich aus dem hier vertretenen Ansatz nunmehr *alle* Schutzfunktionen des Menschenwürdegedankens schlicht würden ableiten lassen.

Eine enge Verwandtschaft besteht offenkundig auch zu der von Kant entwickelten Konzeption der Menschenwürdeverletzung durch das Gebrauchen eines Menschen als eines bloßen Mittels statt zugleich auch als eines Zwecks.[16] Vielleicht ist die hier vertretene These sogar nur ein Derivat dieser Kantischen Konzeption, obwohl mir scheint, dass sie noch etwas darüber hinaus in den Blick nimmt. Während Kant nämlich beschreibt, worin eine *Verletzung* der Menschenwürde besteht, und zwar darin, dass ein Mensch „unter die Gegenstände des Sachenrechts gemengt" wird, begründet er nicht explizit, was den inneren Grund für einen *Schutz* der Menschenwürde ausmacht. Das wird m. E. erst dann klarer, wenn man auch den Aspekt der Ermöglichung von Sinnstiftung in die Betrachtung einbezieht. Kant ist allerdings möglicherweise sogar von vergleichbaren Überlegungen ausgegangen, als er sein Modell eines „Reich[es] der Zwecke"[17] entwickelt hat. Dem kann ich hier indes nicht weiter nachgehen. Festzuhalten bleibt aber, dass derjenige, der einen anderen Menschen bloß als ein Mittel, also letztlich wie ein Werkzeug und damit wie eine Sache, gebraucht, auch dessen Fähigkeiten zur Sinngebung negiert und damit die oben kritisierte reduktionistische Theorie bei seiner Behandlung eines anderen Menschen gewissermaßen in die Tat umsetzt.

Auch mit einer Konzeption, die den Gedanken der Menschenwürde vor allem aus der historischen Unrechtserfahrung, insbesondere während der Zeit des Nationalsozialismus, herleitet,[18] ist die hier vertretene Konzeption vereinbar. Denn die besagte Erfahrung bestand gerade in einer nahezu völligen Sinnentleerung zumindest vieler menschlicher Existenzen unter Schlagworten wie „Du bist nichts, dein Volk ist alles", um nur eines zu nennen, in dem die Verachtung des Individuums besonders klar zum Ausdruck kommt. Dem entgegenzutreten und in jeder menschlichen Existenz wieder eine nicht bezweifelbare Quelle der Sinngebung zu schützen, war anscheinend zumindest *eine* der Stoßrichtungen der Entscheidung, die Menschenwürdegarantie gerade an den Anfang der deutschen Verfassung zu stellen und den Menschenrechten zugleich einen demgegenüber eher derivativen Rang zuzuweisen.

Folgt man mithin der hier skizzierten These, dann hat der Gedanke der Menschenwürde neben anderen Zielen, die man mit ihm verfolgen mag, vor allem auch die Aufgabe, die Möglichkeit zur Sinnstiftung in einer sonst völlig sinnlosen Welt offenzuhalten. Das klingt vielleicht pathetischer, als es gemeint ist. Gemeint ist die

15 Dazu Lohmann, *a. a. O.* (ob. Fn. 14).

16 Vgl. Immanuel Kant, *Grundlegung zur Metaphysik der Sitten*, Akad.-Ausg., Bd. 4, 429.

17 Kant, *a. a. O.* (ob. Fn. 16), 433 und öfter.

18 Dazu etwa Lohmann, *a. a. O.* (ob. Fn. 14), 187 ff.; Ralf Stoecker, Christian Neuhäuser, in: Joerden, Hilgendorf, Thiele, *a. a. O.* (ob. Fn. 4), 56 ff.

These eigentlich nur als schlichte Feststellung, dass uns der Schutz von Menschenwürde *auch* die Option einer Suche nach Sinn bewahrt, selbst wenn diese Suche sich letztlich als illusorisch erweisen sollte.

VII.

Allerdings bezieht sich die hier skizzierte These allenfalls auf einen gleichsam *negativen* Begriff des Schutzes von Menschenwürde, indem sie lediglich auszuweisen sucht, was man der Menschenwürde und warum jedenfalls *nicht* antun sollte. Einen *positiven* Begriff der Menschwürde mit Leben zu erfüllen, bleibt jedem Einzelnen anheimgestellt. Man könnte diesen *positiven* Begriff der Menschenwürde in erster Annäherung als *menschliche Würde* umschreiben, durch die sich ein Mensch auszeichnen kann. Gefragt, wem ich begegnet sei, dem es gelungen ist, eine solche *menschliche Würde* zu verkörpern, gehörte jedenfalls Gerhard Sprenger in die erste Reihe der zu Nennenden.

Reinold Schmücker, Münster

Versuch über die Bedeutung des Nachdenkens über das Recht für die Theorie der Literatur

Literarische Wege zum Recht, wie sie Gerhard Sprenger in seinem letzten, wenige Tage vor seinem Tod fertiggestellten Buch beschritten hat, sind vielbegangen. Viele Verfasser literarischer Werke, darunter nicht wenige ausgebildete Juristen, haben Gerechtigkeit als die erst am einzelnen Fall erkennbare Bewährung des von Haus aus „abstrakten Rechts“[1] zu erweisen gesucht, als ein vom positiven Recht in diesem Fall Verfehltes und in jenem Fall womöglich gänzlich Unerreichbares. Rechtsfälle, Gerichtsurteile und Rechtsnormen, aber auch Personen, die dem Rechtssystem zugeordnet werden können: Richter, (Staats-)Anwälte, Gerichtsvollstrecker, Fürsten und Henker, sind so zum Gegenstand literarischer Werke geworden. Deren Sprache, die nicht auf Subsumtion abzielen muss und Geschichten in je spezifischen „Färbungen“[2] erzählen kann, vermag im Unterschied zur Sprache des Rechts die Dimension der Situationsgebundenheit normativer Richtigkeit eindrücklich in Erinnerung zu rufen.[3] Denn indem Literatur Aspekte oder Akteure des Rechtssystems *in Geschichten* thematisiert, kann sie den einzelnen „Fall“ in den Kontext einer Entwicklung, eines Soziotops, eines psychischen Geschehens einbetten und in seiner Bedingtheit durch eine Vielzahl von Faktoren charakterisieren. Literatur, die Recht thematisiert, kann so die Schwierigkeiten sichtbar machen, die die für das Recht unvermeidliche Subsumtion des je besonderen Falls unter das Allgemeine des Gesetzes mit sich bringt und die es zweifelhaft erscheinen lässt, ob das von Rechts wegen Richtige tatsächlich im epistemischen Sinn des Begriffs *erkannt* werden kann. Sie kann überdies die Frage nach der Gerechtigkeit des Rechts oder einzelner seiner Bestandteile aufwerfen, die sich aus der Innenperspektive des Rechtssystems nicht stellen kann, weil sie einen Gerechtigkeitsmaßstab außerhalb des Rechts zur Voraussetzung hat. In der Terminologie des Law-and-Literature-Movement[4] firmiert solche literarische ‚Verhandlung‘ rechtlicher ‚Sachen‘ unter dem Rubrum *Law in Litera-*

1 Hegel, *Grundlinien der Philosophie des Rechts* [1821], Bd. 7, Frankfurt am Main 2004, 92 u. ö.

2 Frege, „Über Sinn und Bedeutung“ [1892] , in: Ders., *Funktion, Begriff, Bedeutung. Fünf logische Studien*, herausgegeben von G. Patzig, Göttingen 1986, 45.

3 Vgl. Gerhard Sprenger, *Literarische Wege zum Recht*, Baden-Baden 2012, 5.

4 Dazu grundlegend: James Boyd White, *The Legal Imagination. Studies in the Nature of Legal Thought and Expression*, Boston 1973; Richard H. Weisberg, *The Failure of the Word. The Protagonist as Lawyer in Modern Fiction*, New Haven, Conn./London 1984; Richard H. Weisberg, *Poethics: and Other Strategies of Law and Literature*, New York 1992; Ian Ward, „From Literature to Ethics. The Strategies and Ambitions of Law and Literature“, *Oxford Journal of Legal Studies* 14 (1994), 389–400; Ian Ward, *Law and Literature. Possibilities and Perspectives*, New York/Cambridge 1995; Antoine Garapon / Denis Salas, *Imaginer la loi. Le droit dans la littérature*, Paris 2008; Thomas Weitin, *Recht und Literatur*, Münster 2010; Richard H. Weisberg, *Rechtsgeschichten.* Über Gerechtigkeit in der Literatur [= erw. Übersetzung von Weisberg 1984], Mit einem Nachwort von Bernhard Schlink, Berlin 2013; kritisch gegenüber der *Law-and-Literature*-Forschung Richard Posner, *Law and Literature. A Misunderstood Relation*, Cambridge, Mass. 1988.

ture.[5] In diese Rubrik gehören auch solche literarischen Wege zum Recht, die Gerhard Sprenger beschreibt, wenn er subtil nachzeichnet, warum Johann Peter Hebel, die Literatur als Medium einer „Erziehung zum ‚Rechten'" nutzend, den Gehorsam gegenüber Obrigkeit und positivem Recht affirmiert, obwohl mitunter „das ‚geschriebene' Recht das im Einzelfall Gerechte verfehlt".[6]

Neben der Analyse der Thematisierung von *Law in Literature* hat sich im Zuge des Law-and-Literature-Movement eine Forschungsperspektive etabliert, die *Law as Literature* traktiert.[7] Kennzeichnend ist für sie, dass sie Rechtstexte wenn nicht *als*, so jedenfalls *in ähnlicher Weise wie* literarische Texte interpretiert und Verfahren der Analyse literarischer Texte für die Interpretation von Rechtstexten fruchtbar zu machen sucht.

Beiden Perspektiven auf das Verhältnis von Recht und Literatur ist gemeinsam, dass sie auf der Annahme einer *Bedeutung von Literatur und Literaturtheorie für Recht und Rechtstheorie* beruhen: Dass Rechtsnormen, rechtliche Motive, Akteure des Rechtssystems und tatsächliche Rechtsfälle Gegenstand literarischer Texte sind, erscheint aus einer Forschungsperspektive, die nach der Darstellung und Problematisierung von *Law in Literature* fragt, deshalb als bedeutsam, weil sich so Möglichkeiten der Begründung und Legitimation von Recht und Rechtsgehorsam, aber auch der Infragestellung der normativen Richtigkeit des positiven Rechts eröffnen, über die das Rechtssystem *intern* nicht verfügt. In ähnlicher Weise erscheint es unter dem Vorzeichen des Forschungsparadigmas *Law as Literature* für das Recht als bedeutsam, dass Rechtstexte literaturanalog und mit Hilfe literaturtheoretisch approbierter Verfahren der Textanalyse erschlossen und gedeutet werden, weil so nach Auffassung der Vertreter dieses Forschungsparadigmas der Rechtsanwendung eine der sprachlichen Verfasstheit von Recht angemessene Deutung zugrunde gelegt werden kann.

Kann aber auch – umgekehrt – die Beschäftigung mit dem Recht der Literatur oder der Literaturtheorie zum Vorteil gereichen? Darüber ist auch im Kontext der Recht-und-Literatur-Forschung bis heute erstaunlich wenig zu lesen. Deshalb ist es bemerkenswert, dass Sprengers Buch einen eigenen Abschnitt über die „Bedeutung des Rechts für die Literatur" enthält. Deren Darstellung, die die literaturwissenschaftliche Mitautorin Susanne Kaul verantwortet, fällt jedoch auch hier sehr knapp

5 Das breite Spektrum der deutschsprachigen Law-in-Literature-Forschung und die Subtilität solcher ‚Verhandlung' von Recht und Rechtsmaterien dokumentiert z. B. Michael Kilian, *Jenseits von Bologna – Jurisprudentia literarisch. Von Woyzeck bis Weimar, von Hoffmann bis Luhmann*, Berlin 2006. Vgl. auch Arthur Kaufmann, *Beziehungen zwischen Recht und Novellistik*, Stuttgart 1987; Heinz Müller-Dietz, *Grenzüberschreitungen. Beiträge zur Beziehung zwischen Literatur und Recht*, Baden-Baden 1990; Arthur Kaufmann, *Recht und Gnade in der Literatur*, Stuttgart 1991; Klaus Lüderssen, *Produktive Spiegelungen. Recht und Kriminalität in der Literatur*, Frankfurt am Main 1991; Ulrich Mölk, *Literatur und Recht. Literarische Rechtsfälle von der Antike bis zur Gegenwart*, Göttingen 1996; Heinz Müller-Dietz, *Recht und Kriminalität im literarischen Widerschein. Gesammelte Aufsätze*, Baden-Baden 1999; Klaus Lüderssen, *Produktive Spiegelungen. Recht in Literatur, Theater und Film*, Bd. 1, Baden-Baden 2002; Klaus Lüderssen, *Produktive Spiegelungen. Recht in Literatur, Theater und Film*, Bd. 2, Berlin 2007; Heinz Müller-Dietz, *Recht und Kriminalität in literarischen Spiegelungen*, Berlin 2007.

6 Gerhard Sprenger, *Literarische Wege zum Recht*, Baden-Baden 2012, 31.

7 Vgl. dazu bereits Benjamin N. Cardozo, *Law and Literature*, New York 1931; für einen Überblick über die *Law-as-Literature*-Forschung vgl. Birgit Maria Lachenmaier, *Die Law as Literature-Bewegung. Entstehung, Entwicklung und Nutzen*, Berlin 2008.

aus: Der Umfang der einschlägigen Ausführungen misst kaum eine Seite. Und der Leser erfährt kaum mehr als dies: Die Literatur interessiere sich für die *conditio humana*, „indem sie sich fürs Recht interessiert", im Übrigen gäben „Rechtsverstöße [...] guten Stoff für Komödien"[8].

Beide Hinweise sind zweifellos richtig, und die Vermutung liegt nahe, dass die Knappheit der Darstellung der Bedeutung des Rechts für die Literatur ihren Grund in der Sache selbst hat. Denn die Bedeutung, die die Beschäftigung mit dem Recht für die Literatur und diejenigen, die sie produzieren, haben kann, scheint sich im Wesentlichen in drei Hinsichten zu erschöpfen: (1) Durch die Beschäftigung mit Recht erschließt sich Literatur zunächst einen möglichen Gegenstand von hoher lebensweltlicher Relevanz. (2) Weil das Recht auch der Literatur normative Grenzen zieht (und sie beispielsweise dazu anhält, die physische und psychische Integrität Dritter, deren materielles oder geistiges Eigentum oder deren religiöse Überzeugungen zu achten), kann die Beschäftigung mit geltendem Recht den Autoren literarischer Werke rechtliche Sanktionen und ihren Schöpfungen rechtliche Diskriminierung ersparen. (3) Das moderne Urheberrecht ist zwar keine notwendige Bedingung der Produktion oder Existenz von Literatur; es stellt jedoch eine zentrale Voraussetzung heutiger Literaturproduktion dar. Die Kenntnis des Urheberrechts und anderer einschlägiger Schutzrechte setzt die Autoren literarischer Werke daher instand, aus der Produktion literarischer Werke wirtschaftlichen Nutzen zu ziehen, die Nutzung ihrer Werke durch Dritte zu regulieren und Konflikte mit anderen Urhebern zu vermeiden – oder auch (als ästhetisches Programm) solche Konflikte gezielt zu suchen.[9] Während die erste der drei Hinsichten, in denen (die Beschäftigung mit dem) Recht für die Literatur offensichtlich von Bedeutung ist, von einer Forschungsperspektive eingefangen werden kann, die sich – als *Law-in-Literature*-Forschung – dem zum Gegenstand literarischer Darstellung gewordenen Recht widmet, verweisen die beiden anderen auf den Umstand, dass Literatur als eine Manifestationsform sprachlichen Handelns ebenso wie alles andere Handeln rechtlicher Regulierung unterliegt und zum Gegenstand rechtlicher Auseinandersetzungen gemacht werden kann.[10]

Hat das Recht für die Literatur also nur als thematischer Gegenstand und als soziale Randbedingung der Literaturproduktion Bedeutung? Die nachfolgenden Überlegungen möchten Zweifel an dieser Schlussfolgerung nähren, indem sie – in zehn systematisch aufeinander aufbauenden Thesen – plausibel zu machen suchen, dass die Beschäftigung mit dem Recht und dessen Eigentümlichkeiten nicht nur der Literatur ein wichtiges Themenfeld erschließt und ihren Autoren die Möglichkeit eröffnet, sich als Schöpfer geistigen Eigentums zu begreifen und Zensur und andere Formen rechtlicher Diskriminierung sowohl zu antizipieren oder zu provozieren als auch zu parieren. Aus literaturphilosophischer Sicht ist nämlich, wie mir scheint, zu konstatieren, dass (das) Recht nicht nur ‚der Literatur' – genaugenommen: den Produzenten literarischer Werke – insofern etwas zu sagen hat, als es die Grenzen legi-

8 Gerhard Sprenger, *Literarische Wege zum Recht*, Baden-Baden 2012, 134.

9 Zu solchen Versuchen siehe etwa Annette Gilbert, *Wiederaufgelegt. Zur Appropriation von Texten und Büchern in Büchern*, Bielefeld 2012.

10 Insofern Literatur rechtlicher Regulierung unterliegt und Gegenstand rechtlicher Auseinandersetzungen ist, steht sie im Fokus einer dritten Forschungsperspektive, die sich auf das Verhältnis von Recht und Literatur bezieht und als *Literature-in-Law*-Forschung bezeichnet werden kann.

timen literarischen Schaffens bestimmt, sondern auch der Literatur*theorie* – gleichgültig, ob sie von Literaturwissenschaftlern oder von Philosophen betrieben wird. Denn die Literaturtheorie kann – und das ist meine zugegebenermaßen noch sehr allgemeine *erste These* – durch die Beschäftigung mit Kategorien und Praxen des Rechts etwas lernen. Oder präziser gefasst: *Die Reflexion über das Recht ist für die Reflexion über die Literarizität der Literatur, der sich die Literaturtheorie verschrieben hat, von Nutzen.*

Warum ich dieser Überzeugung bin, möchte ich Ihnen in den folgenden neun Thesen schrittweise erläutern. Meine *zweite These* ist diagnostischer Art. Sie konstatiert: *Die Entwicklung der Literaturtheorie, insbesondere derjenigen, die in den einzelphilologischen Literaturwissenschaften selber betrieben wird, hat zu einer Entgrenzung des Literaturbegriffs geführt, die es kaum noch erlaubt, eine bestimmte Teilmenge der Gesamtheit aller mündlichen und schriftlichen Texte als Literatur und damit als den spezifischen Gegenstand einer Literaturwissenschaft auszuzeichnen.* Dies ist keine sonderlich originelle Beobachtung. Umso erstaunlicher ist es, dass ihre Konsequenzen gerade unter Literaturwissenschaftlern nur selten klar benannt werden und noch seltener jene Beunruhigung auslösen, zu der sie doch Grund zu geben scheinen. Wenn nämlich die Differenz zwischen Text und Literatur, zwischen Textualität und Literarizität nivelliert wird, droht den Literaturwissenschaften ihr Gegenstand abhanden zu kommen. Literaturwissenschaften als solche drohen aufgabenlos und damit obsolet zu werden. Als allgemeine Wissenschaft der Beschreibung und Analyse von Texten – oder Diskursen – unterschiedlicher Kulturen, historischer Epochen und von unterschiedlicher Funktionalität für unsere Alltagspraxis und unsere Lebensvollzüge ist eine speziell der Literatur dedizierte Wissenschaft nämlich nicht mehr vonnöten. Dieses Geschäft betreibt längst eine Geschichtswissenschaft, die im Unterschied zu den Literaturwissenschaften über ein in spezifischen „Hilfswissenschaften" breit ausdifferenziertes Spektrum approbierter Methoden der kritischen Analyse historischer Quellen verfügt (und ihren Foucault inzwischen mindestens ebenso gut gelesen hat). Ihr unterlegen sind die Literaturwissenschaften erst recht dann, wenn die Entgrenzung des Literaturbegriffs sich mit einer universalen Entgrenzung des Textbegriffs paart, derart, dass die Gesamtheit der kulturellen Phänomene unserer Lebenswelt als Text angesprochen wird. Literatur und Kultur sind dann nämlich eins. Unter dieser Prämisse ist aber die Geschichtswissenschaft, die von jeher Artefakte aller Art als historische Zeugnisse rezipiert, einer jeden Literaturwissenschaft mindestens sechzig Jahre voraus.

Der Rückzug auf die einstmals scheinbar geeignete Strategie der Definition von Literatur und Literarizität ist der Literaturtheorie heute jedoch versperrt. Zwei Zitate aus neueren literaturtheoretischen Arbeiten mögen diese *dritte These* zunächst heuristisch plausibilisieren. „Es gibt heute kaum noch etwas, über das Literaturwissenschaftler sich einig sind: Man weiß sich in einem allgemeinen Dissens über die Frage, was Literatur ist und welche Literatur von der Wissenschaft untersucht werden sollte." So urteilte der Literaturwissenschaftler Fotis Jannidis[11] bereits vor mehr als einem Jahrzehnt, und eine der jüngsten Einführungen in die *Literarische Ästhetik* der Gegenwart sekundiert: „Die Pluralität der Methoden und Theorieprofile [...] verhindert jeden Konsens

11 Fotis Jannidis, „Polyvalenz – Konvention – Autonomie", in: Jannidis/Lauer/Martinez/Winko, *Regeln der Bedeutung. Zur Theorie der Bedeutung literarischer Texte*, Berlin 2003, 305.

darüber, welche essentiellen Merkmale für einen oder auch für mehrere Literaturbegriffe in Frage kommen“[12].

Der zuletzt zitierten Diagnose lässt sich zugleich der kardinale sachliche *Grund* dafür entnehmen, warum die Literaturtheorie ihr Heil nicht in der Kehrtwende und im Marsch zurück finden kann. Ich formuliere ihn als *vierte These*: *Angesichts der Vielfalt sprachlicher Ausdrucksweisen und der Vielfalt von Formen der Organisation sprachlichen Materials jenseits des alltäglich Üblichen und Konventionellen ist der Versuch bisher erfolglos gewesen und vermutlich auch tatsächlich aussichtslos, Merkmale von Literatur, Kriterien der Literarizität oder notwendige oder gar hinreichende Bedingungen der Subsumierbarkeit eines Textes unter den Literaturbegriff anzugeben.* Diese Behauptung bedarf eines ergänzenden Hinweises. Natürlich ist es möglich, Literatur zum Beispiel unter Bezugnahme auf bestimmte formale, ästhetische oder auch moralische Qualitäten zu definieren. Man könnte zum Beispiel als Literatur nur solche Texte verstehen wollen, die zumindest *auch* fiktionale, d. h. in der Wirklichkeit nicht gegebene Sachverhalte oder Ereignisse schildern. Oder man könnte den Begriff der Literatur für solche Texte reservieren, die eine bestimmte Metapherndichte aufweisen oder dem Leser die Bedeutung einzelner oder mehrerer moralischer Normen vor Augen halten. Ein solcher Definitionsversuch wird jedoch – welche Kriterien auch immer man wählt – immer nur zu einem normativen Begriff von Literatur führen, dem stets die subjektive Willkür anhaftet, die bei der Kriterienwahl den Ausschlag gab. Als Bestimmung des Gegenstands einer wissenschaftlichen Disziplin eignet sich ein derart subjektiver Literaturbegriff nicht.

Wenn diese sehr grobe Skizze des *state of the art* der Literaturtheorie jedenfalls in der Tendenz zutreffend ist, dann lässt sich, wie mir scheint, vor dieser Folie gut erkennen, was die Literaturtheorie von der Beschäftigung mit dem Recht lernen könnte. Was Recht ist, ist nämlich in jedem einzelnen – womöglich strittigen – Fall nicht durch ein Verfahren zu ermitteln, das sich auf die Abprüfung des Erfülltseins von Bedingungen beschränken ließe. Wo darüber, was Recht oder Rechtens ist, Zweifel oder Meinungsverschiedenheiten bestehen, bedarf es vielmehr eines *Urteils*, das sich im sozialen System des Rechts als Resultat eines institutionalisierten Verfahrens der Beurteilung eines Tatbestands unter jeweils einschlägigen Hinsichten ergibt. Auf dieser Feststellung beruht meine *fünfte These*: *Die Literaturtheorie sollte sehr ernsthaft in Erwägung ziehen, dass der Begriff der Literatur dem Begriff des Rechts semantisch insofern nah verwandt sein könnte, als sich die Klasse der literarischen Texte als Resultat einer Vielzahl von Urteilen darstellen könnte, deren jedes einen Text unter einer begriffsspezifischen Hinsicht evaluiert.*

Die zweite Hälfte meiner zehn Thesen zeichnet die Konsequenzen nach, die sich für die Literaturtheorie aus dem Versuch ergeben könnten, in dieser Weise ‚vom Recht zu lernen‘, sich also von der Reflexion über Formen und Praxen des Rechts zu einer Rekonstruktion des semantischen Gehalts des Literaturbegriffs inspirieren zu lassen, die dem Alltagsverständnis von Literatur, von dem sich ein entgrenzter Literaturbegriff ebenso weit entfernt wie ein subjektiver, möglichst adäquat Rechnung trägt.

Zunächst wäre festzuhalten, dass der Versuch, Literatur durch die Angabe begriffsnotwendiger Bedingungen zu definieren, den spezifischen semantischen Cha-

12 Jan Urbich, *Literarische Ästhetik*, Köln/Weimar/Wien 2011, 294.

rakter des Literaturbegriffs verfehlt. Ich formuliere diese Feststellung als *sechste These*: *Die Annahme, die Zuordenbarkeit von Texten zur Klasse der literarischen Texte beruhe auf der Anwendbarkeit begriffsspezifischer Identifikationskriterien* für Literatur, *verkennt die Eigenart des semantischen Gehalts des Literaturbegriffs*. Denn der Literaturbegriff besitzt zwar die Fähigkeit, eine Klasse von Gegenständen zu konstituieren. Er ist aber kein Art- oder Gattungsbegriff, dessen Bedeutung durch eine Konjunktion von Eigenschaftsmerkmalen definiert werden könnte: Während Art- und Gattungsbegriffe auf ein *intensional-kriteriales* Hintergrundwissen verweisen, ist das begriffsspezifische Hintergrundwissen, auf das wir zurückgreifen, wenn wir den Literaturbegriff kompetent verwenden oder seine kompetente Verwendung adäquat rezipieren, *extensional-exemplarischer* Natur. Deshalb wäre der literaturtheoretische Marsch zurück ein Kategorienfehler. Denn dem Versuch, dem Literaturbegriff dadurch hinreichende Spezifität zu sichern, dass man Merkmale oder Kriterien der Literarizität benennt, liegt eine irreführende Annahme über die Struktur des semantischen Gehalts des Literaturbegriffs zugrunde.

Der Begriff der Literatur ist nämlich – so lautet meine *siebte These* – *ein Beurteilungsbegriff*. Beurteilungsbegriffe verweisen auf Urteile, in denen einzelne oder mehrere Sprecher, Sprachgemeinschaften oder Teilgruppen von Sprachgemeinschaften übereinstimmen. Sie besitzen die Fähigkeit, kraft intersubjektiver Übereinstimmung einer Vielzahl von kompetenten Sprechern in begriffsspezifischen Urteilen über bestimmte Gegenstände Klassen von Gegenständen zu konstituieren. Der Begriff der Literatur steht insofern nur unter der Voraussetzung eines entsprechenden evaluativen Konsenses in einem deskriptiv-identifizierenden Verhältnis zu einem bestimmten Text: *Deskriptiv* nimmt er auf einen Text nur Bezug, solange dieser ein literarischer Text ist *kraft eines intersubjektiven Urteils*, das sich auf diese oder jene Sprachgemeinschaft bezieht und nicht unbedingt auf eine andere Sprachgemeinschaft oder einen anderen historischen Zeitpunkt übertragbar ist. Wird er hingegen von einem Sprecher nicht im Einklang mit dem intersubjektiven Literaturverständnis einer Sprachgemeinschaft oder einer anderen relevanten Gruppe verwendet, dann handelt es sich um einen – relativ auf das jeweils im Hintergrund stehende intersubjektive Literaturverständnis – *evaluativen* Begriffsgebrauch. Wer vor dem Horizont unserer Kulturtradition die Betriebssystem-Software eines Smartphones als Literatur bezeichnet, verwendet den Literaturbegriff also ebenso evaluativ wie derjenige, der von Goethes *Faust* bestreitet, dass es sich um Literatur handele. Wer hingegen den *Faust* als Literatur apostrophiert oder verneint, dass *KitKat* (alias *Android 4.4*) Literatur sei, verwendet den Literaturbegriff deskriptiv.

Als Beurteilungsbegriff ähnelt der Begriff der Literatur in dieser Hinsicht, wie mir scheint, dem Begriff des Rechts. Denn der Begriff des Rechts bezeichnet, soweit er sich auf Normen bezieht, ebenfalls eine Klasse von – allerdings abstrakten – Gegenständen, nämlich die Klasse aller Normen (Gesetze, Verordnungen, Verwaltungsvorschriften, Gerichtsentscheide usw.), deren Befolgung ein Rechtsstaat kraft seiner „Befugnis zu zwingen"[13] durchsetzen darf und muss. Normen sind Recht im deskriptiven Sinn jedoch nur dann, wenn sie (in bestimmter Weise in einer gegebenen Rechtsgemeinschaft in Kraft) gesetzt worden sind und ein hinreichendes Maß an

13 Kant, „Die Metaphysik der Sitten" (1797, 1798), in: Ders., *Die Metaphysik der Sitten* [Theorie-Werkausgabe, Bd. 8], Frankfurt am Main 1968, A 36 (Einleitung in die Rechtslehre, § E).

intersubjektiver Anerkennung genießen. Demokratische Setzung und hinreichend große Anerkennung einer Norm als Recht spiegeln nämlich die intersubjektive Beurteilung einer Norm als gerecht, d. h. als verträglich mit dem Anspruch eines *jeden* Individuums, sich Ziele wählen und sie frei verfolgen zu können. Die intersubjektive Beurteilung einer Norm bezieht sich jedoch stets auf eine bestimmte Gesellschaft und ist nicht unbedingt auf eine andere übertragbar: Gesellschaften, deren politische und kulturelle Traditionen sich unterscheiden, können unterschiedliche Konsense darüber hervorbringen, welche Normen gerecht sind und welche nicht. Welche konkreten Normen im Sinne deskriptiver Begriffsverwendung Recht sind, ist deshalb durch die Bedeutung des Rechtsbegriffs ebenso wenig bestimmt, wie aus der Bedeutung des Begriffs der Literatur *ableitbar* ist, welche Texte im Sinne eines deskriptiven Gebrauchs des Literaturbegriffs literarische Texte sind. Wie der Begriff der Literatur besitzt vielmehr auch der Begriff des Rechts deskriptiv-identifizierenden Charakter nur relativ auf einen je bestimmten evaluativen Konsens.

Semantisch sind Beurteilungsbegriffe durch begriffsspezifische Beurteilungshinsichten definiert: Ein Nachteil ist ein Aspekt einer Sache oder Handlung oder eines Sachverhalts, der vom Urteilenden als ungünstig bewertet wird. Denn die Bedeutung des Wortes ‚Nachteil' ist durch die Beurteilungshinsicht Ungünstigkeit bestimmt. Meine *achte These* lautet deshalb: *Die Bedeutung des Literaturbegriffs besteht (ebenso wie die des Rechtsbegriffs) in einer begriffsspezifischen Beurteilungshinsicht.* Wenn diese These plausibel ist, schreibt die Bedeutung des Literaturbegriffs weder dessen Anwendung noch dessen Nicht-Anwendung auf einen bestimmten Text intersubjektiv verbindlich vor. Als begriffsspezifische Beurteilungshinsicht, in der ein und derselbe Text von verschiedenen Sprechern prinzipiell unterschiedlich bewertet werden kann, ist die Bedeutung des Literaturbegriffs vielmehr derjenige *schlechthin* intersubjektive Sinn, den die Anerkennung der Literarizität eines Textes *als solche* besitzt – unabhängig davon, ob sie im jeweiligen Einzelfall Konsens ist oder nicht. Deshalb manifestiert sich der semantische Gehalt des Literaturbegriffs gleichermaßen in dessen deskriptivem wie in dessen evaluativem Gebrauch: Wer den Begriff der Literatur evaluativ benutzt, bezieht sich nicht auf eine andere Hinsicht der Beurteilung von Texten als derjenige, dessen Gebrauch mit dem Literaturverständnis seiner Sprachgemeinschaft übereinstimmt, sondern weicht nur vom Konsens darüber ab, welche Texte in der mit dem Literaturbegriff intern verknüpften Beurteilungshinsicht den Namen ‚Literatur' verdienen und welche nicht.

Die achte These bestimmt die Bedeutung des Literaturbegriffs allerdings nur abstrakt; sie klärt noch nicht, *welche* begriffsspezifische Beurteilungshinsicht ihn semantisch definiert. Ich füge deshalb der achten These eine ergänzende *neunte These* hinzu: *Die spezifische Beurteilungshinsicht zu bestimmen, in der die Bedeutung des Literaturbegriffs besteht, ist die wichtigste Aufgabe der Literaturtheorie* – so, wie es auch die vornehmste Aufgabe der Rechtstheorie ist, diejenige Beurteilungshinsicht zu rekonstruieren, unter der wir Normen und normative Aussagen evaluieren, wenn wir sie als Recht apostrophieren oder ihren Rechtscharakter verneinen. Tatsächlich hat unser Wissen um den semantischen Gehalt des Begriffs der Literatur indirekten, suppositorischen Charakter. Wir müssen *unterstellen*, dass es eine begriffsspezifische Beurteilungshinsicht gibt, weil die skeptische Bestreitung einer Bedeutung des Begriffs der Literatur jeder Plausibilität entbehrt, dem Begriff der Literatur Bedeutung jedoch nur in Gestalt einer Beurteilungshinsicht zugeschrieben werden kann. Und wir müssen darüber hinaus unterstellen, dass diese Beurteilungshinsicht nicht ebenso relativ ist wie unser intersubjektives Literaturverständnis, sondern für alle Sprachgemeinschaften, die über ein intersubjektives Literaturverständnis verfügen, gleichermaßen Gültigkeit besitzt. Denn es ist die Unterstellung einer kulturinvarianten begriffsspezifischen Hinsicht der Beurteilung von Texten, die uns kulturübergreifend überhaupt von Literatur zu sprechen erlaubt. Insofern ist die Unterstellung einer solchen begriffsspezifischen Hinsicht der Beurteilung von Texten eine transzendentale Voraussetzung unseres Wissens um die Relativität irgendeines bestimmten Literaturverständnisses. Indem wir diese Voraussetzung machen, nehmen wir von jeder Vokabel einer natürlichen Sprache, von der wir meinen, dass sie dem deutschen Wort ‚Literatur' semantisch äquivalent ist, an, dass ihre Bedeutung durch dieselbe Hinsicht der Beurteilung von Texten bestimmt ist, die auch die Bedeutung des deutschen Wortes ‚Literatur' ausmacht. Deshalb lässt sich die deutsche Vokabel ‚Literatur' ebenso wie ihre englische Entsprechung ‚literature' und alle ihre anderssprachigen Äquivalente unter der Abkürzung ‚Begriff der Literatur' zusammenfassen. Indem wir aber eine kulturinvariante Bedeutung des Literaturbegriffs unterstellen, setzen wir voraus, dass das, was sich über Literatur sagen lässt, nicht nur für den deutschen oder den englischen Sprachraum Gültigkeit beanspruchen kann, sondern für jede Sprachgemeinschaft, die über ein intersubjektives Literaturverständnis verfügt.

Als *zehnte These* möchte ich einen Vorschlag unterbreiten, wie die Bestimmung der spezifischen Beurteilungshinsicht aussehen könnte, in der die Bedeutung des Literaturbegriffs besteht – einen Vorschlag, der eine plausible Definition einer ästhetischen Einstellung voraussetzt, die ich hier nicht entwickeln kann, von der ich aber meine, dass dazu in der philosophischen Ästhetik der letzten dreißig Jahre sehr gute Vorarbeiten geleistet worden sind.[14] Der Vorschlag lautet: *Wer einen Text im Hinblick darauf beurteilt, ob es sich um einen literarischen Text handelt, der beurteilt diesen Text unter der für den Literaturbegriff spezifischen Beurteilungshinsicht, ob der Text ihn und andere Leser vermuten lässt, dass er eine Mitteilung artikuliert, die jedem gilt, der ihn in einer ästhetischen Einstellung wahrnimmt, über deren Inhalt aber nichts anderes mit Bestimmtheit in Erfahrung gebracht werden kann, als dass es ihn gibt.*[15] Warum diese Rekonstruktion der Beurteilungshinsicht, die den Begriff der Literatur semantisch bestimmt, mir angemessen erscheint, kann ich an dieser Stelle nicht im Einzelnen begründen. Angedeutet aber sei, warum eine solche Bestimmung des Literaturbegriffs naheliegt: Wenn wir einen literarischen Text lesen, unterstellen wir diesem regelmäßig, dass er eine Bedeutung besitzt. Denn wir bemühen uns, ihn zu *verstehen*. Die Bedeutung, die wir einem literarischen Text unterstellen, ist aber nicht die Bedeutung eines Anzeichens: Es ist nicht die Bedeutung, die wir einer Wolke zuschreiben, deren Form uns sagt, dass ein Gewitter naht. Die Bedeutung, die wir einem literarischen Text unterstellen, ist aber auch keine metaphysische Wahrheit, wie sie manche Ästhetiker – von Hegel bis zu Adorno – der Kunst zugeschrieben haben. Denn wir gehen offensichtlich nicht davon aus, dass literarische Texte eine Bedeutung besitzen, die von den Intentionen

14 Vgl. insbesondere Rüdiger Bubner, *Ästhetische Erfahrung*, Frankfurt am Main 1989; Martin Seel, *Die Kunst der Entzweiung. Zum Begriff der ästhetischen Rationalität*, Frankfurt am Main 1985; Martin Seel, *Eine Ästhetik der Natur*, Frankfurt am Main 1991.

15 Angelehnt an und näher begründet in Reinold Schmücker, *Was ist Kunst? Eine Grundlegung*, Frankfurt am Main 2014, Kap. 6.

ihrer jeweiligen Urheber unabhängig ist.[16] Ebenso wenig nehmen wir an, dass die Bedeutung, die wir literarischen Texten zuschreiben, allein in das Belieben ihrer Leserinnen und Leser gestellt sei. Allerdings scheinen wir als literarische Texte insbesondere solche Texte aufzufassen, deren Bedeutung uns nicht in gleicher Weise mehr oder weniger eindeutig aufklärbar erscheint wie die Bedeutung alltagssprachlicher Sprechakte.[17] Literarische Texte werden deshalb oft als wesentlich ‚vieldeutig' oder gar als ‚unerschöpflich' charakterisiert. Wenn wir einen Text als einen literarischen Text beurteilen, dann scheint dieses Urteil mithin unsere Überzeugung zum Ausdruck zu bringen, dass wir es mit der Manifestation eines Zu-verstehen-Gebens zu tun haben, die uns das, was uns offensichtlich zu verstehen gegeben wird, nicht ‚eindeutig' – und das heiße hier: nicht in gleicher Weise wie alltagssprachliche Rede – zu verstehen erlaubt, ohne dass dieser Umstand als ein Misslingen der kommunikativen Absicht des Autors anzusehen ist. Wenn aber dies die Beurteilungshinsicht ist, an der sich implizit unser alltägliches Unterscheiden zwischen literarischen und nichtliterarischen Texten orientiert, dann scheint mir damit eine Rekonstruktion der Bedeutung des Begriffs ‚Literatur' gewonnen zu sein, welche die Fruchtbarkeit von Impulsen, die sich dem Nachdenken über das Recht verdanken, für die Theorie der Literatur belegt.

16 Das zeigt sich nicht zuletzt auch daran, dass wir die Existenz historisch-hermeneutisch operierender Literaturwissenschaften und die Tatsache, dass viele Gesellschaften für solche *humanities* erhebliche finanzielle Ressourcen bereitstellen, nicht als Ausdruck eines Aberglaubens oder einer anderen Form irrationalen Verhaltens werten.

17 Diese Differenz alltagssprachlicher und literarischer Rede konzediert auch ein so unverdächtiger Zeuge wie Roland Barthes, *Critique et Vérité*, Paris 1966, 53.

Stephan Kirste, Salzburg

Rechtswissenschaft als Kulturwissenschaft

Einige Überlegungen im Anschluss an Gerhard Sprenger

„Dasz recht und poesie aus einem bette aufgestanden waren, hält nicht schwer zu glauben".[1]

I. Theorien von Recht und Kultur

Recht wird von der Kultur geprägt, prägt sie umgekehrt und ist selbst ein kulturelles Phänomen. Was bedeutet das? *Niklas Luhmann* nennt den Begriff der Kultur einen „der schlimmsten Begriffe, die je gebildet worden sind", ein Begriff, der Erkenntnisse eher verhindert, als sie zu ermöglichen.[2] Das muß seine Verwendung nicht ausschließen, zeigt aber Gefahren[3], vielleicht sogar Chancen[4] und verlangt jedenfalls nach Klärung.[5] Immer wieder wurde der Begriff der Kultur herangezogen, um einen weiteren Horizont der menschlichen Werke aufzuzeigen, in den das Recht eingebettet ist und in den es hineinwirkt.[6] Sie soll als Hintergrundordnung menschliches Verhalten orientieren und koordinieren und mit dem Recht in Wechselwirkung stehen.[7] Dabei sollten sowohl die metaphysischen Abstraktionen von Natur-

1 Jacob Grimm, Von der Poesie im Recht, *Zeitschrift für geschichtliche Rechtswissenschaft 2* (1816), 25 ff., 27. Das Zitat findet sich bei Gerhard Sprenger, Literarische Wege zum Recht. Baden-Baden 2012, 127.

2 Niklas Luhmann, *Die Kunst der Gesellschaft*. Frankfurt a. M. 1995, 398.

3 Die etwa semantische Studien belasten. So verzichten die „Geschichtlichen Grundbegriffe" zwar auf ein eigenes Lemma, verzeichnen aber im Register die zahllosen politisch-sozialen Bezüge des ungeklärten Begriffs, Bd. 8/1, 652–656. Insofern hält etwa auch *Hofmann* die Verwendung des Begriffs für problematisch, Hasso Hofmann, Rechtswissenschaft als Kulturwissenschaft – ein kritischer Rückblick. In: Marcel Senn (Hg.): *Rechtswissenschaft als Kulturwissenschaft? Kongress der Schweizerischen Vereinigung für Rechts- und Sozialphilosophie, 15. und 16. Juni 2007, Universität Zürich.* Stuttgart (Archiv für Rechts- und Sozialphilosophie (ARSP): Beiheft, 115), 23–30, 28 f.

4 So schätzen einzelne Autoren den Begriff gerade wegen seiner Ambiguität: „Whereas a positivist scholar of law and culture might consider theoretical variety to be a vice, I consider it a virtue. To my mind, one of the gifts of cultural studies is the hybrid vigor of theoretical mixing". Auf diese Weise soll das Verständnis des Einflusses des Rechts auf den Menschen und umgekehrt besser beschrieben werden können, Naomi Mezey, Law as Culture. In: Austin Sarat / Jonathan Simon: *Cultural Studies, and the Law*. Durham and London 2003, 37 ff., 60.

5 Ansätze zur Bestimmung von Kultur etwa bei Bernhard Losch, *Kulturfaktor Recht. Grundwerte – Leitbilder – Normen*. Köln 2006, 49 ff.; Gunnar Folge Schuppert, *Politische Kultur*. Baden-Baden 2008, 57 ff.

6 Von einer Wechselwirkung von Recht und Kultur spricht etwa der Strafrechtler Max Ernst Mayer, *Rechtsnormen und Kulturnormen* (1903). Nachdruck Darmstadt 1965, 16; hierzu Hasso Hofmann, *Recht und Kultur. Drei Reden*. Berlin 2009, 40 f.; Gerhard Sprenger, Rechtsbesserung um 1900 im Spannungsverhältnis von Positivismus und Idealismus. In: ders.: *Von der Wahrheit zum Wert. Gedanken zu Recht und Gerechtigkeit*. Stuttgart 2010, 95–124, 122 f.

7 So verstehen etwa *Georg Mein / Katrin Becker* (Recht und Kultur. Das Subjekt im Spiegel der Institution: Pierre Legendres dogmatische Anthropologie, *KritV* 2014, 300 ff.) „Kultur als ein spezifisches Setting erwartbarer Verhaltensmuster, d. h. als eine Strategie, durch Antizipation

rechtstheorien als auch die bloßen Beschreibungen des Rechts als Tatsache vermieden werden.[8]

Wenn dieser Zweck mit angemessenen Mitteln erzielt werden soll, reicht es jedoch nicht aus, Kultur in einem diffusen Sinn als zweite Natur zu bezeichnen[9] oder umgekehrt die „Verdopplung der Natur“ kritisch zu bewerten[10]: Dazu sind die Bezugspunkte zu unklar.[11] Das Moment, das die Kultur von der Natur abhebt, sie ihr entgegensetzt, muß viel mehr bestimmt werden.

Theorien, die diese Zusammenhänge untersuchen und die Rechtswissenschaft als Kulturwissenschaft verstehen, lassen sich grob einteilen in heteronome Theorie und autonome Theorien. Die heteronomen Theorien betonen die Abhängigkeit des Rechts von letztlich nicht rational beeinflußbaren Faktoren der Kultur. Die autonomen Theorien sehen das Recht zwar auch als einen Teil der Kultur an, verstehen beide jedoch als Ausdruck menschlicher Freiheit und als Räume der Ermöglichung von Freiheit. Sie können wiederum in deskriptive Hegelscher und normative Theorien Kantischer Prägung weiter unterschieden werden. Die Kulturtheorie von Ernst Cassirer nimmt hier eine Mittelstellung ein.

1. Romantische Theorien von Recht und Kultur

Zu den heteronomen Theorien gehören die romantischen Kulturtheorien. *Friedrich Schlegel* etwa ist gegen Kant der Überzeugung, daß die historischen Prinzipien maßgeblich für die ewig werdenden politischen Gestaltungen der Gegenwart seien.[12] *Johann Gottfried Herder* spricht in seinen „Ideen zur Philosophie der Geschichte der

des Zukünftigen Kontingenz zumindest auf der Ebene der personenbezogenen Interaktion zu reduzieren“.

8 Zu kultursoziologischen Analysen des Rechts in der Tradition Max Webers: Werner Gephart, *Recht als Kultur. Zur kultursoziologischen Analyse des Rechts*. Frankfurt/Main 2006; ebenfalls eher soziologisch Gunnar Folge Schuppert (Fn. 5).

9 So definiert etwa der Kulturhistoriker *Johan Huizinga*: „Kultur als gerichtete Haltung einer Gemeinschaft liegt vor, wenn die Beherrschung von Natur auf materiellem, moralischem und geistigem Gebiet einen Zustand aufrecht erhält, der höher und besser ist, als es die gegebenen natürlichen Verhältnisse mit sich bringen, mit dem Kennzeichen eines harmonischen Gleichgewichts geistiger und stofflicher Werte und einem in der Hauptsache homogen bestimmten Ideal, in dem die verschiedenen Aktivitäten der Gemeinschaft zusammenstreben“, Johan Huizinga, Im Schatten von morgen, in: *Schriften zur Zeitkritik*. Zürich Brüssel 1948, 29; zu dualistischen Ansätzen auch Losch (Fn. 5), 55 f. *Peter Häberle* nennt die Unterscheidung von Natur und Kultur als erste Annäherung, Verfassung als Kultur, *JöR* 49 (2001), 125–143, 136.

10 Georg Mein / Katrin Becker (Fn. 7), 301 sprechen von einer „Verdoppelung von Welt im Modus von Kultur“.

11 Vgl. etwa *Carol Weisbrod*: „How could law, often taken to express all that is orderly, authoritative, and powerful, have anything to contribute to the destabilizing agendas and strategies associated with cultural studies? Various answers are possible here. One relates to the point that law to some degree creates the conditions of culture. Another notes that law, as a cultural product, has something in common with other cultural products. In the anthropologist's definition, laws are part of culture. Still another focuses on the point that while law is to some extent a mandarin text, it is itself a subject of popular culture“, Carol Weisbrod, *Emblems of Pluralism: Cultural Differences and the State*. Princeton 2002, 2.

12 Friedrich Schlegel, Versuch über den Begriff des Republikanismus. In: *Werke in zwei Bänden*. Berlin 1988, 52–73, 71: „Nur aus historischen Prinzipien der politischen Bildung, aus der The-

Menschheit" wiederholt von der „Kette der Kultur"[13], die dem Menschen Bindungen anlegt, der bildenden Kraft der Tradition[14], der gegenüber der Mensch ohnmächtig ist[15]: „Bildung und Fortbildung einer Nation ist nie anders als ein Werk des Schicksals".[16] Schon 1774 formuliert Herder:

> „Es gab ein Zeitalter, wo die Kunst der Gesetzgebung für das einzige Mittel galt, Nationen zu bilden, und dies Mittel ... ein Kodex der Vernunft, der Humanität ... werden sollte: die Sache war ohne Zweifel blendender als nützlich."[17]

Daran kann der frühe *Friedrich Carl von Savigny* in der Schrift „Vom Beruf unserer Zeit für Gesetzgebung und Wissenschaft" und im programmatischen Einleitungsaufsatz direkt anknüpfen, auch ohne explizit den Begriff der Kultur in diesem Zusammenhang zu verwenden. Dort schreibt er bekanntlich:

> „Die geschichtliche Schule nimmt an, der Stoff des Rechts sei durch die gesamte Vergangenheit der Nation gegeben, doch nicht durch Willkür, so daß er zufällig dieser oder ein anderer sein könnte, sondern aus dem innersten Wesen der Nation selbst und ihrer Geschichte hervorgegangen."[18]

Das Recht ist mithin ein Moment der Gesamtkultur eines Volkes.[19] *Jacob Grimm* hebt im Aufsatz „Die Poesie im Recht" zwei gleichermaßen nicht-rationale und „außergeschichtliche" Quellen des Rechts hervor: Das „Wunderbare" und das

orie der politischen Geschichte, läßt sich ein befriedigendes Resultat über das Verhältnis der politischen Vernunft und der politischen Erfahrung finden".

13 Z.B. Johann Gottfried Herder, *Ideen zur Philosophie der Geschichte der Menschheit.* Bd. 2. Berlin/Weimar 1965, 209.

14 So heißt es im ersten Kapitel des 9. Buches, das überschrieben ist: „So gern der Mensch alles aus sich selbst hervorzubringen wähnet, so sehr hanget er doch in der Entwicklung seiner Fähigkeiten von andern ab": „Bleibt der Mensch unter Menschen, so kann er dieser bildenden oder mißbildenden Kultur nicht entweichen: Tradition tritt zu ihm und formt seinen Kopf und bildet seine Glieder. Wie jene ist und wie diese sich bilden lassen, so wird der Mensch, so ist er gestaltet", Johann Gottfried Herder, *Ideen zur Philosophie der Geschichte der Menschheit.* Bd. 1. Berlin/Weimar 1965, 338. Später nennt er auch die „Tradition ... die fortpflanzende Mutter" der Kultur (a.a.O., 371).

15 „Alles ist großes Schicksal! von Menschen unüberdacht, ungehofft, unbewürkt – siehst du, Ameise, nicht, daß du auf dem großen Rade des Verhängnisses nur kriechest?... Mensch, du warst nur immer, fast wider deinen Willen, ein kleines, blindes Werkzeug", Johann Gottfried Herder, *Auch eine Philosophie der Geschichte zur Bildung der Menschheit.* Stuttgart 1990, 57.

16 Johann Gottfried Herder (Fn. 15), 64.

17 Johann Gottfried Herder (Fn. 15), 66.

18 Friedrich Carl von Savigny, Über den Zweck dieser Zeitschrift, *ZGR 1* (1815), 1–17, 3f.: Es müsse „jedes Zeitalter etwas Gegebenes anerkennen, welches jedoch nothwendig und frei zugleich ist; nothwendig, in so fern es nicht von der besonderen Willkür der Gegenwart abhängig ist, frei, weil es eben so wenig von irgend einer fremden besonderen Willkür ... ausgegangen ist, sondern vielmehr hervorgebracht von der höhern Natur des Volkes als eines stets werdenden, sich entwickelnden Ganzen... Verwerfen des Gegebenen der Strenge nach ganz unmöglich, es beherrscht uns unvermeidlich, und wir können uns nur darüber täuschen, nicht es ändern".

19 Jedenfalls der frühe Friedrich Carl von Savigny, *Vom Beruf unserer Zeit zu Gesetzgebung und Wissenschaft.* 1814, 102: was Sprache, Sitte und Verfassung „zu einem Ganzen verknüpft, ist die gemeinsame Überzeugung des Volkes, das gleiche Gefühl innerer Notwendigkeit, welches allen Gedanken an zufällige und willkürliche Entstehung ausschließt." Das Vereinigende scheint hier nicht das Volk als Ganzes zu sein, sondern das *Rechtsgefühl* desselben für diese Gesamtheit.

„Glaubensreiche“.[20] Aus diesen speist sich die Gerechtigkeit, so daß er „das Herkommen oder die Gewohnheit des Gesetzes wie des Epos“ als Ursprünge des Rechts ansieht.[21]

2. Postmoderne Theorien und Cultural Legal Studies

Hier wären ferner postmodern inspirierte Ansätze einzuordnen, die von Kultur als „institutioneller Normierung“ sprechen, wobei diese Normierung traditional vermittelt ist.[22] Aus ihr sollen dann die neuen kulturellen Mythen erwachsen, die Hintergrundfaktoren des Rechts sind. Das Recht selbst erscheint dann in seinen Grundstrukturen vorgegeben und nicht als Ausdruck von Autonomie.

In den USA bildete sich etwa die Bewegung der Cultural Legal Studies oder auch der Critical Cultural Studies aus, die sich als Ausbruch aus dem reduktionistischen Käfig des Legal Realism versteht[23] und insbesondere diskriminierende Systemstrukturen des Rechts problematisiert.[24] Dabei wird die Vagheit des Begriffs der Kultur durchaus eingestanden.[25] Recht wird dann nicht nur als technisches Instrument, sondern als Teil einer – häufig als objektiver, nicht steuerbarer, von Ideologien geprägter – Ordnung von gemeinsamen Überzeugungen, Gewohnheiten, Kunst, moralischer Verhaltensmuster, die sich organisch-kontinuierlich und nicht willkürlich-revolutionär entwickeln[26], beschrieben.[27] Gegen die positivistische Behauptung

20 Jacob Grimm (Fn. 1), 27 f.: „Unter Wunder verstehe ich hier die Ferne, worin für jedes Volk der Anfang seiner Gesetze und Lieder tritt; ohne diese Unnahbarkeit wäre kein Heiligthum, woran der Mensch hangen und haften soll, gegründe, Glaube hingegen ist nichts anders als die Vermittlung des Wunders, wodurch es an uns gebunden wird, welcher macht, daß es unser gehört, als ein angeborenes Erbgut, das seit undenklichen Jahren die Eltern mit sich getragen und auf uns fortgepflanzt haben, das wir wiederum behalten und unsern Nachkommen hinterlassen wollen.“

21 Jacob Grimm (Fn. 1), 28. Auch gegenwärtig sieht etwa Losch Gewohnheit und Habitualisierung als ein wesentliches Kriterium von Kultur an (Fn. 5), 32.

22 Georg Mein / Katrin Becker (Fn. 7), 306. Sie nehmen im Anschluß an Pierre Legendre an, daß derartige „Institutionen ihre Arbeit mehr oder minder unbemerkt, gleichsam hinter dem Rücken der Subjekte vollziehen“ und es so von der Komplexität der Welt entlasten.

23 Austin Sarat / Jonathan Simon, Cultural Analysis, Cultural Studies, and the Situation of Legal Scholarship. In: dies. Hrsg.: *Cultural Studies, and the Law*. Durham and London 2003, 1 ff., 6 f.

24 So etwa in der feministischen Kritik des Rechts. *Marie Ashe* schreibt in „Mind's Opportunity: Birthing a Poststructuralist Feminist Jurisprudence“: „The identifying features of this work have been its central concern with the universal cultural reality of female subordination… Since its early concentration on issues of female ‚equality‘ and ‚inequality‘ in the public areas of cultural life, feminist jurisprudence has broadened to explore what the law is, should, and might be, in the many areas where law explicitly or implicitely effects a differential impact on women and men“, in: *Legal Studies as Cultural Studies. A Reader in (Post)Modern Critical Theory*. Hrsg. v. Jerry Leonard. Albany 1995, 85–133, 85.

25 Austin Sarat / Thomas R. Kearns: The Cultural Lives of Law. In: dies., Hrsg.: *Law in the Domains of Culture*. Ann Arbor 2003, 1: „The concept of culture is troublingly vague and, at the same time, hotly contested, and law's relation to culture is as complex, varied, and disputed as the concept itself“.

26 So bekanntlich schon die historische Rechtsschule bei von Savigny (Fn. 18, 19).

27 Clifford Geertz, Local Knowledge: Fact and Law in Comparative Perspective. In: *Local Knowledge: Further Essays in Interpretive Anthropology*. 1983, 167 ff., 218 bezeichnet es als „critical truth

von der Autonomie des Rechts, aber auch gegen die Ableitung aus naturrechtlichen Moralvorstellungen im Sinne einer Verbindungsthese, soll das Recht verstanden werden als Teil einer gemeinschaftlich-geschichtlichen Ordnung[28], eine Ordnung, die das Recht nur zu oft „überwältigen" soll.[29] Ich möchte diesen Ansätzen im Folgenden nicht weiter nachgehen, sondern mich auf die autonomen Theorien konzentrieren.

3. Autonome Theorien von Recht und Kultur

Der Begriff der Kultur taucht bei *Georg Wilhelm Friedrich Hegel* eher gelegentlich und nicht in einer systematisch tragenden Bedeutung auf. Dort, wo der Begriff der Kultur seinen systematischen Ort hat, in der Geistphilosophie, verwendet er den Begriff in einem deskriptiven Sinn.[30] Wenn er das Wort „Kultur" nutzt, greift er auf den alten Begriff des Umgestaltens, wie er noch in der Agri-Kultur enthalten ist, zurück.[31] In der Sache gehören die Phänomene, die zumeist mit Kultur verbunden werden, wie Kunst, Sprache, Recht, unterschiedlichen Bereichen des Geistes an. Für

that law, rather than a mere technical add-on to a morally (or immorally) finished society, is, along of course with a whole range of other cultural realities from the symbolics of faith to the means of production, an active part of it".

28 So schreibt *Robert Post* gleich in der Einleitung seines Buches „Law and the Order of Culture (Berkley 1991), VII: „We have long been accustomed to think of law as something apart. The grand ideals of justice, of impartiality and fairness, have seemed to remove law from the ordinary, disordered paths of life. For this reason efforts to unearth connections between law and culture have appeared vaguely tinged with exposé, as though the idol were revealed to have merely human feet. In recent years, with a firmer sense of the encompassing inevitability of culture, the scandal has diminished, and the enterprise of actually tracing the uneasy relationship of law to culture has begun in earnest. There is an emerging consensus that culture ought to be regarded, in Raymond Williams's words, ‚as the *signifying system* through which necessarily (though among other means) a social order is communicated, reproduced, experienced, and explored.' Culture… is the precondition for the very possibility of human meaning, and is not merely ornamental, but engaged in the hard, practical, and important work of reproducing the social order".

29 Austin Sarat/Thomas R. Kearns (Fn. 25), 20.

30 Heute unter Berufung auf Hermann Heller, der sich wiederum auf Hegel bezieht, etwa Peter Häberle o. (Fn. 9), 140f.: „Verfassung ist nicht nur juristischer Text oder normatives Regel-Werk, sondern auch Ausdruck eines kulturellen Entwicklungszustandes, Mittel der kulturellen Selbstdarstellung eines Volkes, Spiegel seines kulturellen Erbes und Fundament neuer Hoffnungen. Lebende Verfassungen sind ein Werk aller Verfassungsinterpreten der offenen Gesellschaft, sind der Form und der Sache nach weit mehr Ausdruck und Vermittlung von Kultur, Rahmen für kulturelle (Re-)Produktion und Rezeption und Speicher von überkommenen ‚kulturellen' Informationen, Erfahrungen, Erlebnissen, ja auch Weisheiten". Zahlreiche Belege des Rechtsbegriffs der Kultur bei Peter Häberle, *Europäische Rechtskultur*. Frankfurt/Main 1997, 9ff.

31 Vgl. etwa Georg Wilhelm Friedrich Hegel, *Grundlinien der Philosophie des Rechts*. Frankfurt/Main 1985, §56, Anm. „Es gehört hierher auch das Formieren des Organischen, an welchem das, was ich an ihm tue, nicht als ein Äußerliches bleibt, sondern assimiliert wird: Bearbeitung der Erde, Kultur der Pflanzen, Bezähmen, Füttern und Hegen der Tiere; weiter vermittelnde Veranstaltungen zur Benutzung elementarischer Stoffe oder Kräfte, veranstaltete Einwirkung eines Stoffes auf einen anderen usf.". Auch sonst hat der Begriff bei Hegel noch überwiegend den engen Bezug zur Naturbearbeitung.

den Geist aber ist die Freiheit konstitutiv.[32] Das Recht ist die Freiheit im Bereich der Auseinandersetzung mit anderen – des objektiven Geistes – und Kunst Freiheit in der freien, ideellen Formung verschiedener Materien – des absoluten Geistes. In allen diesen Sphären geht es der Philosophie um die Rekonstruktion der kulturellen Phänomene aus dem Begriff der Freiheit. Kultur hat mit Freiheit sowohl in ihrer individuellen als auch in ihrer objektiven Dimension zu tun. In letzterer ist sie Ausdruck einer freien gemeinsamen Lebensform.[33]

Immanuel Kant hatte den Begriff der Kultur demjenigen der Zivilisation entgegengesetzt. Während die Zivilisiertheit in einem gewissen angemessenen und anständigen Umgang der Menschen untereinander besteht, bedeutet der Begriff der Kultur die Ausrichtung auf die Idee der Moralität.[34] Kultiviert ist der Mensch nur dann, wenn er seine höhere Natur entfaltet, die Menschheit in seiner Person.[35] Kant zufolge erreicht der Mensch die moralische Kultur aber nur dann, wenn der Rechtszustand allseitig errichtet und gesichert ist. Innerhalb der bürgerlichen Gesellschaft muß dazu die äußere Freiheit des einen mit derjenigen des anderen durch ein Gesetz geordnet sein, das der Idee von Demokratie und Rechtsstaat entspricht. Deshalb ist das „äußere Ziel der Kultur … eine vollkommene bürgerliche Verfassung".[36] Sie wird mit der Ausrichtung auf die Ermöglichung eines moralischen Lebens zu einem normativen Begriff.[37] Die Kultur der Moralität ist ein zu erreichendes Ziel des Menschen; und der Rechtszustand das Mittel hierzu.

32 Georg Wilhelm Friedrich Hegel (Fn. 31), § 4: „Der Boden des Rechts ist überhaupt das Geistige und seine nähere Stelle und Ausgangspunkt der Wille, welcher frei ist, so daß die Freiheit seine Substanz und Bestimmung ausmacht und das Rechtsystem das Reich der verwirklichten Freiheit, die Welt des Geistes aus ihm selbst hervorgebracht, als eine zweite Natur, ist".

33 So heißt es etwa in der Ästhetik (Georg Wilhelm Friedrich Hegel, Vorlesungen über die Ästhetik III. *Werke*, Bd. 15. Hrsg. v. E. Moldenhauer u. K. M. Michel. Frankfurt/Main 1986, 503): „Fast jedes Volk nämlich hat mehr oder weniger in seinen frühesten Anfängen irgendeine fremde Kultur, einen auswärtigen Gottesdienst vor sich gehabt und sich dadurch imponieren lassen; denn darin eben besteht die Gefangenschaft, der Aberglauben, die Barbarei des Geistes: das Höchste, statt darin heimisch zu sein, als ein sich Fremdes, nicht aus dem eigenen nationalen und individuellen Bewußtsein Hervorgegangenes zu wissen".

34 Immanuel Kant, Idee zu einer allgemeinen Geschichte in weltbürgerlicher Absicht. In: Schriften zur Anthropologie, Geschichtsphilosophie, Politik und Pädagogik 1. *Immanuel Kant Werkausgabe*, Bd. XI. Hrsg. v. W. Weischedel. Frankfurt/Main 1977, 31–50, A 402 f., 44: „Wir sind im hohen Grade durch Kunst und Wissenschaft cultivirt. Wir sind civilisirt bis zum Überlästigen zu allerlei gesellschaftlicher Artigkeit und Anständigkeit. Aber uns schon für moralisirt zu halten, daran fehlt noch sehr viel. Denn die Idee der Moralität gehört noch zur Cultur; der Gebrauch dieser Idee aber, welcher nur auf das Sittenähnliche in der Ehrliebe und der äußeren Anständigkeit hinausläuft, macht blos die Civilisirung aus".

35 Immanuel Kant, Anthropologie in pragmatischer Hinsicht (1798). *Werke* (Hrsg. W. Weischedel). Band 10. Wissenschaftliche Buchgesellschaft, Darmstadt 1968, 678: „Der Mensch ist durch seine Vernunft bestimmt, in einer Gesellschaft mit Menschen zu sein, und in ihr sich durch Kunst und Wissenschaft zu kultivieren, zu zivilisieren und zu moralisieren; wie groß auch sein tierischer Hang sein mag, sich den Anreizen der Gemächlichkeit und des Wohllebens, die er Glückseligkeit nennt, passiv zu überlassen".

36 Immanuel Kant, Mutmaßlicher Anfang der Menschengeschichte. In: Schriften zur Anthropologie, Geschichtsphilosophie, Politik und Pädagogik 1. *Immanuel Kant Werkausgabe*, Bd. XI. Hrsg. v. W. Weischedel. Frankfurt/Main 1977, 83–102, A 16, 94 Anm.

37 Vgl. zu Kants Begriff der Kultur auch Enno Rudolph, Das Recht der Kultur – Die Kultur des Rechts: von Herder zu Kant. In: Marcel Senn (Hg.): *Rechtswissenschaft als Kulturwissenschaft? Kon-*

Mit dem Aufschwung der kulturwissenschaftlichen Diskussion am Anfang des 20. Jahrhunderts ging es auch um die Frage, wie der Begriff der Kultur zu bestimmen sei und wie sich das Recht dazu stellt.[38] Der objektive Idealismus griff auf den deskriptiven Kulturbegriff Hegels zurück. Für neukantianische Ansätze erfolgte die Bestimmung der Differenz von Natur und Kultur anhand des Begriffes des Wertes. Schließlich verband Ernst Cassirer in der Philosophie der symbolischen Formen beide Anliegen. Bei allen Autoren bezeichnet Kultur eine Welt der Freiheit.[39]

II. Recht als Teil der Kultur beim Neu-Hegelianer Josef Kohler

Als Beispiel für eine hegelianische Konzeption der Rechtswissenschaft als Kulturwissenschaft sei hier *Josef Kohler* erwähnt.[40] Er hatte seine Konzeption der Rechtsphilosophie als Kulturphilosophie auf Hegel, den „Jungbrunnen für unser ganzes wissenschaftliches Denken“[41] gestützt. Kohler greift auf den ursprünglichen Kulturbegriff im Sinne einer zu erarbeitenden zweiten Natur zurück, den auch Hegel verwendet, wenn er schreibt: „Alles Erkennen und alles Können und damit die Natur bemeistern, das ist das letzte Ziel der Kulturentwicklung“[42] und definiert: „Die Kultur ist die Gesamtheit der menschlichen Errungenschaften in der Ueberwindung des Alls auf dem Wege der Kenntnis und der Kunstschöpfung und auf dem Wege der materiellen Beherrschung“.[43] Natur bemeistern und überwinden – das ist der deskriptive Naturbegriff.[44] Das Recht versteht er als „Offenbarung des in der Menschheit waltenden vernünftigen Geistes und seines Kulturtriebes…“.[45] Anders als die romantischen Vorstellungen von der Bestimmtheit der Kultur durch Tradition, Gewohnheit

gress der Schweizerischen Vereinigung für Rechts- und Sozialphilosophie, 15. und 16. Juni 2007, Universität Zürich. Stuttgart (ARSP-Beiheft 115), 135–143, 138 f.

38 Gerhard Sprenger: Recht als Kulturerscheinung. In: ders. *Von der Wahrheit zum Wert. Gedanken zu Recht und Gerechtigkeit.* Stuttgart 2010, 75 ff.

39 So etwa auch Fichte, wenn er schreibt: „*Cultur* heisst Uebung aller Kräfte auf den Zweck der völligen Freiheit, der völligen Unabhängigkeit von allem, was nicht wir selbst, unser reines Selbst ist“, Johann Gottlieb Fichte, Beitrag zur Berichtigung der Urtheile des Publicums über die französische Revolution. In: J. G. Fichte-Gesamtausgabe der Bayerischen Akademie der Wissenschaften. Bd. I/1 *Werke 1791–94.* Hrsg. v. R. Lauth u. H. Jacob. Stuttgart-Bad-Cannstadt, 202 ff., 241.

40 Zu seinem Hegelianismus, Josef Kohler, Vom Positivismus zum Neuhegelianismus, *ARWP III* (1909/1910) 67–172; vgl. auch Gerhard Sprenger (Fn. 38), 77.

41 Josef Kohler, Lehrbuch der Rechtsphilosophie, *ARWP 2* (1908/09), 30–41, 38. In der zweiten Auflage des Lehrbuchs findet sich das Zitat nicht mehr: Joseph Kohler, *Lehrbuch der Rechtsphilosophie.* 2. Aufl. Berlin und Leipzig 1917. Zu Kohler Andreas Gängel / Michael Schaumburg, Joseph Kohler-Rechtsgelehrter und Rechtslehrer, *ARSP* 1989, 289–312, bes. 300 ff.

42 Josef Kohler, *Lehrbuch der Rechtsphilosophie.* 1. Aufl. Berlin und Leipzig 1909, 14.

43 Josef Kohler 1909/1917 (Fn. 42, 41), 4.

44 Dieses Verständnis findet sich etwa auch bei Paul W. Kahn: „We … oppose to law the merely animal in man, a chaotic state of violent competition of each against all. Nature precedes law not as its origin and truth, but as that brutish state out of which we rise through the creation of law“, Paul W. Kahn, *The Cultural Study of Law. Reconstructing Legal Scholarship.* Chicago and London 1999, 99.

45 Josef Kohler, Rechtsphilosophie und Universalrechtsgeschichte. In: *Enzyklopädie der Rechtswissenschaft in systematischer Bearbeitung.* Begründet von Dr. Franz von Holtzendorff. 6. Aufl. Bd. 1, Leipzig und Berlin 1904, 15.

und eben Vergangenheit, geht Kohler von einer Janusköpfigkeit des Rechts als Kulturphänomen aus, denn es gehe nicht nur aus der Tradition hervor, sondern bereite auch zukünftige Kulturentwicklungen vor.[46]

Das Recht steht für ihn in einer ständigen Wechselwirkung mit der übrigen Kultur.[47] In einer normativen Wendung von Hegels Satz von der Wirklichkeit der Vernunft und der Vernunft der Wirklichkeit fordert Kohler: Das Recht „muß so gestaltet sein, daß es den wechselnden Kulturanforderungen entspricht, daß es die Kultur fördert und nicht hemmt und unterdrückt".[48] Dem Staat kommt „kraft eigenen Rechts die allseitige Förderung der Kultur und der Schutz gegen Unkultur" zu.[49] Der Staat ist mithin „Kulturstaat". Als solcher ist er nach Kohler eine Fortentwicklung gegenüber dem bloß formalen Rechtsstaat, denn es geht dem Kulturstaat um die Entwicklung aller menschlichen Fähigkeiten.

Kohlers Begriff der Kultur bleibt trotz vehementer Proteste seinerseits vage.[50] Entsprechend sind es auch die postulierten Zusammenhänge des Rechts als „Kulturerscheinung und Kulturbedingung".[51] Seinem Begriff der Kultur fehlt der systematische Hintergrund, der Hegels objektivem Geist noch einen Sinn verlieh. Hier ging es um die Realisierung der Freiheit in Anerkennungsbeziehungen mit anderen, denn zum Wesen des Geistes gehört die Freiheit. Kunst, Sprache und Recht konnten so bei Hegel noch gleichermaßen als Realisierungen der Freiheit verstanden werden. Bei Kohler wird dieser Bezugspunkt unbestimmter[52]: Ins Zentrum rückt der Mensch, ohne ihn näher zu qualifizieren.[53] Jedenfalls scheint es Kohler selbst mit dem Begriff der Kultur besser gegangen zu sein als seinem Leser, wenn er schreibt: „Dieser

46 Josef Kohler (Fn. 45), 6: „Das Recht baut sich ... auf auf der Grundlage der Kultur; aber es ist, wie jedes Kulturelement, ein Januskopf; indem es aus der vergangenen Kultur stammt, hilft es einer künftigen Kultur den Boden zu bereiten; hervorgegangen aus der Vernünftigkeit einer bestimmten Periode, dient es dem Fortschritt der Kultur und arbeitet damit an der Schöpfung einer neuen Kultur, an der Zerstörung seiner eigenen. Jedes Recht ist ein Oedipus, der seinen Vater tötet und mit seiner Mutter ein neues Geschlecht erzeugt".

47 Josef Kohler, *Einführung in die Rechtswissenschaft*. 3. Aufl. Leipzig 1908, 3: „Das Recht ist eine Schöpfung der Kultur, es hat die Aufgabe, die Kultur zu ermöglichen, zu fördern und zum Gedeihen der Menschheitszwecke zu führen".

48 Josef Kohler (Fn. 42), 4 u. 38: „Die Rechtserfordernisse sind Kulturerfordernisse. Das Recht soll sich so gestalten, wie es der Kultur am gemäßesten ist. Es soll die Kulturkeim fördern und die entgegenstehenden Elemente zurückdrängen".

49 Josef Kohler (Fn. 41), 231.

50 *Gephart* nennt seine Untersuchungen enttäuschend, (Fn. 8), 40; Hasso Hofmann (Fn. 6), 46 etwas spöttisch: „In der Tat liegen die unbestreitbaren Verdienste Kohlers mehr im Bereich des Immaterialgüterrechts, der Rechtsgeschichte und der Rechtsvergleichung".

51 Josef Kohler, Wesen und Ziele der Rechtsphilosophie, *ARWP 1* (1907/8), 3–15, 3.

52 Josef Kohler (Fn. 47), 1: „Die Tat der Kultur ist nicht die Schöpfung des sozialen Gemeinwesens, die Tat der Kultur ist vielmehr die relative Befreiung des einzelnen und die Versöhnung dieser relativen Freiheit mit den Rechten und Erfordernissen des Ganzen; es handelte sich darum, eine Ordnung zu gestalten, worin der einzelne, ohne dem Ganzen zu entrinnen, doch ein möglichst selbständiges Schalten und Walten habe. Der Gang der Kultur ist daher ein ganz anderer, als man früher annahm: die Kultur hat nicht die Freiheit des einzelnen beschränkt, sie hat die Freiheit des einzelnen geschaffen." Das Recht ist hingegen eine „Zwangsordnung".

53 In der Enzyklopädie heißt es dazu: „Die Rechtsphilosophie ist ein Zweig der Philosophie des Menschen, d. h. derjenigen Philosophie, welche die Stellung des Menschen und der menschlichen Kultur in der Welt und im Weltgetriebe zu ermitteln hat... Die Rechtsphilosophie hat daher den Menschen als Kulturträger ins Auge zu fassen...", Josef Kohler (Fn. 45), 3.

Begriff der Kultur, als Zweck alles menschlichen Wirkens ... ist so klar und bestimmt, daß ich nicht weiß, wie man daran deuteln will."[54] Vage bleibt insbesondere auch seine Bestimmung des Verhältnisses von Freiheit und Kultur.[55] Das Recht schützt die Freiheit und beschränkt sie, ist aber nicht wie bei Hegel Ausdruck der Freiheit. Wie bei Hegel der objektive Geist jedoch ein nicht-normativer Begriff ist, so ist auch bei Kohler die Kultur im Sinne eines beschreibenden Begriffes zu verstehen. Der Begriff des Wertes tritt zwar auf, ist aber Ausdruck der Kultur und nicht ihr normativer Bezugspunkt: „Alles was ...kraft Erkennens, Schöpfens und Machtbeherrschens bedeutsames geleistet wird, bildet einen Kulturwert".[56] Die Kultur ihrerseits trat damit an die Stelle des Naturrechts als eine Hintergrund-Sittlichkeit des positiven Rechts. Der Wert ist also das Ergebnis eines schöpferischen Aktes des Menschen und liegt diesem nicht voraus.[57]

III. Kultur als normativer Bezug bei den Neukantianern

Den Neukantianern gelang es gegenüber derartigen unspezifischen Ansätzen[58] dem Verständnis der Kultur unter Rückgriff auf den Begriff des Wertes schärfere Konturen zu verleihen.[59] Dabei kommen der südwestdeutschen größere Verdienste zu als der Marburger Schule. Der Wert erhält hier die eine vergleichbare Funktion für die Erkenntnis der Praxis wie die transzendentale Idee bei Kant für die theoretische Erkenntnis. Er wird zum einheitsstiftenden Bezugspunkt für die Erkenntnis der Kulturgegenstände. Damit ist der Wert zugleich grundlegende Bedingung der Möglichkeit der Erkenntnis des Rechts als Teil der Kultur wie auch der Bedingung der Möglichkeit einer auf sie bezogenen Kulturwissenschaft.

Südwestdeutsche wie Marburger Schule gehen dabei vom Begriff der Erkenntnis aus. *Heinrich Rickert* verstand erstmals den Wert als denjenigen Gesichtspunkt des Denkens, aufgrund dessen natur- und geisteswissenschaftliche Perspektive unterschieden werden können.[60] Wird ein Gegenstand im Lichte eines Wertes betrachtet, untersucht man ihn als Kulturgegenstand in geisteswissenschaftlicher Perspektive; wird er hingegen nicht in axiologischer Perspektive und mithin wertfrei untersucht,

54 Josef Kohler (Fn. 40), 171.

55 Vgl. gerade (Fn.52).

56 Josef Kohler (Fn. 41), 5.

57 „Allen diesen Werten eignet ein subjektiver Halbpart: Sie sind auf menschliche Wertungen zurückzuführen. Werte sind Werte für uns", schreibt Gerhard Sprenger in diesem Sinn: Gerhard Sprenger, Vom Wert der Wahrheit und der „Wahrheit" des Wertes im Recht. In: ders. *Von der Wahrheit zum Wert. Gedanken zu Recht und Gerechtigkeit.* Stuttgart 2010, 11 ff., 33.

58 Zur zeitgenössischen Diskussion vgl. Gerhard Sprenger (Fn. 38), 78 f.

59 Gerhard Sprenger (Fn. 38), 78 f.

60 Gerhard Sprenger (Fn. 38), 86; Heinrich Rickert 1896, 309: „Die Objekte, mit denen es die Geschichtswissenschaften zu thun haben, sind vielmehr, im Gegensatz zu den Objekten der Naturwissenschaft, unter den Begriff der Kultur zu bringen, weil der Inhalt der Werthe, welche die historische Begriffsbildung leiten und zugleich bestimmen, was Objekt der Geschichte wird, durchweg dem Kulturleben entnommen ist. Freilich kann auch die Kultur wie jede Wirklichkeit unter naturwissenschaftliche Begriffe gebracht werden, aber für sie reicht diese Art der Darstellung allein niemals aus, sondern sie erschliesst sich in ihrer Bedeutung nur der geschichtlichen Forschung".

so erscheint er als Naturding. Als Gesichtspunkte oder Ideen haben Werte keine Existenz, sie „sind“ nicht, sondern sie gelten als Bedingung der Möglichkeit der Erkenntnis.[61] Der Wert hat also zunächst eine Erkenntnisfunktion. Er ist insofern sowohl vom Akt des Wertens als auch von seinem Inhalt – verschiedenen Werten – zu unterscheiden. Kultur hat bei Rickert freilich noch die ambivalente Bedeutung einerseits des geschichtlichen Prozesses und andererseits des Sinnes dieser historischen Vorgänge, der sich aus ihrer Bezogenheit auf die Werte ergibt.[62] Anders als in der materialen Wertethik eines Max Scheler oder dem erneuerten Idealismus Nikolai Hartmanns, bleibt aber der Begriff des Wertes gegenüber der zu bewertenden Wirklichkeit formal und ist auf den Erkenntnisvorgang selbst bezogen. Eine Wertordnung läßt sich daraus nicht gewinnen.[63]

Die Werte sind aus dem empirischen Kulturleben zu ermitteln. Es sind diejenigen Sinnvorstellungen, die Anspruch auf Geltung erheben können. Dieser philosophisch zu bestätigende Anspruch macht sie zu Kulturgütern.[64]

Gustav Radbruch greift schließlich den von Windelband, Rickert und Lask entwickelten Gedanken auf und versteht das Recht von seiner Wertbezogenheit her. Zugleich geht er über diese Neukantianer dadurch hinaus, daß er den Wert durch die Rechtsidee, die in der Gerechtigkeit besteht, materialisiert.[65] Nur dieser Wertbezug ist notwendige Bedingung für die Erkenntnis des Sinnes einer Wirklichkeit als Recht, nicht auch die Erfüllung konkreter Werte, deren Geltung sich durchaus geschichtlich entwickeln kann.[66] Aber der Wert der Rechtsidee erfüllt doch die erkenntnisleitende Funktion bei Radbruch nur hinsichtlich dieser notwendigen Bedingung. Seinem Inhalt nach stehen die Elemente der Rechtsidee in einer antinomischen Spannung, hinsichtlich derer sich nur relative Urteile und keine notwendigen bilden lassen. Hier hat somit auch die geschichtliche Entwicklung ihren Platz.

Es würde aber die Trennung von Wert als Bedingung der Erkenntnis und Erkenntnisgegenstand wieder aufheben, wollte man nun konkrete Werte als absolut ansehen, wie dies eine materiale Naturrechtslehre getan hat. Auch im Naturrecht geht es nach dieser Auffassung um konkrete geschichtliche Wertungen, nicht um apriorische Werte. Denn ihr Charakter als vor der Erfahrung liegend muß transzendental aus dem Erkenntnisverfahren begründet werden.

Gerhard Sprenger referiert diese Wertlehre des südwestdeutschen Neukantianismus und den darauf aufbauenden Kulturbegriff. Er geht aber darüber hinaus, indem er aus der anthropologischen Unsicherheit des Menschen – dem „gebrochenen

61 Heinrich Rickert, Vom Begriff der Philosophie, *Logos* 1910/11, 12: „... kommt der Wert als Wert in Betracht, so ist die Frage nach seiner Existenz sinnlos. Man kann dann nur fragen, ob er ‚gilt‘ oder nicht, und diese Frage fällt unter keinen Umständen mit der nach der Existenz des Wertens zusammen“.

62 Heinrich Rickert, *Die Grenzen der naturwissenschaftlichen Begriffsbildung.* Tübingen und Leipzig 1896, 309 f.

63 Gerhard Sprenger: Rechte und Werte. In: ders. *Von der Wahrheit zum Wert. Gedanken zu Recht und Gerechtigkeit.* Stuttgart 2010, 125–146, 133 f.

64 Heinrich Rickert (Fn. 61), 17.

65 Gerhard Sprenger (Fn. 38), 87.

66 Näher Stephan Kirste, Rechtsidee und Elemente der Gerechtigkeit bei Gustav Radbruch. In: *Rechts- und Staatsphilosophie des Relativismus. Pluralismus, Demokratie und Rechtsgeltung bei Gustav Radbruch.* Hrsg. v. W. Pauly. Baden-Baden (Staatsverständnisse, Bd. 38) 2011, 57–83, 61 f.

Weltbezug", wie er im Anschluß an *Walter Schulz* sagt[67] – die Notwendigkeit einer Wertsetzung als Kulturstiftung begründet.[68] Die Werte treten bei ihm als geschichtliche Platzhalter an die Stelle der materialen, dem Menschen nicht mehr zugänglichen Ideen. Sie sind danach Ausdruck der von Nietzsche angenommenen Notwendigkeit, „daß Etwas für wahr gehalten werden muß ist notwendig; nicht, daß Etwas wahr ist".[69] Die Werte erscheinen so nicht als etwas Transzendentes, sondern als Setzungen des Menschen[70]; nicht als Bedingungen der Möglichkeit der Erkenntnis des Sinns von Kulturgütern, sondern selbst als Kulturerscheinungen. Sprenger formuliert dies so: „Der Mensch inszeniert selbst das Übergreifende, das er dann als ein ihm Überlegenes anerkennt".[71]

Doch bedeutet die „Überlegenheit" eine Herrschaft, die der Legitimation bedarf. Wieso soll sich der Mensch den so selbstgeschaffenen Werten unterwerfen? Sprenger scheint einer lebensweltlichen Begründung dieser Werte zu vertrauen; andere sprechen von den unhinterfragten Ordnungsmustern der Sitte.[72] Doch was, wenn diese Lebenswelt fragmentiert ist, technische Entwicklungen sich so rasch vollziehen, daß keine Einstellung darauf möglich ist? Ohnehin liegen Werte hier in einer eher vorbewußten Form vor, die sich kaum für den Vollzug zur Lösung komplexer Probleme eignet.

IV. Rechtswissenschaft als Kulturwissenschaft im Sinne Ernst Cassirers

Darauf ist zurückzukommen. Zunächst sollen hier jedoch einige Überlegungen zu einem wichtigen Anreger der Kulturwissenschaften eingeschoben werden, zu *Ernst Cassirer*. Cassirer stellt sich und steht mit seiner Kulturphilosophie in eine Linie seit *Coluccio Salutati, Pico della Mirandola,*[73] *Giambattista Vico* und in gewisser Hinsicht auch *Wilhelm Dilthey*. Salutati behauptet mit seiner These vom Vorrang der Jurisprudenz über die Medizin[74] zugleich, daß der menschlichen Erkenntnis seine eigenen

67 Walter Schulz, *Der gebrochene Weltbezug*. Stuttgart 2003; Gerhard Sprenger (Fn. 57), 23.

68 Gerhard Sprenger (Fn. 57), 31 f.

69 Friedrich Nietzsche, *Nachgelassene Fragmente 1885–1887*. Kritische Studienausgabe Bd. 12, Hrsg. v. G. Colli u. M. Montinari. 2. Aufl. München/Berlin 1988, 352.

70 „Der Mensch schaffte sich ein dem ‚Guten', der Wahrheit vergleichbar Gültiges, etwas, das den gleichen ‚Wert' hat", schreibt Gerhard Sprenger, 131 insoweit Martin Heidegger folgend.

71 Gerhard Sprenger (Fn. 63), 145.

72 Vgl. etwa Ernst Cassirer, *Zur Logik der Kulturwissenschaften*. Fünf Studien. Darmstadt 1994, 2.

73 Ernst Cassirer, Pico della Mirandola. A Study in the History of Renaissance Ideas (1942). In: Ernst Cassirer: *Gesammelte Werke*. Bd. 24: Aufsätze und kleine Schriften 1941–1946, bearb. von Claus Rosenkranz. Hamburg 2007, 67 ff., 101: Der Mensch, den Gott bei Pico zum Schöpfer seiner selbst gemacht hat, nennt Cassirer einen „artist in a sense possesses ... freedom raised to a higher power; from it and because of it he can bring forth a new ‚Nature'".

74 Coluccio Salutati, *Vom Vorrang der Jurisprudenz oder der Medizin. De nobilitate legum et medicinae*. Lateinisch-deutsche Ausgabe übersetzt und kommentiert von P. M. Schenkel. München. 1990. Ihr Vorrang besteht darin, daß sie weit eher in der Lage ist, sichere Erkenntnisse hervorzubringen als die Medizin. Denn was der Mensch selbst hervorgebracht hat, das kann er, eben weil es von ihm stammt, am sichersten erkennen. Es ist kein Fremdes für ihn. Der Mensch gibt den Gegenständen der Jurisprudenz ihre Notwendigkeit, indem er sie schafft und kann dies nachher leichter erkennen als die Notwendigkeit, die durch ihm nicht unmittelbar vertraute Kräfte in die Dinge gelegt wurde, wie in den Naturwissenschaften, vgl. auch Stephan Kirste, Menschenwürde

Produkte näher lägen als die Naturdinge, mit denen es die Medizin zu tun hat. Vico nahm in seiner Neuen Wissenschaft an, daß der Mensch dasjenige besonders gut erkennen könne, was er selbst geschaffen habe.[75] Dilthey schreibt: „Nur, was der Geist geschaffen hat, versteht er. Alles, dem der Mensch wirkend sein Gepräge aufgedrückt hat, bildet den Gegenstand der Geisteswissenschaften".[76] Das gilt auch für die Kulturwissenschaften.[77] Gerade deshalb ist der Mensch nach diesem Gedanken Imago Dei, weil er in der kulturellen Welt erkennt, was er selbst hervorgebracht hat, während er die natürliche Welt ein zweites Mal in seinem Denken hervorbringen muß, um sie erkennen zu können.

Cassirers Beitrag zur Rechtsphilosophie ist lange vernachlässigt worden[78]; tatsächlich liegen auch mit Ausnahme des Hägerström-Buchs[79], das aber ebenfalls

und Freiheitsrechte des Status Activus. Renaissancehumanismus und gegenwärtige Verfassungsdiskussion. In: *Des Menschen Würde: (wieder)entdeckt oder erfunden im Humanismus der italienischen Renaissance?* Hrsg. v. R. Gröschner, S. Kirste, O. Lembcke. Tübingen (Politika 1) 2008, 187ff., 198.

75 Vico schreibt in seiner „Neuen Wissenschaft" von einer „Wahrheit, die auf keine Weise in Zweifel gezogen werden kann: daß diese politische Welt sicherlich von den Menschen gemacht worden ist; deswegen können (denn sie müssen) ihre Prinzipien innerhalb der Modifikationen unseres eigenen menschlichen Geistes gefunden werden... Wie nämlich alle Philosophen sich ernsthaft darum bemüht haben, Wissen zu erlangen von der Welt der Natur, von der doch, weil Gott sie schuf, er allein Wissen haben kann, und wie sie vernachlässigt haben, diese Welt der Völker oder politische Welt zu erforschen, von der, weil die Menschen sie geschaffen hatten, die Menschen auch Wissen erlangen konnten", Giambattista Vico, *Prinzipien einer neuen Wissenschaft über die gemeinsame Natur der Völker.* Hamburg 2009, 143.

76 Wilhelm Dilthey, *Der Aufbau der geschichtlichen Welt in den Geisteswissenschaften.* Einleitung v. M. Riedel. 4. Aufl. Frankfurt/Main 1993, 180.

77 Ernst Cassirer (Fn. 72, 10): „Die Werke der menschlichen Kultur sind die einzigen, die in sich die beiden Bedingungen vereinen, auf denen die vollkommene Erkenntnis beruht; sie haben nicht nur ein begrifflich-erdachtes, sondern ein durchaus bestimmtes, ein individuelles und historisches Sein. Aber die innere Struktur dieses Seins ist dem menschlichen Geist zugänglich und aufgeschlossen, weil er selbst ihr Schöpfer ist. Der Mythos, die Sprache, die Religion, die Dichtung: das sind die Objekte, die der menschlichen Erkenntnis wahrhaft angemessen sind" – und man könnte das Recht ergänzen, vgl. auch Ernst Cassirer (Fn. 72), 86.

78 Vgl. jetzt aber die umfangreiche Arbeit von Deniz Coskun, *Law as Symbolic Form. Ernst Cassirer and the Anthropocentric View of Law.* Dordrecht, Springer (Law and Philosophy Library, Vol. 82) 2007; dazu Stephan Kirste, Deniz Coskun: Law as Symbolic Form. Ernst Cassirer and the Anthropocentric View of Law. Dordrecht, Springer (Law and Philosophy Library, Vol. 82) 2007, *ARSP* 95 (2009), 146–149 und den Aufsatz von Markus Winkler, Symbolische Prägnanz und Produktive Interpretation. Ansätze zu einer Theorie des Rechts bei Ernst Cassirer, *Rechtstheorie* 44 (2013), 219ff. Johannes Saurer, Das Recht als symbolische Form und als Gegenstand der praktischen Philosophie: Zur Rechts- und Staatsphilosophie Ernst Cassirers, *ARSP* 95 (2009), 490ff. – Innerhalb der Cultural Legal Studies-Bewegung beruft sich etwa Paul W. Kahn auf Cassirer, versteht ihn jedoch nicht vor seinem neu-kantianischen philosophischen Hintergrund, vgl. Paul W. Kahn, Freedom, Autonomy, and the Cultural Study of Law. In: Austin Sarat/Jonathan Simon: *Cultural Studies, and the Law.* Durham and London 2003, 154ff., 171f.; zur Cassirer-Rezeption bei Kahn auch Deniz Coskun (Fn. 78), 261ff.; für die Staats- und Verfassungstheorie vgl. Ingeborg Villinger, Ernst Cassirers Kulturphilosophie des Symbolischen. Perspektiven mythischer Rationalität des Politischen. In: *Kulturtheoretiker denken den Staat.* Hrsg. v. H. Bergbauer. Baden-Baden 2013, 81–105.

79 Ernst Cassirer, Axel Hägerström. Eine Studie zur schwedischen Philosophie der Gegenwart (1939). Text und Anmerkungen bearbeitet von Claus Rosenkranz. In: Ernst Cassirer: *Gesammelte Werke.* Hamburger Ausgabe. Bd. 21. Hamburg 2005. – Er versteht diese Schrift, die Beschäfti-

weitgehend allgemeine Fragen des Mythos betrifft[80], keine zusammenhängenden Werke Cassirers zur Rechtsphilosophie vor. Dennoch leistet seine Kulturphilosophie einen wichtigen Beitrag sowohl zum Rechtsbegriff als auch zur Konzeption der Rechtswissenschaft. Diese Bedeutung wird freigelegt, wenn wir in Anlehnung an Cassirer das Recht als symbolische Form verstehen.[81]

Der Begriff der symbolischen Form ist in der Tat zentral für die Philosophie Ernst Cassirers. Der Mensch selbst wird von ihm durch seine symbolisierende Kraft charakterisiert: Er ist ein „animal symbolicum“.[82] Unter symbolischen Formen soll „jede Energie des Geistes verstanden werden, durch welche ein geistiger Bedeutungsgehalt an ein konkretes sinnliches Zeichen geknüpft und diesem Zeichen innerlich zugeeignet wird.“[83] Symbole entspringen der weltschaffenden Kraft des freien Individuums, das nicht nur äußere Eindrücke empfängt, „sondern ... jeden Eindruck mit einer freien Tätigkeit des Ausdrucks verknüpft und durchdringt.“[84] So geformt kann jeder Gegenstand zur symbolischen Form werden. Befreiung von der Natur in der theoretischen Philosophie und Versinnlichung in Freiheitsgestalten in der praktischen sind die beiden Dimensionen der symbolischen Formen. So entsteht dann „Kultur als ... Prozeß der fortschreitenden Selbstbefreiung des Menschen“.[85] Der Mensch unterscheidet sich von der unmittelbar gegebenen Welt und verbindet sich mit ihr in Gestalt der symbolischen Formen und ihrer autonomen Verbindlichkeit. Die symbolischen Formen sind Ausdruck seiner Selbstbefreiung, der Distanzschaffung und der Sinnsetzung.[86] Sprache, Kunst, Religion und Wissenschaft sind diejenigen Formen der Kultur, die Cassirer hauptsächlich untersucht hat. Auch das Recht ist jedoch eine derartige symbolische Form.[87] Auch es entwickelt sich historisch aus einem Anfang, indem es „gleichsam verkleidet und eingehüllt in irgendeine Gestalt des Mythus“ erscheint, zu klaren und selbständigen symbolischen Formen.[88]

gung mit dem Recht geradezu als Bewährungsprobe für seine Philosophie der symbolischen Formen an einem besonderen Fall, vgl. auch Johannes Saurer (Fn. 78), 495.

80 Ernst Cassirer (Fn. 79), 81 ff.

81 Sehr sorgfältig hierzu die Ansätze von Markus Winkler (Fn. 78), bes. 228 f.

82 Ernst Cassirer, *Versuch über den Menschen. Einführung in eine Philosophie der Kultur.* Hamburg 1996, 52 ff.

83 Ernst Cassirer, Der Begriff der symbolischen Form im Aufbau der Geisteswissenschaften (1923). In: Ernst Cassirer: *Gesammelte Werke.* Hamburger Ausgabe. Bd. 16: Aufsätze und kleine Schriften 1922–1926. Hrsg. v. B. Recki. Hamburg 2003, 75–105, 79.

84 Ernst Cassirer (Fn. 83), 79.

85 Ernst Cassirer (Fn. 82), 345.

86 Ernst Cassirer (Fn. 82), 345: „Im ganzen genommen könnte man die Kultur als den Prozeß der fortschreitenden Selbstbefreiung des Menschen beschreiben. Sprache, Kunst, Religion und Wissenschaft bilden unterschiedliche Phasen in diesem Prozeß. In ihnen allen entdeckt und erweist der Mensch eine neue Kraft – die Kraft, sich eine eigene, eine ‚ideale‘ Welt zu errichten. Die Philosophie kann die Suche nach einer grundlegenden Einheit dieser idealen Welt nicht aufgeben“.

87 Ernst Cassirer (Fn. 79), 101; eingehend jetzt Deniz Coskun (Fn. 78), 245 ff.

88 Ernst Cassirer, Philosophie der Symbolischen Formen. Zweiter Teil: Das Mythische Denken. In: Ernst Cassirer: *Gesammelte Werke.* Bd. 12. Hrsg. v. C. Rosenkranz. Hamburg 2002, XI: „Die Gebilde der Kunst wie die der Erkenntnis, – die Inhalte der Sitte, des Rechts, der Sprache, der Technik: sie alles weisen hier auf das gleiche Grundverhältnis hin ...“ Wie die Anfänge der Sprache, der Kunst, der Schrift, so führen uns auch die „Anfänge des Rechts und der Wissenschaft auf eine Stufe zurück, in der sie alle noch in der unmittelbaren und ungeschiedenen Einheit des mythischen Bewußtseins ruhen. Aus dieser Umschließung und Verklammerung lösen sich

Dabei folgt Cassirer nun weniger dem Ansatz des südwestdeutschen Neukantianismus und versteht Recht als ein System von Wertbegriffen.[89] Er unterscheidet hinsichtlich der symbolischen Formen auch nicht wie *Hans Kelsen* zwischen Seinsbegriffen der Empirie und Sollensbegriffen des Rechts.[90] Vielmehr greift er bezeichnender Weise den eher erkenntnistheoretischen Ansatz der Marburger Schule des Neukantianismus auf und versteht natürliche Begriffe als bezogen auf raum-zeitliche Erfahrungen und Rechtsbegriffe als bezogen auf soziale Erfahrungen in Gestalt sozialer Handlungen.[91] Mit *Rudolf Stammler* berührt er sich in der Auffassung der klärenden Funktion der mathematischen Vernunft und eines auf sie begründeten Naturrechts.[92] Anders und konsequenter als die südwestdeutschen Wertphilosophen behält das Naturrecht bei ihm seine nicht-metaphysische und transzendentale Erkenntnisfunktion.[93] Es wird also nicht als ein Pflichten- und Wertekatalog verstanden, sondern als Bedingung der Möglichkeit der Erkenntnis des positiven Rechts.[94] Am Ende zielt Cassirer auf eine Erkenntniskritik der Rechtswissenschaft, nicht auf die Entwicklung einer normativen Kritik des positiven Rechts.[95]

Cassirer hat diese Vorstellung besonders für die Verwirklichung des Menschenrechtsgedankens durchgeführt. Ihre Entwicklung über politische Ideale, Erklärungen und schließlich zwingendem positiven Recht sowie ihre Rückführung auf einen theoretischen Grund, sieht Cassirer als das Verdienst gerade der deutschen Rechtsphilo-

die theoretischen Grundbegriffe der Erkenntnis, die Begriffe von Raum, Zeit und Zahl, oder die Rechts- und Gemeinschaftsbegriffe, wie etwa der Begriff des Eigentums, weiterhin aber auch die einzelnen Gestaltungen der Wirtschaft, der Kunst, der Technik nur ganz allmählich los".

89 Vgl. hierzu die Beiträge von Gerhard Sprenger, Die Wertlehre des Badener Neukantianismus und ihre Ausstrahlung in die Rechtsphilosophie. In: Ders.: *Von der Wahrheit zum Wert. Gedanken zu Recht und Gerechtigkeit.* Stuttgart 2010, 163 ff.

90 Hans Kelsen, *Die reine Rechtslehre.* 2. Aufl. Wien 1960, 5.

91 Ernst Cassirer (Fn. 79), 94 f.: „Die Naturbegriffe beziehen sich auf die Ordnung der empirischen Wahrnehmungswelt, auf die Ordnung des Existierenden in Raum und Zeit. Die Rechtsbegriffe wollen gleichfalls Erfahrungsbegriffe sein und für die Erfahrung gelten; aber sie beziehen sich nicht unmittelbar auf die ‚Natur der Dinge', sondern auf die soziale Erfahrung, für die sie nach einer Art ‚Ordnungsschema' suchen", vgl. auch S. 96.

92 Rudolf Stammler, *Wirtschaft und Recht.* 1896, 165: „So ist Physik als Wissenschaft nur in mathematischer Form möglich, Mathematik aber mag für sich gesondert betrieben werden; und so läßt sich soziale Wirtschaft nicht behandeln, ohne das Rechts, ausdrücklich oder stillschweigend, einzuschließen, – das Recht aber ist einer selbständigen wissenschaftlichen Bearbeitung fähig".

93 So auch Markus Winkler (Fn. 78), 221.

94 „Wie der Geist fähig ist, rein aus sich selbst, aus seinen ‚eingeborenen Ideen' heraus, den Gesamtbereich des Mathematischen, den Bereich von Größe und Zahl aufzubauen und auszubauen – so eignet ihm die gleiche Kraft des schöpferischen Aufbaus auch im Gebiet des Rechts. Er darf und er soll auch hier mit ursprünglichen Prinzipien, mit allgemeingültigen Normen, die er aus sich selbst schöpft, beginnen und sich von ihnen aus den Weg zur Gestaltung des Besonderen, des Faktischen und Partikularen, bahnen", Ernst Cassirer, Vom Wesen und Werden des Naturrechts (1932). In: Ernst Cassirer: *Gesammelte Werke.* Aufsätze und kleine Schriften 1932–1935. Text und Anmerkungen bearbeitet von Ralf Becker. Hrsg. v. Cassirer, Ernst. Hamburg 2004, 203–227, 207.

95 Das wird auch durch den Umstand belegt, daß er auch in der für die Rechtstheorie zentralen Hägerström-Schrift zwar Kants erkenntnistheoretische Schriften häufig zitiert, jedoch die Schriften zur praktischen Philosophie und insbesondere auch die Metaphysik der Sitten kaum erwähnt.

sophie an.[96] Cassirer zeichnet den Weg dieser Rechte von ihren Ursprüngen in der Theorie von *Gottfried Wilhelm Leibniz* und *Christian Wolff* über ihre Radikalisierung und politische Forderung in England, ihre Umsetzung in den USA und in der Französischen Revolution nach. Schließlich seien diese Rechte jedoch wieder systematisiert, verfeinert und idealisiert worden durch Kant, der sie der Kritik der praktischen Vernunft unterworfen habe.[97] So bekommt das gesamte Naturrecht eine transzendentale, erkenntnistheoretische Bedeutung. Naturrecht ist die Bedingung der Möglichkeit der Erkenntnis des positiven Rechts als Recht.

Dennoch klingt es fast hegelianisch, wie Cassirer hier die Vernunft in ihrer subjektiven Bildung, der objektiven Realisierung und schließlich der philosophischen Aufhebung beobachtet.[98] Wie dieser hebt Cassirer hervor, daß das Recht nicht nur Freiheit ermöglicht, sondern selbst Ausdruck von Freiheit ist. Für beide ist Recht ein Willensphänomen. Während jedoch Hegel das Recht als Grundstruktur des objektiven Willens der allgemeinen und individuellen Willen vermittelt, ansieht, besteht Cassirer auf dem individuellen Standpunkt, weil nur der Einzelmensch ein „animal symbolicum" ist.

Die soeben skizzierte symbolisierende Kraft des Bewußtseins stellt die Einheit der beiden Bereiche Ideenwelt und Erfahrung dar. Cassirer zeigt besonders in der Hägerström-Schrift, daß die symbolbildende Kraft des Individuums bei der Rechtsschöpfung beide Sphären aufgrund der werkschaffenden, formenden und symbolbildenden Kraft verbindet und folglich die Rechtstheorie diese Sphären zu analysieren hat. Das betrifft auch die Zeitdimension: Der Mensch ist ein zukunftsorientiertes Wesen. Dies liegt in seinem Willen begründet. Nur, wo eine Verhaltensregel Zukunftsbindung erzeugt, kann sie Recht sein.[99] Der Begriff des Versprechens und damit in seiner Erfüllung ist somit die vernünftige Grundlage des Rechts. Durch die Rückbindung an diese Antizipation ist das Recht dann „Kulturfaktum", bezogen auf eine Fähigkeit des menschlichen Geistes.[100]

> „In diesem Sinne bezeichnet der Vertragsgedanke nicht die geschichtliche Vergangenheit, aus der der Staat sich herschreibt und von der er seine Legitimation entnimmt, sondern die Zukunft,

96 „Es ist, als hätte die neue weltbewegende Idee erst durch die Enge, aber auch durch die beschauliche Stille einer deutschen Gelehrtenstube hindurchgehen müssen, um ihre volle Bündigkeit und gewissermaßen ihre Solidität zu erlangen…", Ernst Cassirer, Die Idee der republikanischen Verfassung. Rede zur Verfassungsfeier am 11. August 1928 (1929). In: Ernst Cassirer: *Gesammelte Werke*. Aufsätze und kleine Schriften 1927–1931. Text und Anmerkungen bearbeitet von Tobias Berben. Hrsg. v. Cassirer, Ernst. Hamburg 2004, 291–307, 300.

97 Ernst Cassirer (Fn. 94), 222 – Cassirers Ansicht zufolge teilten nur J. G. Fichte, der frühe Hegel und Schelling, die später vom Gang der Ereignisse desillusioniert wurden, Kants Anerkennung für die Französische Revolution.

98 „Mitten aus der Reihe des empirisch-historischen Geschehens heben sich bisweilen einzelne große Begebenheiten heraus, an denen der denkende, der philosophische Betrachter unmittelbar gewahr wird, daß sie nicht dieser Reihe verhaftet sind, sondern daß sie eine universelle ethische Bedeutsamkeit besitzen", Ernst Cassirer (Fn. 96), 305.

99 Ernst Cassirer (Fn. 79), 102: „Die Bestimmbarkeit der Zukunft durch die Gegenwart und die Verbindlichkeit dessen, was die Gegenwart beschlossen hat, für die Zukunft ist ein Moment, das in jede »mögliche Gesetzgebung« eingeht. Das Recht als Kulturfaktum beruht auf dieser Antizipation, auf der Vorwegnahme der Zukunft in der Gegenwart. Ohne diesen eigentümlichen »Fernblick« hätte der Mensch keine rechtliche Ordnung und keine soziale Ordnung aufzubauen vermocht".

100 Ernst Cassirer (Fn. 79), 102; Peter Müller, *Der Staatsgedanke Cassirers*. Würzburg 2003, 67.

in die er hinausstrebt. Er stellt gleichsam das Noumenon des Staates dar, indem er die intelligible Aufgabe ausspricht, der er sich, als empirisch-phänomenales Gebilde, fort und fort anzunähern hat."[101]

Der Staat gewinnt seinen Legitimationsgrund aus der Hinordnung auf den Vertrag.[102]

Die symbolischen Formen wollen also nicht „zweite Naturen" sein, die die erste Natur der Idee unterwerfen. Darin will sich Cassirer vom Hegelschen Idealismus unterscheiden[103]; noch folgen sie dem Dualismus der kritischen Philosophie des Neukantianismus, wonach sie den geschichtlichen, ideographischen Wissenschaften im Sinne Windelbands zuzurechnen wären.[104] Denn letztere fielen mit dem Bezugspunkt des Wertes letztlich wieder in eine Metaphysik der Werte zurück, die doch die kritische Philosophie gerade vermeiden wollte[105] – ein Vorwurf, dem auch Radbruch nicht ganz entgeht. Sie sollen vielmehr echte Vermittlungsleistungen von Natur und Ideen sein.[106] In diesen Formen wird durch den persönlichen Ausdruck des Künstlers in einem physischen Material ein Objektives dargestellt, im Marmor des Davids von Michelangelo also durch die persönliche Gestaltung des Renaissancekünstlers der historische David.[107] In diesen Formen bringt das Ich sich sowohl zur Darstellung – und damit nach dem oben Gesagten zum Selbstbewußtsein – als auch begegnet es dem anderen in einem äußeren Medium.[108] Das Erkennen der symbolischen Formen analysiert dann, was der schaffende Künstler synthetisch vereint hat.[109] Physischer Dimension, Gegenständlich-Dargestelltem und Persönlich-Ausgedrücktem entspricht dann in der wissenschaftlichen Betrachtung Werdens-Analyse, Form-Analyse und Werk-Analyse. Die Werdens-Analyse untersucht die physische Dimension unter dem Gesichtspunkt von Ursache und Wirkung. In der Werkanalyse liegt der eigentlich hermeneutische Prozeß der Sinnermittlung. Die Formanalyse bringt die Perspektive der jeweiligen Kulturform – Sprache, Religion, Kunst und eben auch

101 Ernst Cassirer, Freiheit und Form (1916). In: Ernst Cassirer: *Gesammelte Werke*. Bd. 7. Hrsg. v. R. Schmücker. Hamburg 2001, 319–387, 342.

102 „Denn der Staat kann nur insofern Recht schaffen und Recht begründen, als er selbst ein ursprüngliches Recht in sich trägt und in sich verkörpert. Dieses ursprüngliche Recht stammt aus dem Vertrag, kraft dessen die einzelnen Subjekte sich miteinander verknüpfen und durch den sie sich wechselseitig binden", Ernst Cassirer (Fn. 94), 210.

103 Hegels Fehler bestehe darin, die Natur einseitig der Natur unterworfen zu haben, Ernst Cassirer (Fn. 72), 35.

104 Ernst Cassirer (Fn. 72), 36f., 58, 63.

105 Ernst Cassirer (Fn. 72), 37: Will der Historiker „das System, wie Rickert selbst es in seiner Wertphilosophie getan hat, a priori konstruieren, so zeigt sich immer wieder, daß eine solche Konstruktion ohne irgendwelche metaphysische Annahmen nicht durchführbar ist, und daß somit die Frage im Grunde wieder an eben dem Punkte endet, von dem sie ausgegangen war".

106 Ernst Cassirer (Fn. 72), 42: „Das Ideelle besteht nur, insoweit es sich in irgendeiner Weise sinnlich-stofflich darstellt und sich in dieser Darstellung verkörpert".

107 Ernst Cassirer (Fn. 72), 43.

108 Der Einzelne „fährt fort zu schaffen, weil er weiß, daß er nur im Schaffen sich selbst finden und sich selbst besitzen kann. Er hat seine Welt und sein eigenes Ich erst in der Gestalt, die er ihnen gibt". Nur im tätigen Vereinigen von Form und Stoff, ist der Schöpfer, Ernst Cassirer (Fn. 72), 412.

109 Ernst Cassirer (Fn. 72), 86: „Die Wissenschaft und die Philosophie aber muß diese Symbolsprache in ihre Elemente zerlegen, um sie sich verständlich zu machen. Sie muß das synthetisch Erzeugte analytisch behandeln".

Recht – in die Untersuchung ein.[110] Gerade dieser letzte Punkt ist es, der es dann erlaubt, die juristische Hermeneutik von anderen etwa literaturwissenschaftlichen Hermeneutiken abzuheben, als Interpretation normativer Texte.[111]

Damit nimmt die symbolische Form des durch die Marburger Schule geprägten Ernst Cassirer[112] den Platz ein, den Wertsetzung und Wert in der Schule des südwestdeutschen Neukantianismus hatten: Sie ist Idealisierung von Wirklichkeit und Realisierung von Idealität, eine geschichtliche, vom Menschen selbst geschaffene Orientierung. Wesentlicher Unterschied ist freilich, daß die Wertbegriffe des Neukantianismus normative Begriffe sind, während es sich bei den Stilbegriffen der symbolischen Formen um deskriptive Begriffe handelt.[113]

In dieser Ordnung der symbolischen Formen ist auch das Recht eine spezifische Freiheitsgestalt. Damit unterscheidet sich Cassirers Verständnis des Verhältnisses von Recht und Kultur wesentlich von der kulturellen Bedingtheit des Rechts in der Cultural Legal Studies-Bewegung. Was Cassirer der romantischen und der historischen Schule vorwirft – „Die Welt der Kultur wird nicht mehr als eine Welt der freien Tat gesehen; sie wird als ein Schicksal erlebt".[114] Das gilt entsprechend auch für Ansichten innerhalb der gegenwärtigen Bewegung in den USA. Und auch hier trifft er sich mit Hegel, der Savigny bekanntlich den größten „Schimpf" vorgeworfen hatte, wenn er einem Volk die Fähigkeit zur freien Rechtsetzung absprach.[115]

110 Ernst Cassirer (Fn. 72), 97.

111 Daß aber die Interpretation juristischer Texte im Lichte literarischer Texte sehr lohnend sein kann, weil sich ungewöhnliche Perspektiven eröffnen, zeigt etwa der Nachweis mephistophelischen Denkens im Recht, den Michael Kilian vorgenommen hat: Michael Kilian, Mephistophelisches in der Jurisprudenz – zwei Vorträge. In: ders. (Hrsg.): *Jurisprudenz zwischen Techne und Kunst – von Hippokrates bis Heine. Philosophisches und Literarisches zum Verhältnis Kunst und Recht.* Tübingen 1987, 34–96.

112 Differenziert hierzu Saurer: Cassirer sei in der philosophischen Ausrichtung von der Marburger Schule beeinflußt; in der Aufnahme kulturwissenschaftlicher Fragestellungen transzendiere er sie jedoch, Johannes Saurer (Fn. 78), 499.

113 Ernst Cassirer (Fn. 72), 63: „Zwischen Stilbegriffen und Wertbegriffen besteht ein grundsätzlicher Unterschied. Was die Stilbegriffe darstellen, ist kein Sollen, sondern ein reines ‚Sein' – wenngleich es sich in diesem Sein nicht um physische Dinge, sondern um den Bestand von ‚Formen' handelt".

114 Ernst Cassirer: Naturalistische und humanistische Begründung der Kulturphilosophie. In: Ernst Cassirer: *Gesammelte Werke* Bd. 22; Aufsätze und kleine Schriften 1936–1940. bearb. von Claus Rosenkranz. Hamburg 2006, 140ff., 143: In diesem Sinne hat z.B. Savigny alle Rechtsbildung auf Sitte, auf Gewohnheit und Volksglauben zu gründen und auf diese Sphäre zu beschränken versucht, indem er immer wieder betonte, daß echtes Recht nur durch solche „‚inneren, stillwirkenden Kräfte' erwachsen könne". Ein Prinzip für diesen Glauben konnte er nicht nennen, da schon die Frage danach etwas in das helle Licht des Verstandes rücken müsste, was, nach der Grundüberzeugung der Romantik, dem Verstand unfaßbar und für immer unzugänglich ist.

115 Georg Wilhelm Friedrich Hegel, *Grundlinien der Philosophie des Rechts.* Frankfurt 1985, §211, S. 606: „Einer gebildeten Nation oder dem juristischen Stande in derselben die Fähigkeit abzusprechen, ein Gesetzbuch zu machen – da es nicht darum zu tun sein kann, ein System ihrem Inhalte nach neuer Gesetze zu machen, sondern den vorhandenen gesetzlichen Inhalt in seiner bestimmten Allgemeinheit zu erkennen, d.i. ihn denkend zu fassen, mit Hinzufügung der Anwendung aufs Besondere –, wäre einer der größten Schimpfe, der einer Nation oder jenem Stande angetan werden könnte". – Von Savigny hat seine frühere Ansicht im System des römischen Rechts modifiziert. Savigny anerkennt hier die klarstellende Funktion des Gesetzes gegenüber der flüssigen Rechtsentwicklung (vgl. a. Friedrich Carl von Savigny, *System des heutigen römischen*

Was Cassirer jedoch vom objektiven Idealismus unterscheidet, ist die erkenntniskritische Funktion des Naturrechts.

V. Schluss

Kommen wir noch einmal auf den Begriff des Wertes zurück: Auch die Wertsetzung kann als freie Handlung des Menschen verstanden werden. Sie erhält eine besondere Gestalt, wenn sie innerhalb der symbolischen Form des Rechts geschieht. Dieses Recht ist nun nicht einfach eine äußere Zwangsordnung, sondern selbst Ausdruck von Freiheit. Dies kann nicht apriori postuliert werden. Das moderne Recht des demokratischen Rechtsstaats erfüllt jedoch die Forderung, daß sich die Form des Rechts selbst als Norm an Freiheit richtet, diese Freiheit ferner schützt und Setzung einer Freiheit ist. Demokratie verlangt, daß diese Setzung nicht der Freiheit nur *eines* Menschen, sondern aller entspringt. Jeder soll an der Setzung der Freiheitsordnung nicht nur als Adressat, sondern auch als Autor beteiligt sein, weil sie nur so Ausdruck seiner Autonomie ist und weil er nur so Belasteter oder Begünstigter einer Ordnung ist, an deren Zustandekommen er als Subjekt beteiligt war. Nur so ist der Einzelne auch an der Wertsetzung beteiligt; nur so ist er nicht das Objekt einer aus der Vergangenheit überkommenen Lebenswelt, an deren Ordnung er nicht mitgewirkt hat; nur so ist die Kultur des Rechts auch Ausdruck seiner Freiheit; nur so schließlich gehört das Recht zur Kultur. Denn ausschließlich in seiner demokratischen Form können sich die dem Recht Unterworfenen auch im Recht wiedererkennen, weil sie ein von ihnen selbst Geschaffenes rekonstruieren. Durch das frei geschaffene Symbol des Rechts verhält sich eine demokratische Gesellschaft zu sich selbst.[116]

Die Rechtswissenschaft als Freiheitswissenschaft vom demokratischen Recht ist Kulturwissenschaft.[117] Es bedeutet mithin fehlende Konsequenz im Begriff des Rechts, wenn Rechtswissenschaft entweder nur als Normwissenschaft *oder* als Kulturwissenschaft verstanden wird. Der Gegenstand der Rechtswissenschaft leistet gerade dadurch einen Beitrag zur Kultur, daß er eine bestimmte Form von Normen be-

Rechts, Bd. 1. Berlin 1840, 50). Doch bleibt der Inhalt angebunden an die geschichtliche Entwicklung und im wesentlichen vorgegeben (1840, 39):

> „das Gesetz ist das Organ des Volksrechts. Wollte man daran zweifeln, so müßte man den Gesetzgeber als außer der Nation stehend denken; er steht aber vielmehr in ihrem Mittelpunkt, so daß er ihren Geist, ihre Gesinnungen, ihre Bedürfnisse in sich concentrirt, und daß wir ihn als den wahren Vertreter des Volksgeistes anzusehen haben."

Das bedeutet aber, daß das Gesetz in seiner Dynamik nicht gegenüber der Entwicklung der Gesamtkultur selbständig ist.

116 In einem Anhang zur Logik der Kulturwissenschaften heißt es: Die freie Persönlichkeit, „ist nur dadurch Form, daß sie sich selbst ihre Form gibt, und deshalb dürfen wir in ihr, dem unendlichen Sein Gottes und der Natur gegenüber, nicht lediglich eine Schranke sehen, sondern wir müssen sie als eine echte und ursprüngliche Kraft erkennen und anerkennen. Das Allgemeine, das sich uns im Bereich der Kultur, in der Sprache, in der Kunst, in der Religion, in der Philosophie enthüllt, ist daher stets zugleich individuell und universell. Denn in dieser Sphäre läßt sich das Universelle nicht anders als in der Tat der Individuen anschauen, weil es nur in ihrer Aktualisierung, seine eigentliche Verwirklichung finden kann", 151.

117 Sie ist, wie Peter Häberle es nennt, „spezialisierte Kulturwissenschaft", Peter Häberle 1997 (Fn. 30), 19.

zeichnet. Der Wert der Freiheit erscheint hier als Auto-Nomie, in der Selbstbeschränkung der Freiheit als Norm. Die Faktizität von Setzung und Durchsetzung wird unter ihrer Einwirkung zum Symbol im Sinne Cassirers: zum normativ geformten Stoff, der seine Bedeutung nur aus dieser normativen Formung erhält: Nicht jeder Befehl wird zu Recht, sondern nur einer, der in einem normgemäßen Verfahren gesetzt wurde; nicht jeder Zwang realisiert Recht, sondern ebenfalls nur einer, der in einem normierten Verfahren angewendet wird. Wenn man so will, holt die rechtsetzende Freiheit die Werte ins Recht herab und die rechtliche Durchsetzung der Norm imprägniert noch den Zwang mit Freiheit und holt so die Faktizität ins Recht herauf.[118] Idealität und Faktizität werden mithin im Recht aufgehoben.[119] Durch seine Form vermittelt das Recht aber auch die Spannung zwischen Vergangenheit und Zukunft und leistet gerade so einen Beitrag zur Kultur.[120] Die Vergangenheit wirkt über die Sollensgebote der Norm auf das Verhalten ein; insofern sind Vorstellungen von der Vergangenheitsgeprägtheit des Rechts zutreffend. Ihr Einfluß ist jedoch nicht derjenige eines unvordenklichen oder guten, alten Rechts, sondern durch die Verfahren der Normsetzung selbst verläßlich terminiert. Die jederzeitige Änderbarkeit des Rechts läßt Zukunft zu, unterwirft den Einbruch der Zukunft aber einer normativen Steuerung, die Änderungen, Grenzen und damit Sicherheit verleiht. Die reflexive Struktur des Rechts schafft eine ausgedehnte Gegenwart, indem sie Vergangenheit und Zukunft in der Gegenwart der Geltung des Rechts aufhebt. So wird dann ein gezielter Umgang mit beiden Zeitdimensionen möglich, der z.B. einen Beitrag zur Vergangenheitsbewältigung leistet.[121]

Recht und Kultur – für die in Grimms Eingangszitat die Literatur stehen möge – teilen zwar das Bett; aber sie tun dies doch mit sehr unterschiedlichen Rollen.

118 Winfried Brugger hat diesen Zusammenhang im von ihm sog. „Anthropologischen Kreuz der Entscheidung“ veranschaulicht, bei dem die vertikale Achse nach oben zu den Werten und Idealen, nach unten aber zum Zwang und zu den Bedürfnissen weist, Winfried Brugger, *Das anthropologische Kreuz der Entscheidung in Politik und Recht*. 2. Aufl. Baden-Baden 2008, 26 ff.

119 Stephan Kirste, Die ‚Rose im Kreuze der Gegenwart‘ und das ‚anthropologische Kreuz der Entscheidung‘ – das Bild des Kreuzes bei Hegel und Brugger. In: Hans Joas / Matthias Jung (Hrsg.), Über das Kreuz der Entscheidung in Politik und Recht, Baden-Baden 2008, 67–94.

120 Stephan Kirste, Der Beitrag des Rechts zum kulturellen Gedächtnis, *ARSP* 94 (2008), 47–69.

121 Stephan Kirste (Fn. 120), 47 ff.; Gunnar Folge Schuppert (Fn. 5), 664 ff.

ARCHIV FÜR RECHTS- UND SOZIALPHILOSOPHIE – BEIHEFTE

Herausgeben von der Internationalen Vereinigung für Rechts- und Sozialphilosophie (IVR).
Die Bände 1–4 sind im Luchterhand-Fachverlag erschienen.

Franz Steiner Verlag ISSN 0341-079X

62. François Paychère (Hg.)
Herausforderungen an das Recht am Ende des 20. Jahrhunderts
Vorträge der Tagung der Schweizerischen Sektion der Internationalen Vereinigung für Rechts- und Sozialphilosophie vom 24.–25. November 1994 in Genf
1995. 170 S., kt.
ISBN 978-3-515-06684-6

63. Elspeth Attwooll / David Goldberg (Hg.)
Criminal Justice
United Kingdom Association for Legal and Social Philosophy. 20th Annual Conference at Glasgow, 24th–26th March 1994
1995. 158 S., kt.
ISBN 978-3-515-06687-7

64. Jes Bjarup / Mogens Blegvad (Hg.)
Time, Law, and Society
Proceedings of a Nordic Symposium at Sandjerg Gods, Denmark, May 1994
1995. 128 S., kt.
ISBN 978-3-515-06701-0

65. Hans-Martin Pawlowski / Gerd Roellecke (Hg.)
Der Universalitätsanspruch des demokratischen Rechtsstaates
Die Verschiedenheit der Kulturen und die Allgemeinheit des Rechts. Referate der Tagung der Deutschen Sektion der Internationalen Vereinigung für Rechts- und Sozialphilosophie vom 28.–30. September 1994 in Mannheim
1996. 245 S., kt.
ISBN 978-3-515-06740-9

66. Annette Brockmöller / Delf Buchwald / Dietmar v. d. Pfordten / Katja Tappe (Hg.)
Ethische und strukturelle Herausforderungen des Rechts
Referate der 2. Tagung junger Wissenschaftlerinnen und Wissenschaftler aus den Bereichen Rechtsphilosophie, Rechtstheorie und Rechtssoziologie vom 10.–12. November 1995 in Göttingen
1997. 168 S., kt.
ISBN 978-3-515-07026-3

67. Rex Martin / Gerhard Sprenger (Hg.)
Challenges to Law at the End of the 20th Century: Rights
Proceedings of the 17th World Congress of the International Association for Philosophy of Law and Social Philosophy, Bologna, 16th–21st June 1995
Volume 1
1997. 246 S., kt.
ISBN 978-3-515-07071-3

68. André-Jean Arnaud / Peter Koller (Hg.)
Challenges to Law at the End of the 20th Century: Justice and Culture
Proceedings of the 17th World Congress of the International Association for Philosophy of Law and Social Philosophy, Bologna, 16th–21st June 1995
Volume 2
1998. 200 S., kt.
ISBN 978-3-515-07072-0

69. Elspeth Attwooll / Paolo Comanducci (Hg.)
Challenges to Law at the End of the 20th Century: The Sources of Law and Legislation
Proceedings of the 17th World Congress of the International Association for Philosophy of Law and Social Philosophy, Bologna, 16th–21st June 1995
Volume 3
1998. 250 S., kt.
ISBN 978-3-515-07073-7

70. Marijan Pavcnik / Gianfrancesco Zanetti (Hg.)
Challenges to Law at the End of the 20th Century: Legal Systems and Legal Science
Proceedings of the 17th World Congress of the International Association for Philosophy of Law and Social Philosophy, Bologna, 16th–21st June 1995
Volume 4
1997. 149 S., kt.
ISBN 978-3-515-07074-4

71. Rolf Gröschner / Martin Morlok (Hg.)
Rechtsphilosophie und Rechtsdogmatik in Zeiten des Umbruchs

Tagung der Deutschen Sektion der Internationalen Vereinigung für Rechts- und Sozialphilosophie vom 26.–28. September 1996 in Jena
1997. 222 S., kt.
ISBN 978-3-515-07076-8

72. Morigawa Yasutomo (Hg.)
Law in a Changing World: Asian Alternatives
Proceedings of the 4th Kobe Lectures being the first Asia Symposium in Jurisprudence, Tokyo and Kyoto, 10th and 12th October 1996
1998. 164 S., kt.
ISBN 978-3-515-07262-5

73. Peter Strasser / Edgar Starz (Hg.)
Personsein aus bioethischer Sicht
Tagung der Österreichischen Sektion der Internationalen Vereinigung für Rechts- und Sozialphilosophie vom 29.–30. November 1996 in Graz
1997. 185 S., kt.
ISBN 978-3-515-07108-6

74. Ulfrid Neumann / Lorenz Schulz (Hg.)
Verantwortung in Recht und Moral
Referate der Tagung der Deutschen Sektion der Internationalen Vereinigung für Rechts- und Sozialphilosophie vom 2.–3. Oktober 1998 in Franfurt am Main
2000. 228 S., kt.
ISBN 978-3-515-07635-7

75. Lorenz Schulz (Hg.)
Verantwortung zwischen materialer und prozeduraler Zurechnung
Referate der 6. Tagung des Jungen Forum Rechtsphilosophie am 1. Oktober 1998 in Frankfurt am Main
2000. 201 S., kt.
ISBN 978-3-515-07683-8

76. Kurt Seelmann (Hg.)
Kommunitarismus versus Liberalismus / Communautarisme contre Libéralisme / Communitarismo verso Liberalismo
Vorträge der Tagung der Schweizer Sektion der Internationalen Vereinigung für Rechts- und Sozialphilosophie vom 23.–24. Oktober 1998 in Basel
2000. 163 S., kt.
ISBN 978-3-515-07657-9

77. Kurt Seelmann (Hg.)
Nietzsche und das Recht / Nietzsche et le Droit / Nietzsche e il Diritto
Vorträge der Tagung der Schweizer Sektion der Internationalen Vereinigung für Rechts- und Sozialphilosophie vom 9.–12. April 1999 in Basel
2001. 270 S., kt.
ISBN 978-3-515-07745-3

78. Alexander Bröstl / Marijan Pavcnik (Hg.)
Human Rights, Minority Rights, Women's Rights
Proceedings of the 19th World Congress of the International Association for Philosophy of Law and Social Philosophy in New York, 24th–30th June 1999
2001. 145 S., kt.
ISBN 978-3-515-07861-0

79. Michael Anderheiden / Stefan Huster / Stephan Kirste (Hg.)
Globalisierung als Problem von Gerechtigkeit und Steuerungsfähigkeit des Rechts
Vorträge der 8. Tagung des Jungen Forum Rechtsphilosophie vom 20.–21. September 2000 in Heidelberg
2001. 170 S., kt.
ISBN 978-3-515-07870-2

80. Elspeth Attwooll / Annette Brockmöller (Hg.)
Applied Ethics at the Turn of the Millenium
Proceedings of the 19th World Congress of the International Association for Philosophy of Law and Social Philosophy in New York, 24th–30th June 1999
2001. 122 S., kt.
ISBN 978-3-515-07903-7

81. Kurt Seelmann (Hg.)
Wirtschaftsethik und Recht
Vorträge der Tagung der Schweizer Sektion der Internationalen Vereinigung für Rechts- und Sozialphilosophie im Oktober 2000 in Fribourg/Schweiz
2001. 123 S., kt.
ISBN 978-3-515-07899-3

82. Michel Troper / Annalisa Verza (Hg.)
Legal Philosophy: General Aspects
Concepts, Rights and Doctrines. Proceedings of the 19th World Congress of the International Association for Philosophy of Law and Social Philosophy in New York, 24th–30th June 1999
2002. 208 S., kt.
ISBN 978-3-515-08026-2

83. Gralf-Peter Calliess / Matthias Mahlmann (Hg.)
Der Staat der Zukunft
Vorträge der 9. Tagung des Jungen Forum Rechtsphilosophie in der Internationalen Vereinigung für Rechts- und Sozialphiloso-

phie vom 27.–29. April 2001 an der Freien Universität Berlin
2002. 226 S., kt.
ISBN 978-3-515-08048-4

84. Winfried Brugger / Görg Haverkate (Hg.)
Grenzen als Thema der Rechts- und Sozialphilosophie
Referate der Tagung der Deutschen Sektion der Internationalen Vereinigung für Rechts- und Sozialphilosophie vom 22.–23. September 2000 in Heidelberg
2002. 218 S., kt.
ISBN 978-3-515-08042-2

85. Paricia Smith / Paolo Comanducci (Hg.)
Legal Philosophy: General Aspects
Theoretical Examinations and Practical Application. Proceedings of the 19th World Congress of the International Association for Philosophy of Law and Social Philosophy in New York, 24th–30th June 1999
2002. 176 S., kt.
ISBN 978-3-515-08100-9

86. Hirokazu Kawaguchi / Kurt Seelmann (Hg.)
Rechtliche und ethische Fragen der Transplantationstechnologie in einem interkulturellen Vergleich
2003. 180 S., kt.
ISBN 978-3-515-08132-0

87. Rolf Gröschner / Gerhard Haney (Hg.)
Die Bedeutung P. J. A. Feuerbachs (1755–1833) für die Gegenwart
Tagung der Deutschen Sektion der Internationalen Vereinigung für Rechts- und Sozialphilosophie vom 15.–16. März 2002 in Jena
2003. 240 S., kt.
ISBN 978-3-515-08193-1

88. Arend Soeteman (Hg.)
Pluralism and Law I
Justice. Proceedings of the 20th World Congress of the International Association for Philosophy of Law and Social Philosophy in Amsterdam, 2001
2003. 203 S., kt.
ISBN 978-3-515-08327-0

89. Arend Soeteman (Hg.)
Pluralism and Law II
State, Nation, Community, Civil Society. Proceedings of the 20th World Congress of the International Association for Philosophy of Law and Social Philosophy in Amsterdam, 2001
2003. 193 S., kt.
ISBN 978-3-515-08362-1

90. Arend Soeteman (Hg.)
Pluralism and Law III
Global Problems. Proceedings of the 20th World Congress of the International Association for Philosophy of Law and Social Philosophy in Amsterdam, 2001
2004. 217 S., kt.
ISBN 978-3-515-08446-8

91. Arend Soeteman (Hg.)
Pluralism and Law IV
Legal Reasoning. Proceedings of the 20th World Congress of the International Association for Philosophy of Law and Social Philosophy in Amsterdam, 2001
2004. 195 S., kt.
ISBN 978-3-515-08503-8

92. Christian Hiebaum / Peter Koller (Hg.)
Politische Ziele und juristische Argumentation
Symposium der Internationalen Vereinigung für Rechts- und Sozialphilosophie vom 11.–12. Oktober 2002 in Graz
2003. 142 S., kt.
ISBN 978-3-515-08284-6

93. Jan C. Joerden / Roland Wittmann (Hg.)
Recht und Politik
Jahrestagung der Deutschen Sektion der Internationalen Vereinigung für Rechts- und Sozialphilosophie vom 26.–29. September 2002 in Frankfurt an der Oder
2004. 184 S., kt.
ISBN 978-3-515-08458-1

94. Philippe Mastronardi (Hg.)
Das Recht im Spannungsfeld utilitaristischer und deontologischer Ehtik
Vorträge der Tagung der Schweizer Sektion der Internationalen Vereinigung für Rechts- und Sozialphilosophie vom 15.–16. November 2002 in Luzern
2004. 170 S., kt.
ISBN 978-3-515-08366-9

95. Aleksander Peczenik (Hg.)
Justice
Proceedings of the 21st World Congress of the International Association for Philosophy of Law and Social Philosophy in Lund (Sweden), 12th–18th August 2003
Volume 1
2004. 218 S., kt.
ISBN 978-3-515-08483-3

96. Yasutomo Morigiwa / Fumihiko Ishiyama / Tetsu Sakurai (Hg.)
Universal Minority Rights?
A Transnatioal Approach. Proceedings

of the 5th Kobe Lectures. Tokyo and Kyoto, December 1998
2004. 126 S., kt.
ISBN 978-3-515-08504-5

97. Svein Eng (Hg.)
Law and Practice
Proceedings of the 21st World Congress of the International Association for Philosophy of Law and Social Philosophy in Lund (Sweden), 12th–18th August 2003
Volume 2
2005. 213 S., kt.
ISBN 978-3-515-08524-3

98. Kenneth Einar Himma (Hg.)
Law, Morality, and Legal Positivism
Proceedings of the 21st World Congress of the International Association for Philosophy of Law and Social Philosophy in Lund (Sweden), 12th–18th August 2003
Volume 3
2004. 183 S., kt.
ISBN 978-3-515-08513-7

99. Günther Kreuzbauer / Silvia Augeneder (Hg.)
Der Juristische Streit
Recht zwischen Rhetorik, Argumentation und Dogmatik
2004. 166 S., kt.
ISBN 978-3-515-08480-2

100. Ulfrid Neumann / Winfried Hassemer / Ulrich Schroth (Hg.)
Verantwortetes Recht
Die Rechtsphilosophie Arthur Kaufmanns. Tagung vom 10.–11. Mai 2003 in München
2005. 188 S., kt.
ISBN 978-3-515-08580-9

101. Kurt Seelmann (Hg.)
Menschenwürde als Rechtsbegriff
Tagung der Schweizer Sektion der Internationalen Vereinigung für Rechts- und Sozialphilosophie vom 25.–28. Juni 2003 in Basel
2004. 175 S., kt.
ISBN 978-3-515-08591-5

102. Zenon Bankowski (Hg.)
Epistemology and Ontology
Proceedings of the 21st World Congress of the International Association for Philosophy of Law and Social Philosophy in Lund (Sweden), 12th–18th August 2003
Volume 4
2005. 195 S., kt.
ISBN 978-3-515-08707-0

103. Carsten Bäcker / Stefan Baufeld (Hg.)
Objektivität und Flexibilität im Recht
Tagungen des Jungen Forums Rechtsphilosophie in der Internationalen Vereinigung für Rechts- und Sozialphilosophie im September 2004 in Kiel und im April 2005 in Hagen
2005. 213 S., kt.
ISBN 978-3-515-08743-8

104. Robert Alexy (Hg.)
Juristische Grundlagenforschung
Tagung der Deutschen Sektion der Internationalen Vereinigung für Rechts- und Sozialphilosophie vom 23.–25. September 2004 in Kiel
2005. 251 S., kt.
ISBN 978-3-515-08640-0

105. Philippe Mastronardi / Denis Taubert (Hg.)
Staats- und Verfassungstheorie im Spannungsfeld der Disziplinen
Tagung der Schweizerischen Vereinigung für Rechts- und Sozialphilosophie vom 12.–13. November 2004 an der Universität St. Gallen
2006. 255 S., kt.
ISBN 978-3-515-08851-0

106. José Juan Moreso (Hg.)
Legal Theory / Teoría del derecho
Legal Positivism and Conceptual Analysis / Positivismo juridico y análisis conceptual. Proceedings of the 22nd World Congress of the International Association for Philosophy of Law and Social Philosophy in Granada, 2005
Volume 1
2007. 263 S., kt.
ISBN 978-3-515-08910-4

107. José Rubio Carrecedo (Hg.)
Political Philosophy / Filosofía política
New Proposals for New Questions / Nuevas propuestas para nuevas cuestiones. Proceedings of the 22nd World Congress of the International Association for Philosophy of Law and Social Philosophy in Granada, 2005
Volume 2
2007. 239 S., kt.
ISBN 978-3-515-08911-1

108. Andrés Ollero (Hg.)
Human Rights and Ethics / Derechos humanos y Ética
Proceedings of the 22nd World Congress of the International Association for Philosophy of Law and Social Philosophy in Granada, 2005

Volume 3
2007. 323 S., kt.
ISBN 978-3-515-08912-8

109. Nicolás López Calera (Hg.)
Globalization, Law and Economy / Globalización, Derecho y Economía
Proceedings of the 22nd World Congress of the International Association for Philosophy of Law and Social Philosophy in Granada, 2005
Volume 4
2007. 321 S., kt
ISBN 978-3-515-08913-5

110. Josep Aguiló-Regla (Hg.)
Logic, Argumentation and Interpretation / Lógica, Argumentación e Interpretación
Proceedings of the 22nd World Congress of the International Association for Philosophy of Law and Social Philosophy in Granada, 2005
Volume 5
2007. 206 S., kt.
ISBN 978-3-515-08914-2

111. Marcel Senn / Dániel Puskás (Hg.)
Gehirnforschung und rechtliche Verantwortung
Fachtagung der Scheizerischen Vereinigung für Rechts- und Sozialphilosophie vom 19.–20. Mai 2006 an der Universität Bern
2006. 171 S., kt.
ISBN 978-3-515-08963-0

112. Annette Brockmöller (Hg.)
Hundert Jahre Archiv für Rechts- und Sozialphilosophie (1907–2007)
Auswahl 14 bedeutender Aufsätze von Kelsen, Radbruch, Luhmann u. a.
2007. 330 S., kt.
ISBN 978-3-515-09100-8

113. Horst Dreier / Eric Hilgendorf (Hg.)
Kulturelle Identität als Grund und Grenze des Rechts
Akten der Tagung der Internationalen Vereinigung für Rechts- und Sozialphilosophie vom 28.–30. September 2006 in Würzburg
2008. 374 S., geb.
ISBN 978-3-515-09101-5

114. Jochen Bung / Brian Valerius / Sascha Ziemann (Hg.)
Normativität und Rechtskritik
Tagungen des Jungen Forums Rechtsphilosophie in der Internationalen Vereinigung für Rechts- und Sozialphilosophie im September 2006 in Würzburg und im März 2007 in Frankfurt am Main
2007. 269 S., kt.
ISBN 978-3-515-09130-5

115. Marcel Senn / Dániel Puskás (Hg.)
Rechtswissenschaft als Kulturwissenschaft?
Kongress der Schweizerischen Vereinigung für Rechts- und Sozialphilosophie vom 15.–16. Juni 2007 an der Universität Zürich
2007. 220 S., kt.
ISBN 978-3-515-09149-7

116. Annette Brockmöller / Eric Hilgendorf (Hg.)
Rechtsphilosophie im 20. Jahrhundert
100 Jahre Archiv für Rechts- und Sozialphilosophie
2009. 207 S., kt.
ISBN 978-3-515-09285-2

117. Marcel Senn / Barbara Fritschi (Hg.)
Rechtswissenschaft und Hermeneutik
Kongress der Schweizerischen Vereinigung für Rechts- und Sozialphilosophie vom 16.–17. Mai 2008 an der Universität Zürich
2009. 258 S., kt.
ISBN 978-3-515-09155-8

118. Bart C. Labuschagne / Ari M. Solon (Hg.)
Religion and State
From separation to cooperation? Proceedings of the Special Workshop "Legal-philosophical reflections for a de-secularized world" held at the 23rd World Congress of the International Association for Philosophy of Law and Social Philosophy in Kraków, 2007
2009. 209 S., kt.
ISBN 978-3-515-09368-2

119. Martin Borowski (Hg.)
On the Nature of Legal Principles
Proceedings of the Special Workshop "The Principles Theory" held at the 23rd World Congress of the International Association for Philosophy of Law and Social Philosophy in Kraków, 2007
2010. 182 S., kt.
ISBN 978-3-515-09608-9

120. Friedrich Toepel (Hg.)
Free Will in Criminal Law and Procedure
Proceedings of the 23rd and 24th World Congress of the International Association for Philosophy of Law and Social Philosophy in Kraków, 2007, and in Beijing, 2009
2010. 122 S., kt.
ISBN 978-3-515-09320-0

121. Marcel Senn / Bénédict Winiger / Barbara Fritschi / Philippe Avramov (Hg.)
Recht und Globalisierung / Droit et Mondialisation
Kongress der Schweizerischen Vereinigung für Rechts- und Sozialphilosophie, 15.–16. Mai 2009, Universität Genf / Congrès de l'Association Suisse de Philosophie du Droit et de Philosophie Sociale, 15–16 mai 2009, Université de Genève
2010. 196 S., kt.
ISBN 978-3-515-09673-7

122. Imer B. Flores / Uygur Gülriz (Hg.)
Alternative Methods in the Education of Philosophy of Law and the Importance of Legal Philosophy in the Legal Education
Proceedings of the 23rd World Congress of the International Associaction for Philosophy of Law and Social Philosophy "Law and Legal Cultures in the 21st Century: Diversity and Unity" in Kraków, 2007
2010. 114 S., kt.
ISBN 978-3-515-09695-9

123. Sascha Ziemann
Archiv für Rechts- und Sozialphilosophie: Bibliographie und Dokumentation (1907–2009)
2010. 434 S., kt.
ISBN 978-3-515-09719-2

124. Jan-Reinard Sieckmann (Hg.)
Legal Reasoning: The Methods of Balancing
Proceedings of the Special Workshop "Legal Reasoning: The Methods of Balancing" held at the 24th World Congress of the International Association for Philosophy of Law and Social Philosophy (IVR), Beijing, 2009
2010. 205 S., kt.
ISBN 978-3-515-09723-9

125. Edward Schramm / Wibke Frey / Lorenz Kähler / Sabine Müller-Mall / Friederike Wapler (Hg.)
Konflikte im Recht – Recht der Konflikte
Tagungen des Jungen Forums Rechtsphilosophie in der Internationalen Vereinigung für Rechts- und Sozialphilosophie in Tübingen und Göttingen
2010. 308 S., kt.
ISBN 978-3-515-09729-1

126. Kristian Kühl (Hg.)
Zur Kompetenz der Rechtsphilosophie in Rechtsfragen
Tagung der Deutschen Sektion der Internationalen Vereinigung für Rechts- und Sozialphilosophie vom 24.–26. September 2008 in Tübingen
2011. 140 S., kt.
ISBN 978-3-515-09816-8

127. Stephan Kirste / Anne van Aaken / Michael Anderheiden / Pasquale Policastro (Hg.)
Interdisciplinary Research in Jurisprudence and Constitutionalism
2012. 267 S. mit 2 Abb. und 2 Tab., kt.
ISBN 978-3-515-09941-7

128. Stephan Ast / Julia Hänni / Klaus Mathis / Benno Zabel (Hg.)
Gleichheit und Universalität
Tagungen des Jungen Forums Rechtsphilosophie (JFR) in der Internationalen Vereinigung für Rechts- und Sozialphilosophie (IVR) im September 2010 in Halle (Saale) und im Februar 2011 in Luzern
2012. 315 S., kt.
ISBN 978-3-515-10067-0

129. Bénédict Winiger / Matthias Mahlmann / Philippe Avramov / Peter Gailhofer (Hg.)
Recht und Verantwortung / Droit et responsabilité
Kongress der Schweizerischen Vereinigung für Rechts- und Sozialphilosophie, 11.–12. Juni 2010, Universität Zürich / Congrès de l'Association Suisse de Philosophie du Droit et de Philosophie Sociale, 11–12 juin 2010, Université de Zurich
2012. 206 S. mit 6 Abb., kt.
ISBN 978-3-515-10066-3

130. Thomas Bustamante / Oche Onazi (Hg.)
Global Harmony and the Rule of Law
Proceedings of the 24th World Congress of the International Association for Philosophy of Law and Social Philosophy, Beijing, 2009. Vol. 1
2012. 133 S., kt.
ISBN 978-3-515-10081-6

131. Thomas Bustamante / Oche Onazi (Hg.)
Human Rights, Language and Law
Proceedings of the 24th World Congress of the International Association for Philosophy of Law and Social Philosophy, Beijing, 2009. Vol. 2
2012. 192 S., kt.
ISBN 978-3-515-10082-3

132. Yasutomo Morigiwa / Hirohide Takikawa (Hg.)
Judicial Minimalism –

For and Against
Proceedings of the 9th Kobe Lectures.
Tokyo, Nagoya, and Kyoto, June 2008
2012. 99 S., kt.
ISBN 978-3-515-10136-3

133. Thomas Bustamante / Carlos Bernal Pulido (Hg.)
On the Philosophy of Precedent
Proceedings of the 24th World Congress of the International Association for Philosophy of Law and Social Philosophy, Beijing, 2009
Volume 3
2012. 144 S., kt.
ISBN 978-3-515-10150-9

134. Matthias Kaufmann / Joachim Renzikowski (Hg.)
Zurechnung und Verantwortung
Tagung der Deutschen Sektion der Internationalen Vereinigung für Rechts- und Sozialphilosophie vom 22.–24. September 2010 in Halle (Saale)
2012. 184 S., kt.
ISBN 978-3-515-10180-6

135. Carsten Bäcker / Sascha Ziemann (Hg.)
Junge Rechtsphilosophie
2012. 214 S., kt.
ISBN 978-3-515-10268-1

136. Ulfrid Neumann / Klaus Günther / Lorenz Schulz (Hg.)
Law, Science, Technology
Plenary lectures presented at the 25th World Congress of the International Association for Philosophy of Law and Social Philosophy, Frankfurt am Main, 2011
2012. 173 S., kt.
ISBN 978-3-515-10328-2

137. Winfried Brugger / Stephan Kirste (Hg.)
Human Dignity as a Foundation of Law
Proceedings of the Special Workshop held at the 24th World Congress of the International Association for Philosophy of Law and Social Philosophy in Beijing, 2009
2013. 267 S., kt.
ISBN 978-3-515-10440-1

138. Philippe Avramov / Mike Bacher / Paolo Becchi / Bénédict Winiger (Hg.)
Ethik und Recht in der Bioethik / Ethique et Droit en matière de Bioéthique
Kongress der Schweizerischen Vereinigung für Rechts- und Sozialphilosophie, 11.–12. Mai 2012, Universität Luzern / Congrès de l'Association Suisse de Philosophie du Droit et de Philosophie Sociale, 11–12 mai 2012, Université de Lucerne
2013. 226 S., kt.
ISBN 978-3-515-10436-4

139. Tetsu Sakurai / Makoto Usami (Hg.)
Human Rights and Global Justice
The 10th Kobe Lectures, July 2011
2014. 167 S., kt.
ISBN 978-3-515-10489-0

140. Bernhard Jakl / Beatrice Brunhöber / Ariane Grieser / Juliane Ottmann / Tim Wihl (Hg.)
Recht und Frieden – Wozu Recht?
Tagungen des Jungen Forums Rechtsphilosophie (JFR) in der Internationalen Vereinigung für Rechts- und Sozialphilosophie (IVR) im September 2012 in Münster und im April 2013 in Berlin
2014. 206 S. mit 3 Abb., kt.
ISBN 978-3-515-10806-5

141. Axel Tschentscher / Caroline Lehner / Matthias Mahlmann / Anne Kühler (Hg.)
Soziale Gerechtigkeit heute
Kongress der Schweizerischen Vereinigung für Rechts- und Sozialphilosophie, 7. Juni 2013, Universität Bern
2015. 139 S., kt.
ISBN 978-3-515-10907-9

142. Daniela Demko / Kurt Seelmann / Paolo Becchi (Hg.)
Würde und Autonomie
Fachtagung der Schweizerischen Vereinigung für Rechts- und Sozialphilosophie, 24.–25. April 2013, Landgut Castelen, Augst
2015. 216 S., kt.
ISBN 978-3-515-10949-9

143. *in Vorbereitung*

144. Júlio Aguiar de Oliveira / Stanley L. Paulson / Alexandre T. G. Trivisonno (Hg.)
Alexy's Theory of Law
Proceedings of the Special Workshop "Alexy's Theory of Law" held at the 26th World Congress of the International Association for Philosophy of Law and Social Philosophy in Belo Horizonte, 2013
2015. 187 S., kt.
ISBN 978-3-515-11043-3

145. Annette Brockmöller / Stephan Kirste / Ulfrid Neumann (Hg.)
Wert und Wahrheit in der Rechtswissenschaft
2015. 113 S., kt.
ISBN 978-3-515-11053-2